遊びが学びに欠かせないわけ

自立した学び手を育てる

Free to LEARN——Why unleashing the instinct to PLAY will make our children happier, more self-reliant, and better students for life

ピーター・グレイ 著（ボストン・カレッジ心理学教授）　吉田新一郎 訳

築地書館

Free to LEARN

Japanese Translation by Shinichiro Yoshida
Published in Japan by Tsukiji-Shokan Publishing Co., Ltd. Tokyo

プロローグ――息子が校長室で発した言葉から教育の生物学的意味を考え始める

「くたばれ」

この言葉に私は大きな打撃を受けました。これまでにも何度か同じ言葉を投げかけられたことはありますが、今回ほど差し迫ってはいませんでした。それらは、私の頑固さにいら立つ同僚や、私の愚かな発言に対して友人が言った言葉でした。それらの場合、「くたばれ」は場を和ませたり、生産的とはいえないやり取りに終止符を打ったりするための手段でした。でも、今回のは切実でした。今度は本当に地獄に落ちるかもしれないと思ったのです。それも、自分が愛し、自分を必要として、そして自分に依存している者を失敗させてしまったという事実を突きつけられることによって、この世の地獄に突き落とされたと思ったのです。

このときの「くたばれ」は、公立小学校の校長室で、私の9歳の息子のスコットによって発せられたものでした。それは、私だけでなく、彼と対置する形でそこに居合わせた7人の分別のある大人全員に対して言い放たれました。その中には、校長先生、スコットの2人の担任の先生、児童指導員、教育委員会に所属する児童心理の専門家、彼の母親（今はなき私の妻）が含まれていました。息子が学校に通わなければならないことや、先生に言われたことは何でも大人しく従わなければならないことを彼にはっきり伝えるために、私たち全員が、息子に対して共同戦線を張っていました。それぞれが、自分が言うべきことを厳しく言った後に、スコットは私たちをまっすぐに見ながら、私たちが予期していなかったこの言葉を発したのです。

私はすぐに泣き始めました。その瞬間、私は息子に対峙するのではなく、彼の側にいなければならないことを悟りました。涙ながらに妻を見ると、彼女も泣いていました。その涙を通して、彼女が私と同じことを考え、感じていたことが分かりました。そのとき、2人とも自分たちがすべきことを理解したのです。それは、スコットがずっと私たちにしてほしかったことです。つまり、彼をその学校から移すだけでなく、その学校のようなところには通わせないということです。彼にとって、学校は刑務所でした。しかし、彼は投獄されるようなことは何もしていないのです。

あのときの校長室でのミーティングは、それまで何年間にもわたってもたれたミーティングや面談の最終結論でした。度重なる面談で、私たち夫婦は、息子の問題行動についての最新の報告を聞かされ続けました。息子の問題行動は、教師たちにとっては特に耐え難いものでした。それは、教師たちが慣れている元気な男の子が自分の意思に反して犯すわんぱく振りとは、根本的に違っていました。むしろ、計画的な抵抗でした。彼は系統的に、そして意図的に教師の指示とは逆さまな行動をとり続けたのです。教師が計算問題を特定の方法でやるように教えたときは、自分なりのやり方を考え出して解いてしまうのです。句読点や大文字の使い方を学ぶときは、詩人のe・e・カミングスのように、大文字や句読点を自分が使いたいところで使ったり、あるいはまったく使わないで書いたりします。出された課題に自分が意味を感じられないと、まったくやりません。ときには（それが、最近は頻繁に起こるようになっていたのですが）、許可を取ることなく、教室から出て（力ずくで拘束されないと）、帰宅してしまうのです。

私たちは最終的には、スコットが気に入った学校を見つけることができました。それは、あなたが想像できるような学校ではまったくありません。後で、その学校については、その学校が世界的な教育のうねりを巻き起こしていることと一緒に紹介します。しかしながら、本書は1つの学校についての本ではありません。そうではなく、教育に関する人間の本質についての本です。

子どもたちは、熱烈な向学心をもち、学ぶための並外れた能力を遺伝子にプログラムされてこの世界に誕生します。子どもたちは、小さな学ぶ機械です。最初の4年間ぐらいの間に、まったく教えられることなく、測ることのできない量の情報とスキルを身につけます。子どもたちは、歩き、走り、飛び、登ることを学びます。自分が生まれた文化の中の言語を理解し、話せるようになります。そして、それを使って、自分の考えを主張し、異議を唱え、楽しませ、いらつかせ、仲良くなり、質問をすることを学びます。自分の周りの物理的、社会的な世界についての信じられないほどの量の知識を獲得します。これらすべては、生まれながらの本能によって突き動かされ、もって生まれた遊び好きと好奇心をさらに活性化します。子どもたちが5歳や6歳になっても、学ぶことに対するこの計り知れない欲求と能力が止まることはありません。

しかしながら、学校という強制的な制度によって、私たちはこれを止めてしまうのです。学校で得るもっとも大きく、揺るぎない教訓は、学ぶことが可能な限り避けたい苦役だということです。

息子が校長室で放った言葉は、私の職業人生と私生活の両方を大きく変えました。私は、当時もいまも、生体心理学の教授です。哺乳類の衝動や感情の生物学的基盤に興味をもっている研究者です。ネズミの不安を調節する特定のホルモンの役割について研究していました。最近は、ネズミの母性行動の脳のメカニズムについて調べ始めていました。あの日の校長室での出来事が、私の研究の焦点を徐々に変える引き金になったのです。私は教育を生物学的な観点から研究し始めるようになりました。最初は、私の研究は主として息子への関心に動機づけられていました。専門家たちによって決定づけられた道ではなく、息子に自分で選んだ道を歩ませることが間違っていないことを確かめたかったのです。しかしながら次第に、息子の自律的な教育がとてもうまくいっていることを確認できたので、私の関心はスコット一人から子どもたち一般と教育の生物学的な基盤に移りました。

私たちを文化的な動物にしている、人間という種の特性とはいったい何なのでしょうか？言い換えると、地球上のどこであろうと、人間性のどのような側面が、新しい世代が前の世代のスキル、知識、考え、理論、価値観を身につけ、そして発展させているのでしょうか？　この質問は、私に標準的な学校制度の外で行われている教育について調べさせることになりました。たとえば、息子が通学していた学校とは言い難い素晴らしいところなどです。そして、「アン・スクーリング」[2]の運動に参加した家族の子どもがどのように教育されているのかを理解するために、世界的に広がりつつあるそのうねりについて見てみました。狩猟採集民の社会における子どもたちの暮らしと学びについて知るために、文化人類学の文献を読み、文化人類学者を対象にアンケート調査も実施しました。ちなみに、狩猟採集民の社会は人類の進化史の99％を占めています。子どもの遊びに関する心理学と文化人類学のすべての文献を検討しました。私の学生たちとは、子どもたちは遊びを通してどのように学んでいるかを理解するための新しい研究も行いました。

そのような調査を通して、子どもの遊びと探究への強い欲求が教育を可能にしているということについて、私は理解するようになりました。それは、狩猟採集民の社会だけでなく、私たちの社会でも同じです。子どもが遊びの方法を使って、自らを教育する力を最適化するための環境や条件についての新しい知見を与えてくれました。私たちに意思さえあれば、強制的な学校から子どもを解放し、子ども時代の正当な楽しみを奪うことなく、子どもが自分自身を教育するための「学習センター」をどのように提供することができるのかという理解を得ることもできました。

本書には、こうしたことすべてが書かれています。

1 e・e・カミングス（自分の名前自体、全部小文字！　1894〜1962年）は、1910年代から60年代にわたって活躍したアメリカの詩人。彼の詩の中には、かっこを使ったり、単語をちぎったり、全文小文字の詩もあり、多様な実験を試みた詩人です。

2 296〜301ページを参照。

目次

プロローグ——息子が校長室で発した言葉から教育の生物学的意味を考え始める…i

第1章 子ども時代の過ごし方の大きな変化…1

人生に必要な知恵はすべてルービー・ルーから学んだ…1
50年かかって教育環境から失われたものとは…8
外遊びをしないで育つ子どもたちの心理的障害…15
子どもたちの自由な遊びの減少と心理的障害の増加…21

第2章 狩猟採集民の子どもたちは遊びでいっぱいだった…28

狩猟採集民の断固たる平等主義…31
寛大さと信頼にあふれた子育てはどこから来るのか…34
狩猟採集民の子どもは集約的にスキルと知識を身につける必要がある…39

社会的なスキルと価値観を学ぶのは、子どもたちだけで無制限に遊ぶ時間…44
並外れた自制心は、どのように育まれるのか…49

第3章 学校教育の歴史——誰の必要から、いまのような学校はできたのか?…56
農業が変えた子育ての目標…58
子育てに覆いかぶさる封建主義と産業のさらなる影響…67
学校の誕生——初期の神学校の洗脳と服従訓練…69
カトリック教会と学びのトップダウン［垂直］型の支配…70
プロテスタント主義の台頭と義務教育の起源…72
義務教育制度——どのようにして学校は国家に奉仕するようになったのか…78
高まり続ける学校のパワーと画一化…82

第4章 強制された教育制度の7つの罪…87
子どもは無能で、信頼に値せず、強制されることが必要な存在…87
学校と監獄…90
罪1 正当な理由も適正な手続きもなく、自由を否定している…91

罪2　責任能力と自主性を発達させる妨げになっている…91
罪3　学びの内発的動機づけを軽視している（「学び」を「勉強」ないし「苦役」に転換している）…93
罪4　恥ずかしさ、思いあがり、皮肉、不正行為を助長する形で生徒を評価する…95
罪5　協力といじめの衝突…100
罪6　クリティカル・シンキングの禁止…104
罪7　スキルと知識の多様性の減少…106

第5章　母なる大地は現代においても有効である――管理された学びと遊びから自由をとりもどした学校…113

本当に民主的な学校…116　教育機関としての学校…122
卒業生の成功はどうして説明できるのか？…128
サドベリー・バレーは、どのように狩猟採集民と似ているか…131
・遊びと探究するための時間と空間…131
・生徒たちは年齢に関係なく自由に交流できる…132
・知識があって、思いやりのある大人たちとの接触…133
・様々な設備・備品へのアクセスと、それらを自由に使えること…134
・考えを自由に交換できること…134　・いじめからの解放…135

・民主的なコミュニティーに浸っている…135
生徒たちの学校での活動と卒業後のキャリアとの継続性…136

第6章 好奇心、遊び心、社会性――インドで見る子どもたちの自己教育力…145
学習能力がある動物…148　好奇心――探究し、理解しようとする欲求…150
遊び心――練習することとつくり出すことの欲求…155
6つの遊びのタイプ…159　・肉体的な遊び…159　・言葉遊び…160
・探索的な遊び…160　・建設的な遊び…161　・空想的な遊び…162
・社会的な遊び…162
人間の社会性――情報や考えを共有したいという欲求…164
学校はどうやって子どもたちの教育への本能を阻止しているのか…169

第7章 遊びのパワー――心理学が解き明かす、学び、問題解決、創造性…173
遊びのパワー・4つの結論…175
・いい結果を出すような圧力は、新しい学びを妨げる…175

・創造的になるように求める圧力は、創造性を妨げる…175
・遊び心を誘導すると、創造性や洞察のある問題解決力が高まる…177
・遊び心の心理状態が、年少者が論理的な問題を解くのを可能にする…179
遊びについて深く考える…181
・遊びは自己選択的で、自主的…184
・遊びは結果よりも過程が大事…186
・遊びの規則は、参加者のアイディアに導かれる…191　・遊びは想像的…195
・遊びは、能動的で、注意を怠らず、しかもストレスのない状態で行われる…199
遊びのパワーは些細なことにある…201　まとめ…204

第8章　社会的・感情的な発達に果たす遊びの役割…206

遊びとしてするスポーツからの教訓…206
教訓1　試合を続けたければ、全員を満足させ続けなければならない…207
教訓2　ルールは修正可能で、プレーヤーたちによってつくられる…209
教訓3　対立は、話し合い、交渉、妥協で解決する…210
教訓4　あなたのチームと相手チームの違いは一切ない…211
教訓5　よいプレーをして、楽しむことの方が、勝つことよりもはるかに重要…212
ごっこ遊びからの教訓…215　ホロコーストにおける子どもの遊び…220

「危ない」遊びの価値…223　共感能力の低下と自己中心主義の増大…228
ビデオゲームはどうでしょうか?…230

第9章 なぜ異年齢の混合が子どもの自己教育力を飛躍的に伸ばすのか…237

異年齢混合──教育機関の秘密兵器…237
年少の子どもたちにとっての異年齢混合の価値…241
・「今日誰かの助けがあってできたことは、明日1人でできるようになる」を遊びで練習し続ける…242　・年長者のすることを観察することで学ぶ…249
・ケア（気づかい）と精神的なサポートを受ける…254
年長の子どもたちにとっての自由な異年齢混合の価値…256
・育てたり、リードしたりすることを学ぶ…257
・教えることを通して学ぶ…261　・年少の子たちの創造性が喚起する影響…263

第10章 「最悪の母親」と信頼にあふれた子育て…268

3つのタイプの子育て…274　・信頼にあふれた子育て…274
・指示的で支配的な子育て…276　・指示的・保護的な子育て…277

信頼にあふれた親が減少する理由…278
・近所の弱体化と、子どもたちの近所での遊び友だちの喪失…278
・子育てについての常識の低下と世界的な不安の上昇…279
・未来の雇用の不確実性の増大…282
・学校の力と、学校が押しつける抑圧的な諸条件に従わせる必要性の高まり…282
・学校中心の子どもの成長と子育てモデルの増大…285
より信頼にあふれた親にどうしたらなれるのか…287
・自分の価値を検討する…287
・あなたが子どもの未来を左右するという考えを捨てる…289
・子どもの活動をモニター（監視）したいという誘惑に耐える…291
・子どもが遊べて探索できる安全な場所や機会を見つけるか、つくり出す…292
・従来の学校に代わる別の可能性を考える…296
将来的なビジョン…301
訳者解説——自立した学び手をどう育てるか 310
索引 332 （巻末より）
訳注で紹介した参考文献 324

第1章　子ども時代の過ごし方の大きな変化

人生に必要な知恵はすべてルービー・ルーから学んだ

私は、これまでたくさんのいい先生から学びましたが、もし1人のもっともいい先生を選ぶとしたら、それはルービー・ルーです。私が彼女に会ったのは、私が5歳で、彼女が6歳の夏でした。私の家族は新しい家に引っ越し、母に言われたとおりに、近所のドアをノックして「ここには、自分と同じぐらいの子は住んでいますか？」と尋ねて回りました。そのとき出会ったのが、通りの向かい側に住んでいた彼女でした。2～3分のうちに、私たちは最高の友だちになっていました。2年間そこに住んでいた間、ずっとそうでした。ルービー・ルーは、私よりも年上で、賢く、大胆でした。でも、それほど私とかけ離れていたわけではありません。それが、彼女が私にとって最高の先生だった理由です。

1980年代の半ば、ロバート・フルガムはとても人気のあったエッセイ集『人生に必要な知恵はすべて幼稚園の砂場で学んだ』（池央耿訳、河出書房新社）を書きました。私の住んでいた町に幼稚園がなかったので、私は幼稚園には行きませんでした。おそらくフルガムさんも同意してくれると思いますが、人生で大切な知恵は幼稚園でも、どんな学校でも学ばないのです。それは、人生そのものから学ぶのです。

最初の夏の間、ルービー・ルーと私は毎日、ほとんど1日中、2人だけで、あるいは近所の他の子たちと一緒に、遊びました。秋になると、ルービーは1年生になり、彼女が学校を終わってからや週末に遊びました。

私は、『人生に必要な知恵はすべてルービー・ルーから学んだ』というタイトルの本を本気で書こうと思いました。ルービー・ルーが私に最初に教えてくれたことで覚えているのは、自転車の乗り方でした。私は自転車を持っていなかったので、彼女のを使わせてもらいました。それは、女の子の自転車でした。ということは、乗るのが簡単だったのです。トップチューブがなくて、ママチャリのようにダウンチューブだけなので、乗るときや降りるときに足を高く上げる必要がないのです。私たちが住んでいた通りは、少し坂道になっていました。一番高いところから乗れば、ペダルを踏むことなくゆっくり坂を下りることができることをルービーは教えてくれました。そうすることで、ペダルを踏むこととは別に、ハンドルとバランスだけに集中して学べました。そして彼女は、坂の下についてから、ペダルをこいでできるだけ遠くまで（倒れるか、足を着いて止まるまで）行くように指示しました。最初の何回かは、膝をすりむいたり、駐車してあった近所の車にぶつかったりしましたが、ルービー・ルーはそんなことは気にしないようにと言いました。そして、私はうまくなっているし、すぐに倒れることなく「どこまでも」乗れるようになる、と言ってくれました。その通り、数日のうちに、私はどこまでも乗れるようになりました。私が自転車に乗っているところを見た両親は、ぽんこつの中古自転車を買ってくれました。それはあまりにも大きすぎましたし（「すぐに、小さくなって使えなくならないように」）、トップチューブが高くて乗りづらくもありました。でも、乗れたのです！　それが私の最初の自転車で、私に自由を与えてくれました。5歳で、そんな気持ちを味わったのははじめてのことでした。

自分の自転車を手にするとすぐに、ルービー・ルーと私は町の中と周辺の田舎を自転車に乗って探検し始めました。自分の家から3～4キロ以上は出かけなかったと思いますが、それは大きな冒険でした。私1人では、そんなことは許されませんでしたが、ルービー・ルーがいたのでできたことでした。私の母は、6歳のルービー・ルーを落ち着いて振る舞ったり考えたりできて、責任を負え、地理にも詳しいと思っていたのです。彼女が私を問題に巻き込まれないようにしてくれるとも思っていたのです。それぞれの冒険で、私たちが住む世界について新しい何かを学び、そして新しい人々に出会いました。今でさえ、動き回る際の私のお気に入りの方法は自転車です。そして、仕事やどこかに行くときにペダルを踏んでいると、ときおりルービーを思い出すのです。

ルービー・ルーは私に木登りも教えてくれました。私の家の前庭に、素晴らしい松の木がありました。大人にとっては、あたりまえの松の木なのですが、私には天まで届く魔法の木に思えたのです。私は、大胆でも、身のこなしの軽い子でもなかったので、高く登るのに何週間も何か月も、かなり努力をしなければなりませんでした。木に対しては、私と同じぐらいに、ルービー・ルーも魅力を感じていました。彼女は常に、私よりも優れた登り手でした。彼女が前には登ったことのない高い枝に登ると、私も登れると思いました。天国に向かって登ることはなんとワクワクすることでしょう！　そして、上から見る地球の景色！　そんなにも下なのです。それは、たかだか5、6mだったかもしれません。でも、危険に身震いし、危険を受け入れられるという自信がもてることによる大きな興奮、自分が努力することでちゃんと登って降りてこられるという自信などで、5歳の胸をいっぱいにしてくれていました。これらは、私の人生を通して役立っています。

そして、焼けるように暑いある夏の日、ルービー・ルーは私に死についての最初のレッスンも提供してくれました。私は、空気を入れて膨らませるプールで遊んでいました。走って飛び越えてプールの中に入ったり、お尻で水の中を滑ったりして。ルービー・ルーが庭の中に入ってきたので、当然いつものようにプールの中に飛び込んでくるのかと思ったのですが、そうしませんでした。彼女はただ離れた芝生の上に座って、何も言いませんでした。私はばかげたいたずらをして、彼女を笑わせようとしましたが、何もうまくいきませんでした。いままでそんなことはありませんでした。最後に、彼女のそばまで行って、隣に座りました。そうしたら、一緒に住んでいたおじいさんが昨夜亡くなったことを話してくれたのです。それが、私のはじめての死の経験で、愛する人を亡くした人を慰めるはじめての試みでもありました。もちろん、失敗しました。そして私がやがて学んだことは、誰もが失敗するということでした。できることは、友だちとしてそこにいることだけで、後は時間が癒してくれることです。幸いにも、6歳のときは時間が早く過ぎます。子どもの1日は、大人にとっての2週間ぐらいの長さがあります。ルービー・ルーと私がまた一緒に遊んで、笑うようになるまでは、あっという間でした。

自分の子ども時代を思い出して、いまの子どもたちには自由がないのを嘆くのは、私だけではないと思います。中年以上の年の人に自分の子ども時代を尋ねたなら、大人たちから遠く離れて、他の子どもと冒険をした時間を懐かしく語り始めることでしょう。以下の引用は、ファースト・レイディーで国務長官だったこともあるヒラリー・クリントンが自分のイリノイ州パークリッジでの子ども時代について書いたものです。

――運営がしっかりした子どもの会があり、たくさんのゲームをして遊びました。放課後は毎日、週末も。そして夏休み中は、夜明けから暗くなって親に帰宅するように言われるまで。よく遊んだのを覚えているものの1つは、「追いかけっこ」です。それは、かくれんぼと鬼ごっこ[1]を合わせたような複雑なチームでするゲームです。私たちはチームをつくって、誰かに追われているときの安全な場所をいくつか決めてから、2〜3ブロック[2]の地域の中で散り散りになります。捕まってしまった子がゲームに戻れるように、タッグの切り方も決まっていました。他の遊びと同じように、ルールは入念につくられており、長い話し合いの後で合意されたものです。そうやって私たちは何時間も過ごしました（後略）

私たちはとても自立していましたし、たくさんの自由が与えられていました。しかしながら、いまの子どもにそのような自由を与えることを考えるのは不可能です。それを失ったことは社会としての大きな損失です。

政治的な志向はともかく、ヒラリー・クリントンが並外れて有能で、自信があり、社交上手な成人に成長したことは賛同するでしょう。彼女が元国務長官として世界のリーダーたちと長い議論の末に協定に同意しているところを思い浮かべると、私には、彼女の隣に「追いかけっこ」のルールについて近所の子どもたちと長い話し合いの後に同意している小さな女の子がいるのを想像できます。

「私たちはとても自立していましたし、たくさんの自由が与えられていました。しかしながら、いまの子どもにそのような自由を与えることを考えるのは不可能です。それを失ったことは社会としての大きな損失です」。単なる大きな損失だけではありません。絶望的な損失です。子どもは生まれつき、主体的に、大人から独立して、遊んだり、探究したりするようにつくられています。成長するには、自由が必要なのです。自由に遊ぶ衝動は、基本的で、本能的な衝動なのです。自由な遊びがないことで死ぬことはありません（食べ物や空気や水がなくなると生きていけません！）が、心を病ませ、精神的成長を阻害します。自由な遊びは、子どもが友だちをつくったり、不安を克服したり、問題を解決したり、そして何より、子ども自身が生きるすべを学ぶ手段です。また、子どもが育っている文化の中で成功するのに必要な肉体的スキル[3]や知的スキルを身につけたり、練習したりするためのもっとも重要な手段でもあります。買い与えるおもちゃの量も、子どもと過ごす時間も、子どもに施す特別なプログラムも、子どもの遊びを奪うことを埋め合わせることはできません。子どもが主体的に、自由に遊ぶ中で学びとることは、他の方法で教えることはできないのです。

私たちは、子どもの適応能力の限界を押し広げようとして、子どもを異常な環境に押し込んでいます。そこで子どもたちは、より多くの時間を大人の指導の下で過ごし、机に向かって座らされ、自分には興味のないことを聞かされたり、読まされたり、自分が出した疑問ではなく、本当の質問とも思えない質問に答えさせられることを期待されています。その結果、子どもが遊んだり、探究したり、自分の興味関心を追求する自由と時間をいっそう減らしているのです。

私は、進化論的な発達心理学者です。つまり、私は子どもの成長をダーウィン的な見方で研究しています。特に関心があるのは、子どもが自分の生まれた文化の中で生き延び、そして成功するためにしなければならないことを、自発的に学んでしまう、生まれつきもっている特質を明らかにすることです。言い換えると、私は教育の生物学的な基盤に興味をもっています。これを明らかにするために、私は教育が人間の最初の狩猟採集社会でどのように行われていたのかを研究しました。そこには、学校のようなものは存在せず、子どもたちは常に自らの「学びの責任」[4]をもっていました。私は同時に、マサチューセッツ州の私の自宅の近くにある注目に値するオルターナティブ・スクール[5]で、いま行われている教育についても研究しました。そこでは、大人が押しつけるカリキュラムもテストもなしで、何百人もの子どもや若者たちが自主的な活動を通して、みごとに自らを教育しています。加えて、私は「アン・スクーリング」と呼ばれるホーム・スクーリング[6]の一種を実践している家族がどのように教育を行っているのかも調べました。さらに、私は遊びの機能に関する生物学的研究と心理学的研究についてもじっくり調べました。

これらによって得られた知見は著しく一致し、かつ驚くべき発見であり、教育についてのいま主流である考え方を否定するものでした。つまり、子どもは本能的に自らの教育に対する責任をとる傾向があるのです。子どもは、自由と自分の興味関心を追求する手段を（安心安全な環境の中で）提供されたなら、みごとに花開き、多様で予想もできない道筋で成長します。人生のチャレンジを乗り越えるのに必要なスキルや自信も身につけるのです。そのような環境では、子どもは必要な助けを大人から得ることに躊躇することはありません。また、押しつけの授業、課題、宿題、テスト、成績、学年やクラス、その他の画一的で、強制的な学校システムを象徴するものは一切必要ありません。いやむしろ、これらはすべて子どもの自然な学び方を妨げるものなのです。

本書は、

◉自らを教育するという、子どもが生まれながらにもっている本能について

◉その本能を最適に機能させるために必要な条件について
◉私たちの社会は、それらの条件を、いまの学校が費やしているよりもはるかに少ない経費で提供できることについて

述べていきます。

遊びの衝動は、子どもが自己教育をする際の大きな部分を占めています。従って、本書の一部は遊びのパワーに割きます。しかしながら、この第1章では、いま現在の子どもたちへの対処の仕方が、子どもたちをどれだけ傷つけているかを見ます。過去半世紀か、それより長い間、私たちは子どもたちの遊ぶ自由を継続的に奪ってきました。そしてそれに比例する形で、子どもたちの心とからだの健康も低下し続けています。もしこの傾向が続くなら、自らの人生を切り開くことができない未来の大人世代をつくり出しているという意味で、私たちは危機的な状況にあると言えます。

50年かかって教育環境から失われたものとは

アメリカでは、近所を自由に歩ける時代がありました。放課後だろうと、週末だろうと、夏休みだろうと。そこでは、大人の監視なしで、たくさんの子どもが遊んでいました。いま子どもを外で見るとしたら、ユニフォームを着て、大人のコーチの指示に従っていることでしょう。親たちはサイドラインから見ていて、すべての動きを律儀に応援しています。

アメリカにおける子どもの遊びの歴史に関する権威のある本の中で、ハワード・チュウダコフは、20世紀の初頭から半ばにかけてを「組織されない子どもの遊びの黄金時代」と言及しています。「組織されない遊び」は、構成に欠ける遊びという意味ではありません。チュウダコフは、遊びは思いつきの活

動では決してなく、常に構成されていると考えています。「組織されない」とは、管理されないで主体的に遊ぶ子どもたち、ということです。私は、これに「自由な遊び」という言葉を使います。そして、「遊びをする人たち自身が何をどのようにするかを決定し、また遊ぶ過程で目標やルールを変更する自由ももっている遊び」と定義します。広場でする寄せ集めの野球は自由な遊びで、リトルリーグは違います。自由な遊びで、子どもたちは自分がどのように行動したらいいかを学びます。

若干強引に単純化しすぎるかもしれませんが、植民地独立後のアメリカにおいて自由な遊びをする機会は、２つの傾向によって決まっていたと言っていいのではないでしょうか。ひとつは、児童労働の必要性が徐々に減ったことです。これは、確実に子どもたちの遊ぶ時間が増えることにつながりました。これが、20世紀初期から半ばにかけての遊びの上昇を表しています。もうひとつの傾向は、仕事場以外での子どもの暮らしが大人によって管理される度合いが増加したことです。これは、子どもが自由に遊ぶ機会を減らしました。この傾向の速度は、20世紀の中ごろに加速し、それ以降続く遊びの減少を説明しています。

この子どもの暮らしにおける大人の管理の増加の大きな背景には、増え続ける義務教育の普及があります。子どもは、幼いころから学校に通い始めます。教育委員会によっては、幼稚園だけでなく、幼稚園に入る前の施設まで開設しています。そして幼稚園などの前に行く就学時前の施設は、ますます学校のようになっています。つまり、大人が指示して取り組む課題が遊びに取って代わろうとしているのです。学校年度は長くなり（休暇が短くなり）、授業日も長くなった結果、授業日に自由に遊べる時間はほとんどなくなってしまいました。私は１９５０年代に小学校の児童だったのですが、当時は30分の休み時間が午前と午後の両方にありました。12時からは1時間のランチタイムでした。これらの時間（1

日の授業時間である6時間の3分の1を占めていた！）の過ごし方は、学校の敷地を離れることも含めて、何をしても子どもの自由でした。3年生のときは友だちと、学校の近くにあった丘に行って、芝（冬は雪）の上でレスリングをして1時間のランチタイムを過ごしました。私たちは、ジャックナイフを使って遊びましたし、冬には雪合戦もしました。その時間、教師や他の大人が私たちを見ていたことは記憶していません。もし見ていたとしても、私たちの遊びの邪魔は決してしませんでした。私たちがしていたようなことは、いまの小学校で見ることはありません。当時の私たちは、いまの子どもたちと違って、自律的にふるまうことが暗黙の了解とされていたのです。

1日の授業時間が延びているだけでなく、いままで以上に、学校は家庭生活にも介入しています。出される宿題は増えているので、遊びの時間が削られています。親は、教師の補助的な役割をすることを期待されています。出された宿題と特別なプロジェクト[7]の経過を追って、子どもがそれらのすべてを仕上げて提出するように、おだてたり、口うるさく言ったり、褒美で釣ったりすることが期待されています。[8]子どもが宿題を先延ばしにしてやらなかったり、その結果が悪かったりしたときは、親が後ろめたさを感じさせられます。1日か2日でも子どもに学校を休ませるような家族旅行を計画したり、家での行事のために学校を休ませたりする親はもはやいません。たとえ、そうした特別な日の方が、学校に行くよりもはるかに多くの学びを子どもに提供するとしても、です。

学校はいまや狡猾な方法で子どもの人生を奪い取っています。学校制度は、直接的、間接的に、そして気づかないうちに、「子どもは、大人によって指示された課題をし、そして評価をされることによってこそ学べるし、成長する。子どもの主体的な活動は時間の無駄である」という考え方を社会中にはびこらせています。この考えは、めったに明確に述べられることはありません。しかしながら、ジョージア州アトランタの教育長は次のように発言することで、休み時間の自由な遊びに終止符を打ちました。「子どもたちに30分の休み時間を好きなように過ごさせるよりも、その時間にダンスや体操などのスキルを教えた方が理にかなっています」。この同じ教育長は、「体育の授業で十分にからだは動かしているので、子どもには自由な遊びは必要ありません」とも言いました。これほど遊びを否定的に捉える考え方に反対意見を表明する教育者もいるかもしれません。多くは、口先だけ、自由な遊びを支持します。しかしながら、子どもに対する大人の実際の行動レベルでは、遊びを否定する考え方は時間と共にどんどん広がっており、学校の壁から染み出て、社会のいたるところにすでに感染しています。子どもたちは、自由に遊ぶ代わりに、たとえ学校の外でも、大人の指導の下で授業を受けたり、大人の指導の下で運動をしたりするようにますます仕向けられたり、要求されたりしています。

この遊びを否定する考え方と関連するのが、高まる一方の子どもの学力への注力と、低下の一途をたどる本当の学びへの関心です。前者は測ることができますが、後者は測ることが難しいか不可能です。現在の教育界で重要なことは、測れて、比較できる学力です。生徒間で、学校間で、地域間で、さらには国の間でも、誰がよくて、誰は悪いのかを比較しています。学校のカリキュラムには含まれない知識や深い知識は、意味がないのです。「本当の学び」と「深い知識」とは、子どもが考えや情報を取り込んで、持続的に理解し、自分の周りの世界に反応していくことです（これらについては、後の章で扱います）。これは、表面的な知識とは大きく異なります。表面的な知識は、テストに受かる目的だけのために獲得し、テストが終わり次第忘れてしまうものです。

子ども本人だけでなく、最近は、親、教師、学校、そして教育委員会までもが、子どもの学力テストの結果によって評価されています。子どもたちは競争を強いられるゲームの中での駒です。そのゲームは、学力テストや入学試験で、周りの大人たちができるだけ高い点数を子どもから搾り出そうと努力しています。このゲームでは、あからさまな不正行為以外で学力を上げることならなんでも教育と言われています。従って、テストに出る問題や答の短期記憶を強化するドリルをすることは正当な教育だと思われています。たとえ、そのようなドリルが理解を向上することには何の役にも立たないとしても、です。

この学力への注目は、教室から飛び出して、部活動や校外での活動にまで飛び火しています。多くの親や教育者の目には、子ども時代はもはや学びの時期ではなくて、経歴をつくるための時期になっています（もちろん、遊びの時期ではありません）。学校の成績と学力テストの成績は重視されます。また、トロフィーや表彰やその他の大人からのプラスの評価をもたらす、校外の大人が指導する活動も、です。こうして、子どもや若者は、大人が組織するスポーツや校外の授業や大人が指導するボランティア活動などに、説得されたり、誘導されたりして参加しています。年少の子どもで、まだその子がしている活動は記録に載るわけではないにもかかわらず、いい経歴づくりに役立つことを意識した行動をとるような圧力がかかっているのです。自由な遊びは、単なる遊びに過ぎないので重要ではありません。大学の入学願書に、遊びのことを書く欄は存在しません。

学校教育への比重の一層の高まりと、大切だと思われている経歴づくりだけが、過去半世紀の間に自由な遊びが減った理由ではありません。同じレベルで影響が大きいのは、監督者なしの遊びは危険であるという大人の考えの高まりです。今日、先進国で遊んでいた子どもが見知らぬ人によって誘拐されたり、性的ないたずらをされたり、殺されたりしたら、メディアは群がって報道します。その結果、不安は途方もなく誇張されます。そのような事件の件数は決して高くはなく、近年、数字は減少傾向にすらあります。最近行われた大規模な多国間のアンケート調査で、親が子どもを外で遊ぶのを制限するもっとも多く指摘した不安の要因は、「子どもを食い物にする人たちから危険にさらされている」（すべての親の49％が指摘）でした。同じ調査で、顕著な不安として表されたのは、より現実的な交通事故といじめでした。イギリスのみでより小規模に行われた調査では、78％の親がよそ者による児童虐待の不安を、子どもを外で遊ばせるのを制限している理由としてあげていました。それに対して、交通事故の不安をあげていたのは52％でした。

さらに別の調査では（全米各地のサンプルとして選ばれた８３０人の母親の）85％が、自分が子ども時代に外で遊んだよりも、少ない頻度でしか自分たちの子どもは外で遊んでいないと答えていました。子どもが外で遊ぶ障害になっているものは何かを聞かれて、82％が安全上の不安と犯罪をあげていました。驚いたことに、この不安は、地域的な違いはほとんどありませんでした。農村地帯だろうと、小さな町だろうと、大都会だろうと、同じように高かったのです。もし子どもたちが外で自由に遊ぶ機会を増やしたいなら、私たちは、親が十分に安全と思えるぐらいまで地域をより強固なものにする必要があります。もし子どもたちが安全に自由に外で遊べないというなら、私たちはどんな社会に生きていると言えるのでしょうか？

１日の記録を親にとってもらった統計からも、子どもたちが遊びに費やす時間の減少は明らかです。無作為に抽出した何日かの子どもたちの活動の記録を親につけてもらったのです。長期間にわたる調査によって、社会学者のサンドラ・ホファースと同僚たちは、１９８１年と１９９７年の子どもたちがどのような活動に時間を費やしていたのかを比較しました。

その結果分かったことは、１９８１年に比べて１９９７年は６～８歳までの子どもは18％も多い時間を学校で過ごし、１４５％も多い時間を家で学校の勉強をし、１６８％も多い時間を親と買い物に費やし、55％も少ない時間を家族との会話に費やし、19％少ない時間をテレビの視聴に費やしていました。遊びに関しては、１９８１年に比べて１９９７年は25％以上も減っていました。これらの変化は、およそ一世代の半分の16年間[10]に起こった変化の数字です。この調査の「遊び」の分類には、盤を使ってするゲームやコンピューターゲームなどの屋内でする遊びと、屋外でする遊びの両方が含まれていました。従って、この期間の屋内でするコンピューターゲームの伸びは急激で（１９８１年の時点では、ほぼゼロだったと思われます）、その分、屋外でする遊びの時間は25％よりもはるかに少なくなっていると予想できます。この調査に参加した子どもたち（６～８歳）の１９９７年時点の平均の遊び時間は、コンピューターゲームに費やす時間も含めて１週間に11時間強でした。１９９７年からの６年間で、家で学校の勉強に費やす時間の増加（32％）と、遊ぶ時間のさらなる低下（７％）でした。これは、同じ研究者たちによる２００３年の調査で明らかになったのです。

なぜ子どもが前に比べて外で遊ばなくなったのかを尋ねられたとき、親たちの答えは、子ども自身の好みと安全への不安の２つを理由にあげました。親たちは特に、テレビとコンピューターゲームの魅力が要因だと言います。けれども、子ども自身を対象にした大がかりな調査では、友だちと外で遊ぶ方を好んでいるという結果が出ています。他の活動との比較で問われたとき、89％がテレビを見るよりも友だちと外で遊ぶことを好み、86％がコンピューターゲームをするよりも外で遊ぶことを好むと答えていました。子どもたちがコンピューターでたくさん遊ぶのは、たぶん、親の介入や指示を受けることなく、自由に遊べるからだと思われます。多くの子は自由に外で遊ばせてもらえません。たとえ遊ばせてもらえたとしても、一緒に遊べる子を探すのが難しく、結果的に屋内で遊ばざるを得ないのだと思います。もちろん、それがコンピューターゲームの人気がある唯一の理由ではありません。それがおもしろく、たくさんのことを学べるからです。でも、からだの健康と、現実の世界についてと、友だちとうまくやっていく方法を学ぶ面では、友だちと外で遊ぶこととは比較になりません。

外遊びをしないで育つ子どもたちの心理的障害

自由な遊びの衰退と子ども時代にまで浸透する出世第一主義は、子どもたちに多大な犠牲を強いています。今日、中流階級の人々が住む地域で見かけることができる典型的な子どもをエヴァンと呼ぶことにします。彼は11歳です。平日は、スクールバスに乗り遅れないように、着替えて、簡単な朝食も食べないといけないので、お母さんに6時半に起こされます。歩いて登校した方が短い時間で行け、楽しく、運動にもなるのに、危険だという理由で、歩いて行くことは許されません。学校では、ほとんどの時間を座って過ごします。教師の話を聞き、テストをし、読むように言われたものを読み、書くように言われたことを書いていますが、その間中、本当に自分がしたいのは何かを空想しています。学校は、以前はあった30分間の休み時間を廃止してしまいました。けがと裁判沙汰をなくすためと、州レベルの試験への準備のためです。放課後のエヴァンの時間は、多様なスキルを身につけられるようにするためと、面倒なことに巻き込まれないようにするために、（主に親によって）スケジュールされています。月曜はサッカー、火曜はピアノ、水曜は空手、木曜はスペイン語といった具合に。夜は、テレビを見るか、ビデオゲームをした後に、２時間ぐらい宿題に費やします。子どもが宿題をするのを確認した証明として、毎晩、母親が宿題帳に署名しています。週末には、サッカーや空手の試合や、教会の日曜学校や、友だちと一緒になれる時間も少しあります（安全のために、誰かの家で）。両親は、エヴァンがたくさんの活動に参加していることを、いつも「エヴァン自身の選択で」「彼が忙しく時間を過ごすのが好き」であることを強調する形で、自慢するのが好きです。両親は、7年後に、エヴァンが一流大学に入学する準備をしていると思い込んでいます。エヴァンは、それに向けて着実に準備をしているかのように見受けられます。でも、ときには自分が「燃え尽きている」ことを認めたくなることもあります。

エヴァンは成功例です〟。近所には、ADHD（注意欠陥多動性障害）と診断され、学校で大人しく座っていられないので、アデロールを服用しているハンクが住んでいます。その薬を飲むことで、彼はなんとかやっていますが、薬は、彼の食欲を奪い去り、夜はよく眠れず、ほとんど「変な」気持ちにさせられています。それを飲むと、自分ではなくなるような気がすると、彼は言います。両親も、ハンクは薬を飲んでいなかったときと比べて、いたずら好きでもユーモアを言うことも、ハッピーでもないことを認めています。でも、両親には他の選択肢があるとは思えません。ハンクがなんとか及第点を取り続けないと、落ちこぼれてしまうことを恐れています。

もちろん、すべての子どもがエヴァンやハンクのようなレベルで苦しんでいるわけではありません。しかしながら、現実的には多くの子どもたちが彼らと似たような問題で苦しんでいます。多くの人が高校を卒業するまでに燃え尽きています。次に紹介する引用は、ローカル紙で見かけた18歳の高校を卒業したばかりの子（7年後のエヴァン？）が語っていた記事を切り抜いたものです。「いい成績を上げるために、過去2年間は十分に寝られなかったので、私は心もからだも疲れはてています。毎晩、5〜6

時間の宿題をしていました。もう勉強をすることなんて考えられません」。同じ記事の中で、ハーヴァード大学に合格した別の18歳はストレスの多い高校最後の1年間を解説していました。彼は、優秀な高校生が履修可能な大学レベルの科目を6つも取り、レスリングのチームに所属し、ヴィオラを演奏し、中国風の水墨肖像画を描いていました。彼も燃え尽きていたと感じ、大学に行く前に最低でも1年間の休みが必要だと言っていました。

学校に通い始めの子どもたちの代表として、私が心理学の専門誌『サイコロジー・トゥデイ』のブログに書いた記事を紹介します。これに類する記事は、悲しいことに簡単にたくさん見つけることができます。

ニューヨーク・シティーでは、幼稚園に4歳から行き始めます。親友の息子が9月から通い始めました。学年が始まって2週間ぐらいしたときから、息子の担任の教師から「息子さんは学業で遅れ始めています」という内容の手紙を受け取り始めました。それ以降、彼はこの内容についてのたくさんの手紙を受け取り、たくさんのミーティングももちました。友人はこの問題に対処するために、毎晩家で息子にドリルに取り組ませました。息子は、「もう寝かせてほしい」とせがみます。両者ともやる気をなくし、落ちこぼれのような気がしていました。

印象ばかりでなく確かなデータもあります。今日の若者たちの心の健康は、統計的に過去数十年と比較してどうでしょうか？

ストレスに起因する心の病にかかっている若者の数は過去半世紀の間、急増しています。この増加は、心の病に対する意識の高まりや、そのように診断されることで治療される割合が高まったことのみによるものではありません。それは、心の病の発生件数が実際に増えているのです。心理学者や精神科医は、心の問題や病を評価するための標準化した質問票（尺度）を多数開発してきました。特定の心の病の発症率の変化は、同じ質問票を使っているものもあることから傾向をみることができます。

たとえば、テイラー不安検査は１９５２年以来、大学生の不安のレベルを測るのに使われてきました。この検査の子ども用も１９５６年以来、小学生を対象に使われています。別の質問票のミネソタ多面的人格目録は１９３８年以来、大学生を対象とし、それの高校生用は、１９５１年以来使われてきました。「多面的人格目録」は、落ち込みを含めて、多様な精神的な問題や障害の度合いを測るように考案されています。これらの質問票は、自分に近い記述かどうかを「はい」か「いいえ」で答えます。たとえば、テイラー不安検査には、「私は何か悪いことが起こるのではないかと心配していることがよくある」や「私はほとんど楽しい気分でいられる」などの文章が含まれています。最初の文章へ「はい」と答えることは、不安の点数を上げることになり、２番目への「はい」は逆に下げることになります。ミネソタ多面的人格目録で落ち込みの点数を上げる「はい」に相当する文章には、「未来に希望はありません」などが含まれます。

カリフォルニアにあるサンディエゴ州立大学の心理学教授のジーン・トウェンは、これらのテストを受けてきた若者たちの結果の変化について詳細な分析を行いました。その結論は絶望的なものです。テストが開発されて以来の半世紀の間、不安と落ち込みは継続的に、直線的に、そして著しく増えてきました。実際、その伸び率はあまりにも大きく、１９５０年代の若者と比較して高く、なんと85％の若者たちが不安や落ち込みを抱えているのです。別の角度から見ると、今の若者たちは、半世紀前の若者た

	1948年	1989年
ほとんど毎日グッスリ寝て、すっきり起きられている。	74.6	31.3
大きなストレスの中で勉強している。	16.2	41.6
たいてい、生活は緊張している。	9.5	35.0
自分が心配しないといけない以上のことを気にかけている。	22.6	55.2
正気を失うんじゃないかと心配している。	4.1	23.4

（%）

ちに比べて、臨床的に有意な不安障害や鬱病と診断されるラインよりも高い点数を上げる率が5～8倍も高くなっているのです。同様の数値は、小学生や高校生にも見られることです。

トウェンと同僚たちとは別に、心理学者のカサンドラ・ニューサムと同僚たちも、１９４８～１９８９年の間に、14～16歳を対象にしたミネソタ多面的人格目録の結果を分析しました。彼女らの結論もトウェンたちと類似したものでした。彼女らの論文には、調査票の特定の項目に対する数値が、２つの比較年を対比する形で表の形で含まれていました（上の表を参照）。便宜上、ここにはもっとも差が大きかった５つの項目の結果を紹介します。

若者たちの心の健康が低下している驚くべき指標は、自殺率に見出すことができます。１９５０年以来、米国における15歳未満の子どもの自殺率は、４倍に増えました。15～24歳も2倍以上に増えました。この同じ期間に、25～39歳は若干増加し、40歳以上では低下しました。

これらの増加は、現実にある危険や社会の不確実性とは関係がありません。数値の変化は、若者たちの精神状態に影響を及ぼしていると言われることがある、景気の循環や戦争やその他の国内や世界的な出来事などとは相関関係が見出せません。子どもや若者たちの不安や落ち込み率は、今よりも、大恐慌時代、第二次世界大戦、冷戦、そして激動の１９６０年代から70年初頭にかけての方がはるかに低いのです。数値の変化は、現実の世界の動きよりも、若者たちの世界の見方に大きく左右されているようです。

私たちが言えることは、不安と落ち込みは、人々が自分の暮らしをどれだけコントロールできているか、あるいはいないかという感覚と強い相関関係をもっているということです。自分の運命は自分で決められると思っている人は、自分ではコントロールできない状況の犠牲者と思っている人よりも、不安になったり、落ち込んだりする確率が低いのです。あなたは、過去数十年の間、個々人が自分の運命をコントロールできるという感覚は増大したと思われるかもしれません。病気を抑えたり、治療したりする私たちの能力は、飛躍的に進歩しました。人種やジェンダーなどによって選択肢を狭めていた昔ながらの偏見は減少しました。そして、平均的な人は今、数世代前の人たちよりも裕福になっています。しかしながら、以下で見るように若者たちの自分の運命はコントロールできるという感覚は低下の一途をたどっていることが、資料から分かります。

コントロールできるという感覚を測る調査票は、心理学者のジュリアン・ロッターによって１９５０年代末に開発された「内的外的コントロールの所在」スケール[12]と呼ばれるものです。調査票は、23の２つずつ併記された文章で構成されています。併記されている文章のうちのひとつは、内的なコントロールの所在（回答者本人によってコントロールできること）を表しており、もうひとつは外的なコントロールの所在（回答者の外部環境によってコントロールされていること）を表しています。それぞれの項目ごとに、回答者はどちらがより自分に当てはまるかを判断しなければなりません。たとえば、ひとつの項目は次の2つの文章で構成されています。(a)何かが起こると予想されることは、実際に起こると思う。(b)運命を信じることは、自分で何をすべきかを決めるときに比べて、うまくいったためしがない。この事例の場合、(a)は外的なコントロールの所在を表し、(b)は内的なコントロールの所在を表しています。

トウェンと同僚たちは、大学生と9～14歳の子どもたちを対象に、1960～2002年の間に行われた、コントロールの所在を明らかにするためのたくさんの調査結果を分析しました。これら2つの対象の平均の点数は、内的コントロールから外的コントロールに大きく移りました。1960年代の若者の80％は、2002年の若者の平均より高い内的コントロールの点数をあげていました。この42年間に増加した外的要素は、不安と落ち込みの上昇で見られた直線的な傾向と同じものを示していました。

外的コントロールの上昇は、不安や落ち込みの上昇と関係があるということを信じるだけの十分な理由があります。臨床研究者たちは、外的コントロールと関係する「無力感」が人を不安や落ち込んだ気持ちにさせることを繰り返し指摘していました。人は自分の運命に対してまったく、あるいはほとんどコントロールできないと思ったとき、心配になります。「何かひどいことが起こりそうな予感がする。そして、自分はそれに対して何もすることはできない」という不安と無力感が大きくなると、人は落ち込むのです。「何かを試しても無駄で、絶望的だ」と。研究は、外的なコントロールの所在の持ち主たちは、自分の健康や、未来や、コミュニティーに対して責任をとらない傾向があることも明らかにしています。

子どもたちの自由な遊びの減少と心理的障害の増加

科学者たちの理論では、2つの間に相関関係があるからといって、それらが因果関係にあるとは言えないのです。若者たちの自由な遊びの時間が低下する中で、不安、落ち込み、無力感、その他の病気が増加しているという観察結果は、前者が後者の原因になっていることを証明しているわけではありません。しかしながら、この両者の関係については、強固な論理的な議論を展開することはできます。

自由な遊びは、子どもたちに自分は無力ではないことを教える自然な方法です。大人から離れた遊びの場では、子どもたちは自分のしていることをコントロールしており、実際与えられた権限を行使しています。自由な遊びの中で、子どもたちは自ら決断すること、問題を解決すること、ルールをつくったり守ったりすることを学びます。さらに、他人に対して服従する者や反抗的に従属する者になるのではなく、他者と平等な関係を築くことを学びます。こいだり、すべったり、グルグル回したり、雲梯や木に登ったり、階段の手すりをスケートボードで滑り降りたりして元気いっぱいに外で遊ぶときは、子どもたちは適度な不安を意図的に自分自身に対して投与しています。そうすることで、子どもたちは自分のからだだけでなく、不安もコントロールすることを学んでいるのです。人と一緒に遊ぶことで、どう交渉したらいいのか、楽しませるにはどうしたらいいのか、対立によって生じる怒りをどう調整したり克服したりしたらいいのかについて、子どもたちは学びます。自由な遊びは、子どもの好きなことを発見させる方法でもあります。遊びの中で、たくさんの活動を試し、どこに自分の才能や好みがあるのかを発見します。これらの知識やスキルは、言葉によって教えられるものではありません。自由な遊びが提供する、体験を通してのみ学べるのです。遊びの際の重要な感情は、「興味関心」と「喜び」です。

これと比較して学校では、子どもたちは自分で意思決定ができません。子どもの役割は言われたとおりにすることです。学校ではまた、大切なことはテストの点数であることを学びます。子どもたちは学校の外でも、大人によって指導され、守られ、提供され、ランクづけられ、判断され、批判され、褒められ、褒美を与えられたりすることに、より多くの時間を費やしています。アメリカ北東部の裕福な郊外の住宅地で実施された調査で、親に学校でいい成績を取るようにもっとも圧力をかけられていたり、ひとつの校外での活動から別なものへともっとも頻繁に送迎されたりしている子どもたちが、もっとも不安と落ち込みを感じていることを、心理学者のスニヤ・ルサーと同僚は発見しました。学校で過ごす時間や大人によって指導される活動の時間を増し、子どもたちの自由な遊びの機会を減らすごとに、自分で自分の生き方をコントロールすることを学んだり、自分が状況や強者の犠牲者ではないことを学んだりするチャンスを奪い去っているのです。

数年前に、科学的研究だけを専門としている心理学者のミハイ・チクセントミハイ[13]とジェレミ・ハンターは公立の中学校と高校に通う6～12年生を対象に「満足度」の調査を実施しました。米国内の12の地域の33の学校の８００人の生徒が、この調査に参加しました。彼らは、朝の7時半から夜の10時半までの間、不定期に合図がなるようにプログラムされた特別な腕時計をしました。参加者は、合図がなるたびに、自分はどこにいて、何をしていて、そのとき満足しているか、不満かを、調査表に書き込んだのです。もっとも低い満足度は、学校にいるときで、もっとも高い満足度は学校の外にいるときで、友だちと会話をしているときか、遊んでいるときに起きました。親と話しているときは、満足―不満の分布のほぼ真ん中でした。1日ごとの満足度の平均は、週末に高くなりましたが、翌日からはまた学校に行かないといけないことを見越して、日曜の夕方から夜にかけては急降下しました。子どもたちを教育するもっとも優れた方法は、彼らを退屈で、不満で、不安な状況に置くことだという結論に、どうして達してしまったのでしょうか？[14]

私たちはどうしようもないアイロニー（皮肉）を抱えています。教育の名の下に、私たちはますます、自らの手で自分自身を教育するのに必要な「時間」と「自由」を、子どもたちから奪い去っています。そして安心安全の名の下に、理解、勇気、自信を発達させるのに必要な自由を、私たちは子どもたちから奪い去っているのです。それらは、人生で出合う危険やチャレンジに平然として立ち向かうのに欠かせません。私たちは、子どもたちを育てる自然な方法を見失い、子どもが育つ大切な環境が悪化の一途をたどっているという危機的な状況の中にあります。米国だけでなく、先進国と言われる国々では、子どもたちがもっている能力を見失ってしまっています。自分たちの教育を遂行するために、子どもたちが生まれながらにもっている本能を押さえ込む世界を、私たちはつくり出してしまったのです。その代わり、子どもたちは大人たちによって敷かれたどこにも通じないレールの上を無批判に従うことを強いられています。私たちは、たくさんの若者の気を変にさせ、大人としての責任をまっとうするのに必要な自信やスキルを身につけられない世界をつくり出してしまいました。

それにもかかわらず、学識経験者や政治家から私たちが聞かされる発言は、より抑圧的な学校の必要性で、抑圧を少なくするものではありません。彼らは、よりたくさんの学力テスト、宿題、監督、長い授業時間、より多くの授業日、そして家族旅行等で1～2日学校を休んだ者へのより厳しい制裁措置を求めています。これらは、保守革新の両方の、そして国政から地方政治まで、すべてのレベルの政治家が合意する少ない領域のひとつです。学校とテストこそが大事である、という考えです。

いまこそ私たちは立ち上がり、この愚かな風潮に対して反対するときです。子どもたちは、より多くの学校での時間を必要としていません。より少ない学校とより多くの自由を必要としています。と同時に、遊んだり、探検したりするのに必要な安全な環境も必要です。さらに、自分が選んだ道を歩み続ける助けとなるいろいろな道具、アイディア、そして（友だちを含めた）人を自由に使えることも必要です。

本書の目的は、不平不満を述べることではありません。希望と改善の道を示すことです。本書は、内的なコントロールの所在をもった人たちへ向けての本です。この本を手に取った皆さんは、この世界を少しでもよくするために何かをしたがっている人たちだからです。読者の皆さんは、お手上げだと諦めて、「それが現実なので、受け入れるしかありません」とは言いません。この後の章で紹介するように、自然淘汰は、人間の子どもに自らを教育するためのとてもパワフルな生来の素質を与えました。ですから、子どもがその生来の素質を発揮するのに必要な状態を取り上げてしまうのは愚かなことだと思いませんか？

1 鬼ごっこには、いろいろなバリエーションがあります！　ウィキペディア等を参照ください。

2 1ブロックは、道路と道路の間を指します。

3 肉体的スキルとは、からだを動かしたり、健康を維持したりするためのスキルと捉えられると思います。

4 「学びの責任」というテーマについてより詳しくは、『「学びの責任」は誰にあるのか――「責任の移行モデル」で授業が変わる』（ダグラス・フィッシャー&ナンシー・フレイ、吉田新一郎訳、新評論）および『「考える力」はこうしてつける・増補版』（ジェニ・ウィルソン&レスリー・ウィング・ジャン、吉田新一郎訳、新評論）を参照してください。

5 既存の学校に取って代わる新しい学校のことです。

6 ホーム・スクーリングは、子どもを通常の学校に通わせず、自宅などで親が独自の教育を行うことを指します。日本のように「不登校（＝学校に通うことが当たり前）」という捉え方はなく、本書第10章でも紹介されたように学校に合わない子を無理やり行かせることは誰にとってもよくないことと、アン・スクーリングを前向きに捉えています。より詳しくは、２９６～３０１ページを参照ください。

7 宿題は教師に指定されて、日々コツコツと取り組まないといけないものであるのに対して、プロジェクトの方は夏休みや学期中に行われる、研究課題的に主体性がかなりの部分子どもの側にあるものです。とは言っても、やらされていることには変わりないので、親の管理が必要だと思われます。

8 「夏休みの宿題代行サービス」や「宿題代行サービス」等で検索すると、日本の状況の方がはるかに深刻であることが分かります。

9 学力をどう定義するか次第だと思いますが、後者の「本当の学び」に対する興味関心や態度を測ることは難しいです。教師が測りたいのはあくまでも、自分が教えたいことに対して、子どもがどれだけ関心をもっているかですが、それに対しては、いくらでも「装う」ことができますし、小学校の低学年からそうするように仕向けられています。

10 一世代を、約30年と捉えているようです。

11 ウ～ン、表面的には!!　でも、かなり危うい状況にあることは誰よりも本人が気づいているようです。

12 これは、「ものごとをコントロールする力のありか」を明らかにするためのテストで、コントロール力を自己の内部にもっている人（人生は自分でコントロールできると感じている人）の方が、精神的健康度が高く、幸福な人生を送れると考えられています。http://www.urraca.jp/archives/923

13 「幸福」「創造性」『主観的な幸福状態』「楽しみ」の研究（いわゆるポジティブ心理学）を一貫して行っており、「フロー」の概念の提唱者として有名です。

14 ここまで、子どもや若者たちが置かれている極めてストレスが高い状態とその結果についての紹介でしたが、その子どもたちと日々接している教師（や親たちも？）の状況については一切触れられていません。しかし、著者が紹介してくれている数字と酷似したものになっていると思われます。その意味では、子どもたちだけがおかしくなっているのではなく、その前段として大人たちのおかしさが先にあると言えそうです。そして、そのしわ寄せが子どもたちに及んでいるという関係です。従って、子どもたちの状況をなんとかしようとするなら、まずは教師や親たちが置かれている状況の改善を図らない限りは、何事もうまくいかない可能性が大です。飛行機の緊急時に、「親が自分の酸素マスクを先にして、子どもの酸素マスクはその後にしてください」というメッセージを思い出してください。

第2章　狩猟採集民の子どもたちは遊びでいっぱいだった

　地球の反対側に、エヴァンとハンクに影響を与えていた教育的圧力とは無縁の世界に、クウィという同じく11歳の男の子がいます。彼は、子どもなら誰でももっている能力や判断力を活かせる文化の中で育てられています。クウィは、アフリカのカラハリ砂漠で狩猟と採集をしているバンド[1]の中で暮らしています。ジュホアンシ（Ju/'hoansi）と呼ばれる文化的集団に属しています。彼には学校も、決まったスケジュールもありません。彼は、完全に目が覚めたときに起き、自分の好きなように1日を過ごします。ほとんどは、様々な年齢の子で構成された友だちと遊んだり、探検したりします。大人の監督は一切なしで、集団の近辺のときもありますが、まったく遠く離れているときもあります。彼は、このようなことをすでに4歳のときからしています。それは、ジュホアンシの大人たちが、子どもは論理的に考えることができ、自分をコントロールでき、大人の近くに留まる必要もないと思っているからです。結果的に、毎日の探検が、新しい学びを提供してくれています。

　クウィと友だちは役に立つ大人になりたいと思っているので、狩りなど生活に必要な技術を「ごっこ遊び」の形で、練習し続けます。弓矢を使って、チョウ、鳥、ネズミ、ときには大きな獲物を追いつめて、撃ちます。大人が組み立てた小屋や様々な道具に似たものも作ります。クーズー[2]、ヌー[3]、ライオン、その他のたくさんの動物の音や動きの物まねを、大喜びで大げさなやり方でします。クウィたちが優れたハンターになるためには、肉食動物から身を守ったり、それらの動物のクセを学んだりしなければなりません。そのためには、友だちが異なる動物役を演じる遊びもします。自分たちのバンドや来訪している知り合いのバンドの大人たちの話し方や動きを注意深く研究した上で、ユーモアたっぷりにその物真似もします。ときには、秘密の隠された場所を見つけるために、クウィたちはブッシュ[4]の中に深く足を踏み入れることもあります。子どもたちは走り、追跡し、跳び、登り、投げ、そして踊ります。そうすることで、彼らは壮健で、バランスの取れたからだをつくるのです。楽器を作り、聞き覚えのあるジュホアンシの歌を歌ったり、新しい歌を作り出したりすることもあります。彼らはこうしたことすべてを、自分たちがしたいからし、そして、みんな楽しんでしています。それをしなさいという人は誰もいません。誰も彼らをテストしません。彼らに遊びを教えようとする大人もいません。けれども、ときには（特に、若い）大人がおもしろ半分に加わることはあります。一方で、クウィたちが大人の始めたゲームや踊りに加わることもあります。彼らは自由な意思で学んでいくのです。

これこそが、自然が設計した子ども時代なのです。

遺伝子学的に、私たちはみな狩猟採集民です。何十万年の自然淘汰が、私たちがそのような生き方をするように形づくりました。文化人類学者は、狩猟採集民の生活様式こそが、人間の暮らし方の起源だと言っています。農業が西アジアの肥沃な三日月地帯に最初に出現したのは、わずか1万年前のことで、そのほかの地域ではかなり後のことです。この発明は、人類の生き方という観点で、劇的な変化のきっかけになりました。その変化は、自然淘汰をはるかにしのぐものでしたし、私たちはなんとかその変化に適応しなければなりませんでした。というのも、私たちの生物学的なからだは、狩猟採集民としてのニーズを満たすように進化してきたものだからです。もし、人類の歴史を１００万年とした場合、その99％は狩猟採集民として過ごしてきたのです。

純粋な狩猟採集民の生活は、いまほぼ絶滅しつつあります。後発の農業、工業、そしてさらに近代的な生活によって押しのけられています。それでも、つい１９７０年代や80年代まで（ある程度はもう少し後まで）は、文化人類学者が地球上の極めて不便なところまで足を踏み入れて、外の世界からほとんど影響を受けていない狩猟採集民を見つけることができました。現在も、多くの文化人類学者が、伝統を引き継ぎ、先祖の価値観を維持している狩猟採集民の集団を調査しています。その中には、いまでは非狩猟採集民との間で物の取引をしている集団もいます。もちろん、それらの狩猟採集民は私たちの先祖ではありません。しかし、彼らの文化は、あなたや私が日々経験している文化よりも、私たちの農耕以前の先祖たちに近い生活をしていることは確実です。

世界中で見つけることができる狩猟採集民の社会は、たくさんの相違点があります（注意・本章で狩猟採集民の生き方を解説するとき、文化人類学者が「エスノグラフィック・プレゼンス」と呼んでいる方法を使います。それは、いまは存在しないか、行われていない可能性があっても、調査が行われた時点は確実に存在したり、行われていたりしたことを示すものです）。多様な物理的環境、言葉、儀式、芸術形式等があります。それらの違いにもかかわらず、アフリカ、アジア、南アメリカ、あるいはそのほかの場所であろうと、基本的な部分ではとても似通っているのです。それは、似たような社会構造、価値観、子育ての仕方などをもっていることです。それらの共通点を、研究者は「狩猟採集民の文化」と一括りで言及しています。そしてその文化が、農業が到来する前は主流だった社会であるという見方に自信を深めさせています。それらの社会の中でもっともよく調査されているのは、アフリカのカラハリ砂漠のジュホアンシ（Ju/ hoansi）、タンザニアの熱帯林のハズダ（Hazda）、コンゴのムブティ（Mbuti）とエフェ（Efe）、中央アフリカ共和国とコンゴのアカ（Aka）、マレーシア半島のバテック（Batek）、フィリピン・ルソン島のアグタ（Agta）、南インドのナヤカ（Nayaka）、パラグアイのアチェ（Ache）、ブラジルのアマゾン流域のパラカナ（Parakana）、オーストラリアの砂漠地帯のイワラ（Yiwara）などです。

本章では、狩猟採集民の子どもたちの生活と教育について紹介します。その過程で、狩猟採集民に共通する文化についても触れます。「教育」という言葉の定義は、「文化の伝承」です。それは、どんな社会であろうと、新しい世代が前の世代の文化であるスキル、知識、知恵、価値を受け取り、そして積み上げる一連のプロセスのことです。狩猟採集民の子育てと教育について理解するには、彼らの文化的な価値を知ることが必要です。

狩猟採集民の断固たる平等主義[5]

狩猟採集民は小さなバンド（通常は、子どもを含めて20～50人ぐらい）で、広大な範囲をもつ土地を、得られる獲物と植物を探して場所から場所へと移動しながら生活しています。彼らのことを調査したほとんどの研究者が言及する彼らの核となる社会的価値は、「自律（個人的自由）」「共有」、そして「平等」です。近代的な民主的社会に生きる私たちも、一般的にはこれらの価値をもっていますが、狩猟採集民のこれらに対する理解と重きの置き方は、私たちのとは比べ物になりません。

狩猟採集民の自律の感覚はあまりにも強いので、誰かに何かをするように言うことは控えます。他人の自由に干渉しているように思われるのを避けるために、互いにおせっかいな忠告を言うことも差し控えるのです。子どもを含めて、誰もが自分の選択が他人の自由や社会的なタブーを犯さない限り、毎日何をするかは自分の判断で決めます。しかしながら、自律の中に私有財産を蓄積したり、他人に借金を背負わせたりする権利は含まれていません。それらは、二番目に大切な価値である共有と反してしまうからです。

経済的な観点から見ると、共有することこそが狩猟採集民のバンドの目的と言えます。人々は、食料を獲得したり、肉食動物から身を守ったり、子育てをしたりするのを協力してやるために、スキルと努力を惜しみなく共有します。彼らは、食料や物はバンドの者とはもちろん、他のバンドの人たちとさえ共有します。そのように喜んで共有することこそが、狩猟採集民を厳しい環境の中で、長きにわたって生き延びらせた理由なのです。狩猟採集民の共有の捉え方は、私たち欧米の理解の仕方とはまったく違います。私たちにとって、共有は気前のよさを示す称賛に値する行為であり、「ありがとう」と言われることを前提にしており、将来的には何らかのお返しを期待しています。それに対して狩猟採集民にとって、共有は気前のよさでも、潜在的な取引の要素もありません。単純に、義務なのです。他の人よりも多くをもっていた場合は共有することは当然のこととされており、それをしなかった場合は、冷やかされたり、軽蔑されたりするのです。

狩猟採集民の自律と共有の捉え方と密接に関係するのが、文化人類学者のリチャード・リーが「断固たる平等主義」と呼んだものです。それは、私たち近代西洋の「機会均等」という考え方をはるかに超えたものです。それは、誰のニーズも同じように大切で、誰かが他の者よりも優れていると思われることはなく、誰もが他の誰かよりもたくさんのものを持っていることはない、という意味です。このような平等は、彼らの自律の感覚の一部なのです。つまり、不平等だと、たくさん持っている者や、自分が優れていると思っている者が、少ししか持っていない者を支配してしまうことになりかねないからです。

もちろん、狩猟採集民も、中にはいいハンターや植物を採集する人、いい交渉ができる人、いいダンスが踊れる人などがいることは認識しており、それらのスキルには価値を置いています。それでも、彼らは、能力を見せびらかしたり、自分の優位性をあからさまに表したりすることは強く非難します。戦で使われる武器を自慢したり、共有しなかったり、タブーを犯したりしたときは、冷笑されたり、嫌われたりします。最初の段階では、不適切な行動をとった者を物笑いの種にします。誰かさんは自分が「偉い人」だとか、「素晴らしいハンター」だと思い込んでいるよ、というような歌を作るかもしれません。もし不適切な行動が続く場合は、次の段階として、その者が存在しないがごとく扱います。そのような対処法は、違反者を正気づかせるには極めて効果的です。みんなに笑いものにされるので、偉そうに虚勢をはることは困難です。また、もし食料を貯め込むことの代償がみんなに無視されることなら、それをすることに価値はありません。

個人の自主性＝自律と平等に対する高い評価と一致する形で、狩猟採集民のバンドには、未発達な農業社会（やアイヌを含めた定着型の狩猟採集民）に一般的に見られる集団のために意思決定をしている「偉い人」あるいは族長は存在しません。狩猟採集民のバンドには決まったリーダーがいないところが少なくありません。名目上のリーダーがいるところもあります。その人が、他のバンドと対処しなければならないときなどに代表して話すのです。しかし、その人も他の誰よりも公式の意思決定権をもっているわけではありません。１つの野営地から別に移動することなど、バンド全体に影響を与える決定は、グループ全体の話し合いで決まります。そして、その話し合いは、合意が形成され、アクションが起こせるようになるまでに何時間も何日も続くことがあります。男性だけでなく、女性も、この話し合いには参加します。ときには、子どもたちも自分の意見を主張することがあります。どのバンドにも、他の人よりも賢いと思われ、従って、より影響力をもっている人はいるものです。しかしながら、彼らが発揮する力は、他の人々を納得させたり、全員の要求を考慮に入れた合意形成ができたりする能力から来ています。

寛大さと信頼にあふれた子育てはどこから来るのか

狩猟採集民の社会で、親の子どもの扱い方を説明する際に、研究者によってよく使われる言葉は「寛大」です。しかし、より適切な言葉は「信頼にあふれた」だと私は思います。狩猟採集民の人間関係に行き渡っている平等と自律の考え方は、大人が相互に交わるときに使われるのと同じように、大人の子どもとの接し方にも応用されます。子育てと教育観の中心となる信条は、

◉子どもの生まれもった才能を信じる
◉本人の意思に従って行動できるようにすれば、子どもは学ぶべきことを学ぶ
◉子どもがスキルを身につけ、十分に成熟した段階で、子どもは自然にバンドの経済的活動に貢献し始める

というものです。この信頼にあふれた態度は、以下に紹介する（それぞれは異なる狩猟採集民の社会について調査した）研究者たちのコメントによってうまく説明されています。

◉（オーストラリアの）アボリジニーの子どもたちは過剰なほどに甘やかされている。授乳を4歳か5

歳まで続けることさえある。子どもに対する体罰はほとんど知られていない。

◉狩猟採集民は子どもに命令をすることはない。たとえば、寝る時間を知らせる大人はいない。夜、子どもたちは疲れて眠くなるまで大人たちの周りにいる。（中略）ブラジルのパラカナの大人たちが、子どもたちの生活に干渉することはない。大人たちは、子どもをたたいたり、叱ったり、肉体的にはもちろん言葉によっても攻撃的に接することもない。あるいは、褒めたり、子どもの成長の経過を追ったりするようなこともしない。

◉（ベネズエラのイエクアナには）これは「私の子ども」あるいは「あなたの子ども」という考え方が存在しない。その子が何歳だろうと、他人が何をすべきかを決めるということはイエクアナの言葉にはない。他の人が何をするかということには大きな関心を寄せるが、それに影響を与えようとする欲求はない。ましてや力ずくで、何かをさせようとは思わない。子どもの意志が自分を動かす原動力である。

◉（カナダのハドソン湾の狩猟採集民のイヌイットの）幼児や子どもは、自分の肉体的な能力が許す範囲で、身の回りの環境を探索することを許されている。従って、もし子どもが何か危険なものを拾ったとしても、親は一般的に子どもが気のすむまで探究させている。子どもは自分がしていることを理解していると見なされている。

◉（アフリカのカラハリ砂漠の）ジュホアンシの子どもたちはほとんど泣くことがない。たぶん、何も泣くことがないからと思われる。怒鳴られたり、平手打ちにされたり、体罰を受けたりする子は当然いないが、叱られたりする子も見たことがない。思春期が近づくまで、やる気をそぐような言葉を聞くこともほとんどない。非難も（それが本当に非難であっても）、とても柔和な声で言われる。

私たちの社会の多くの人にとって、以上のように子どもの欲するままにさせることは、大人になってからも甘えたり、要求ばかりしたりする子どもをつくり出すための原因になると捉えられかねません。しかしながら、少なくとも狩猟採集民の暮らしの視点から見ると、その反応はまるで見当違いです。次に紹介するのは、ジュホアンシを調査した最初の1人だったエリザベス・マーシャル・トーマスが甘やかすことについて反応した内容です。

そんなに優しく子どもに接したら、甘やかしてしまうと言われがちだが、そのように言う人は、そのやり方がどれだけ成功しているかを知らないのである。欲求不満や不安から自由で、快活で、協力的な（中略）ジュホアンシの子どもたちは、すべての親にとっての夢である。どんな社会も、これに勝る子育てをしたところはない。ここの子どもたちは、賢明で、感じがよく、自信をもっている。

この寛大で、信頼にあふれた態度を前提にするならば、狩猟採集社会の子どもたちがほとんどの時間を自由に遊んだり、探索したりすることを許されていることは驚くには当たりません。狩猟採集民の大人たちがもっている一般的な考え方は、「子どもは自主的な遊びと探索を通して、自らを教育する」というものです。その考えは、長年の経験から生まれました。狩猟採集民の子どもの生活をもっと知るために、当時私の院生だったジョナサン・オガスと私は、狩猟採集民の社会を詳しく調べた10人の著名な研究者に対して聴き取り調査を行いました。「あなたが対象にしたグループの子どもたちは、遊びにどのくらいの時間を費やしていましたか？」という私たちの質問に対して、すべての回答者は、原則的に

子どもたちは夜明けから夕暮れまで毎日自由に遊ぶことができます、と答えていました。以下に紹介するのは、代表的な回答です。

◉「女の子も男の子も、丸1日、毎日、自由に遊んでいました」（アラン・ブライナード、アフリカ南部のンハロが対象）

◉「子どもたちはほとんど年がら年中、自由に遊んでいました。誰も、彼らが10代の後半まで、本格的な仕事をすることを期待していません」（キャレン・エンディコット、マレーシアのバテックが対象）

◉「男の子は、15～17歳になるまでほとんど1日中、自由に遊んでいました。女の子も同じですが、合い間合い間に用事や子守をしていました」（ロバート・ベイリー、中央アフリカのエフェが対象）

これらの回答は、すでに出版されている論文に書いてあることと一致します。ジュホアンシの子どもたちの活動を調査した文化人類学者のパトリシア・ドレイパーは、次のように結論づけていました。「女の子は、14歳ぐらいになると食料採集や水汲みやまき拾いを日常的に取り組み始めます。男の子は、16歳かそれ以上にならないと本格的なハンティングには参加しません。（中略）子どもたちは仕事らしきものをほとんどしないのです」。狩猟採集民の子どもたちが生産的な仕事をしない唯一の例外として、タンザニアの熱帯林に住むハズダがあげられることがあります。ハズダの子どもたちは、自分の食料のかなりの部分を探し回ります。しかしながら、ハズダの5歳から15歳の間の子どもたちを調査した結果は、それをする時間は1日に2時間ぐらいであることが明らかにされました。しかも、野営地周辺の植生の豊かなところに限定され、探し回っている間も遊び続けているのです。

狩猟採集社会の大人たちは、子どもの教育を管理したり、指示したり、動機づけをしたりすることは一切ありませんが、子どもの望みに応える形で子どもの自己教育を支援します。たとえナイフや斧など、それが危険を及ぼす可能性があっても、子どもに大人の道具で遊ばせることを許します。子どもがそれらを使いこなせるようにならなければならないことを知っているからです。それにも例外はあります。矢先に毒を塗った矢は小さな子どもが手にすることができないところに保管されます。小さめの弓矢、掘り棒、かごなどの道具を、子どもたち、場合によっては幼児が遊べるように作って提供します。もし子どもが望むなら、大人がしていることはすべて見せたり、参加したりすることを許します。子どもたちは、しばしば大人たちの周りに集まります。小さい子たちは大人の膝の上に乗ります。そうして、大人たちが料理するところや、楽器を演奏するところや、狩猟のための武器や他の道具を作るところを見せたり、「手伝わせたり」します。大人が子どもを追い払ったりすることはほとんどありません。ドレイパーが典型的な様子を描いてくれています。

ある日の午後、（ジュホアンシの）父親が弓矢の先の金属をハンマーで打って、加工しているところを私は2時間観察しました。その間、息子と孫息子（両方とも、4歳以下）が彼を押しのけたり、彼の足の上に乗ったり、打とうとしているハンマーの先にある矢の先を取ろうとしたりしていました。男の子たちの指を打ちそうになったときは、手をよけるのを待つだけです。安全が確認できたら、ハンマー打ちを再開しました。男の子たちをいさめることはありましたが、不機嫌な顔になったり、追い出したりするようなことはありませんでした。男の子たちも注意を気にかける様子もなく、邪魔をし続けました。ついに、50分ぐらい経過してから、男の子たちは近くで10代の子たちが

——日陰で横になっているところに行って、それに加わりました。

子どもが大人に何かをして見せたり、助けてくれるように頼んだりしたときは、大人は願いをかなえてやります。狩猟採集民の研究者の1人は、次のように言っています。「共有したり、与えたりすることは彼らの中核的な価値観なので、ある個人が知っていることは、他のみんなにオープンであり、提供されるのです。もし子どもが何かを学びたければ、他の人は知識やスキルを共有してあげるのです」。狩猟採集民は、自分たちの採集や狩猟の冒険、他のバンドを訪問したとき、過去の特別な出来事などの物語を語ることで知識を伝えていきます。トーマスは、自分が調査した中では60〜70代の女性がもっとも優れた語り部であることを指摘しています。物語は子ども向けではありませんが、子どもたちはそれを聞き、そして意味を理解します。狩猟採集民の子どもは自分の教育は自分でするのですが、バンドの大人たち全員と、他の子どもたちもが、常に助けてくれる存在なのです。

狩猟採集民の子どもは集約的にスキルと知識を身につける必要がある

狩猟採集民の社会は、私たちの社会よりも「単純」なので、狩猟採集民の子どもたちは私たちの子どもよりも学ぶことが少ないと思うことは誤りです。狩猟採集の生活は、職業の専門分化がほとんど存在しないので、極めて知識とスキルが「集約的」です。一人ひとりの子どもはほとんど自分の文化のすべてを身につけなければなりません。少なくとも、自分のジェンダーに関してはすべてです。

ハンティング（狩り）は、膨大な知識とスキルを必要とします。ライオンやトラやオオカミなどの肉食動物と違って、私たち人間はスピードや力によって獲物を捕らえられるように適応してきていません。

その代わり、知力と技に頼っています。狩猟採集民の男（女も狩猟をする集団があります！）は、自分たちが狩猟する200～300種類の哺乳動物と鳥の習性について膨大な知識をもっています。その動物を見ればもちろんですが、鳴き声と足跡からどの動物かをすべて識別することができます。何年か前に、ルイス・リーベンバーグは、狩猟採集民の獲物を追跡できる能力の基礎にある複雑な科学的思考法を1冊の本にまとめました。ハンターは、砂、土、木の葉などに残された動物の印や跡を手がかりとして使います。それを、過去に蓄積された経験による知識と組み合わせることで、追っている動物の大きさ、性別、健康状態、動いている速度、そこを通過した時間などについての仮説を立て、そして検証するのです。そのような追跡は、獲物を見つけて、矢を放つ距離まで近づくためだけでなく、すでに傷つけた獲物を追いかけるためにも必要なのです。狩猟採集民は、普通は毒を塗った小さな弓矢や投げ矢を使って狩りをします。毒が働くまでには時間がかかります。大きな動物は、それが死んで、野営地に持って帰れるまでに、ときには何日間も後をつけなくてはなりません。[6]

ジュホアンシの獲物の追跡能力を解説する中で、文化人類学者のアルフ・ワネンバーグは以下のように書いています。「すべてに気づき、よく考えられ、そして話し合われます。草の葉身が踏みつけられたよじれ具合、引っ張って低木の枝を折った方法、足跡の深さ、大きさ、形、傾向などすべてが、動物の状態について、どちらの方向に移動しているのか、移動の速度、そして今後の動き方はどうかなどの情報を明らかにしてくれます」。同じことについて、トーマスも以下のように書いています。「（矢で打たれた特定のクーズー[7]の）足跡を、他の6～7頭の同じくらいの大きさのクーズーと移動している中で認識することは、妙技です。とりわけどの足跡もまったくはっきりしていないのですから、その真価は実際に見てみないと味わえません。それは、他のクーズーが足をこすって作ったたくさんのへこみと一緒にある、砂の中のへこみなのです。（中略）たとえば、甲虫の足跡が獲物の足跡の上に残っているなどのごく小さな印でさえ、ハンターにとっては意味があるのです。もしその甲虫が、特定の温度に達したときに動き出す種類だった場合は、特にです」。

（毒を先につけるか否かの如何にかかわらず）弓矢、毒のついた投げ矢を放つ筒、槍、わな、網などの猟の道具は、卓越した技能を使って、完璧に作られなければなりません。それらの道具を使いこなして高いレベルで猟ができるのは、自分が研究対象にした狩猟採集民の他には見たことがない、とどの文化人類学者も報告しています。全員が、その能力を畏怖の念をもって語っています。狩りの成功に関する数量的な調査の結果によると、20代の男は、肉体的にはそのピークに達しながらも、一番いいハンターではありません。もっとも優れたハンターは、30代、40代、あるいはそれよりも高齢の者なのです。知識と技能を身につけて最高のハンターになるには、それほど長い年月がかかるのです。

狩りがとても高く評価され、たくさんの会話が交わされ、とても難しいことが分かっており、腕の立つハンターになるために遊び、そして、そうなれるように多様な方法を模索する社会で子どもたちが育っていくのは、驚くことではありません。私たちの聴き取り調査に答えてくれたすべての回答者が、彼らが調査をした社会の男の子たちは、追跡と狩りの遊びに膨大な時間を費やすと言っていました。男と同じように女も狩りをする社会のアグタを調査した2人の回答者は、男の子も女の子もたくさんの追跡や狩りの遊びをしているところを観察していました。

狩猟採集民の子どもは、3歳ですでに小さな動物や互いを追跡したり、つけ回したりして遊びます。[8] 小さな弓矢で、動かない的や、チョウやカエルを打ちます。8歳か9歳までには、すでに小さな食べられる動物を殺しています。お父さんが大きな動物を運んでくるのを真似して、それを棒に結わえてキャンプ地まで持って帰ります。10歳までには、キャンプの毎日の食料調達に、少量の肉を時々貢献します。13〜14歳になると、実際に観ることで学べるので、大人たちが行く大きな獲物の狩猟旅行に参加することを許されます。そして、16歳ぐらいまでには、遊びの感覚をまだ残しながらも、狩猟旅行の完全な一員になっています。

　植物性の食料の採集にも、同じようにたくさんの知識とスキルが必要です。人間は、私たちの親せきの類人猿が適応したように、すぐに手に入る植物の葉などを食べられるようには適応していません。それどころか、栄養価の高い植物に依存しています。それらは、うまく探し出し、抽出して、そして加工までしなければなりません。狩猟採集民の女（と男！）は、たくさんある中のどの根、塊茎《かいけい》[9]、木の実、種、果物、葉野菜が食べられて、栄養があるのか、いつどこで見つけられるのか、どのように掘ればいいのか、どうすれば効果的に食べられる部分を抜き出せるのか、そしてときにはどのように加工すれば、そのままよりも、より食べやすくなったり、より栄養価が増したりするのかといったことを知っていなければなりません。これらを可能にする能力には、経験によって磨かれた肉体的なスキルだけでなく、そのグループの中で共有されてきた大量の食料について言葉で伝えられた知識を覚え、使いこなし、付け加え、修正する能力も含まれます。狩猟採集民の女の食料収集と加工能力は、男のハンティング能力とまったく同じように、40歳ぐらいまで上昇し続けることが研究で明らかになっています。

　狩猟採集民の子どもたちは、植物性の食料について、狩りをするのを学んだのと同じように学びます。女の子たちは物語を聞きます。母親や他の大人の収集旅行に参加します。キャンプで大人たちが料理しているのを見ます。そして、可能なら手伝います。完全に自発的に、棒を使って掘ったり、すり鉢とすりこぎ棒で遊んだり、多様な植物を探したり、識別したりするゲームを考え出します。ときには、大人たちから口頭での指示を求めたり、受けたりします。インタビューの中で、アカの女たちは、自分たちが若かったとき、母親たちが多様なきのこや野生の山芋を自分たちの前に並べて、食べられるものと食べられないものを説明してくれたと言っていました。

他のどんな社会でもそうであるように、狩猟採集民の男の子と女の子は、遊ぶときにはすべてではなくとも、多くの場合性別で分かれます。女の子よりもはるかに多く、男の子は狩りや他の主に男によって行われる活動をして遊びます。逆に、男の子よりもはるかに多く、女の子は収集をしたり、食事を作ったり、出産をしたり、赤ちゃんの世話をしたり、主に女によって行われる活動をして遊びます。そして、男の子と女の子、大人の男と女が共にするたくさんの活動も一緒にして遊びます。彼らの遊びはすべてが異なる年齢（だいたい4歳から15～16歳まで）の子たちが混ざったグループで行われます。遊びの中で、小さい子は大きな子からスキルを学び、大きな子は小さい子たちの面倒を見ることで、リーダーシップや心遣いの仕方を練習します。子どもたちは大人たちからたくさんのことを学びますが、彼らにとってより通常の先生は、自分たちと遊ぶ子どもたちなのです。

私たちの聴き取り調査に答えてくれた研究者たちは、狩猟採集民の子どもたちは、たくさんの大人たちがしている狩猟採集以外の活動を遊びの形で真似していると言っていました。その中には、幼児の世話、木登り、つるの梯子作り、小屋作り、道具作り、いかだ作り、火起こし、料理作り、見せかけの肉食動物の攻撃から身を守ること、[10]（動物を識別し、その習慣を学ぶ方法として）動物たちの真似をすること、音楽作り、踊り、物語を話すこと、そして言い争うことなどが含まれています。狩猟採集民は、音楽、踊り、物語の豊かな伝統をもっています。従って、子どもたちが遊びの中で楽器を作って演奏したり、歌ったり、踊ったり、物語を話したりしても驚くに当たりません。狩猟採集民の社会によっては、ビーズ状に装飾したものを作ったり、その他の視覚的な芸術作品を作ったりします。

肉食動物から逃れたり、かわしたりすることを含めて、外で暮らす時間が長い狩猟採集民たちは、すべての年齢の男女が健康で、しなやかなからだを維持する必要があります。農業と産業社会においては、男の子たちが女の子たちよりも元気いっぱいのからだを使った遊びをしていますが、狩猟採集民の社会では男女両方がそのような遊びをしています。子どもたちは互いを追いかけ合い、地理的な場所によっては、木に登ったり、ブランコをこいだり、泳いだり、重いものを運んだり、一連の曲芸を行ったりします。また、踊りながら、優雅で協調した動きを練習します。踊りと踊りのようなゲームは、ほとんどの狩猟採集民の社会でもっとも人気のある遊びです。それをすることで、なめらかな動きと協力することを練習します。

社会的なスキルと価値観を学ぶのは、子どもたちだけで無制限に遊ぶ時間

子どもたちだけで無制限に遊ぶ時間を彼らに提供することで、狩猟採集民の大人たちは自分たちの暮らしの中でもっとも大切な部分を構成している、社会的なスキルと価値観を無制限に練習させているのです。社会的な遊び（それは、1人以上が参加するすべての遊び）は、まさにその本質によって、協力すること、互いのニーズを思いやること、合意を得られる意思決定をすることなどの継続的な練習の場なのです。

遊びは、強制されてするものではありません。いつでもやめる自由があります。社会的な遊びでは、

不満をもった者はやめてしまうことを誰もが知っています。そして多くがやめてしまうと、その遊びは終わります。その遊びを続けるためには、自分の欲求を満たすだけでなく、他の子たちの欲求も満たさなければなりません。従って、他の子たちと遊びたい強い衝動は、他の子の要望に注意を向け、違いを乗り越えることを学ぶ強い力になっています。私たちの社会を対象にした研究でも、学齢期前の子どもたちでさえ、たくさんの違いを知り、遊びの中で妥協をしていることが繰り返し明らかにされています（この点については第8章で詳しく触れます）。社会的な遊びのもっとも大きな目的は、敬意をもった接し方を子どもたちに学ばせることを助けることです。それも、大きさ、強さ、能力等の違いにもかかわらず、互いが対等に、全員のニーズと欲求を満たす形で、です。こうしたスキルは、狩猟採集民の社会で生きていくのに欠かせませんが、どんな人類の社会であっても重要です。私たちは誰もが、他者の手助けや後押しが必要です。そして、それを得るには、私たちも他者に対して手助けしたり、後押ししたりする方法を知っていなければなりません。

先に述べたように、狩猟採集民の子どもは幅広い年齢がいるグループの中で常に遊んでいます。たとえ自分と同じ年齢の子と遊びたくても、それはできません。狩猟採集民のバンドは小さいので、出産時期は幅広く、1～2歳の間に2～3人の子どもがいればいい方です。私たちの社会での研究（第9章を参照）が、異なる年齢層の子どもたちの遊びは、同い年だけの子どもたちの遊びとは質的に違うことを明らかにしてくれています。それは、競争的な部分は弱く、互いに育て合う部分が強いのです。異なる年齢層の子どもたちの遊びでは、各自がベストを尽くそうとしますが、他の子を負かそうとすることにはほとんど、あるいはまったく興味がありません。遊び相手が、年齢や大きさや強さで大きく異なる場合、自分が他の誰かよりも優れていることを証明しようとすることにはあまり意味がないからです。異なる年齢層の子どもたちの遊びの特質と、狩猟採集社会の平等の精神が結びついて、狩猟採集民の子どもたちの遊びは、非常に協力的で、非競争的であることを確実なものにしているのです。

遊びの世界的な異文化間の比較調査を1950年代と60年代に実施した、ジョン・ロバーツと同僚は、競争的な遊びをしていない唯一の社会は狩猟採集民のそれだと結論づけました。この結論と一致する形で、私たちの調査の回答者全員も、自分たちが見た遊びの非競争性を強調していました。たとえば、文化人類学者のビオン・グリフィンは、自分が観察したアグタの子どもたちの遊びの一貫したルールは「誰もが見えるような形で他の子に勝ったり、打ち負かしたりしてはいけない」ということだった、とコメントしていました。狩猟採集民がしている遊びやゲームについてのもっとも詳しい説明の中で、ローナ・マーシャルは指摘しています。ジュホアンシが行うほとんどの遊びは、非公式で、非競争的なので、公式な狩猟も、明確な規則があり、競争する形で行えますが、実際は非競争的に行われています。たとえば、5歳から15歳までの男女両方のジュホアンシの子どもたちはゼニを投げて遊ぶゲームをします。ゼニとは、7インチ（18センチ）ぐらいの長さの皮ひもの片方の端には重りが、もう一方には羽根が結びつけられているものです。この競技に参加するプレーヤーは、棒を使ってできるだけゼニを高く投げ上げます。そして今度は舞い降りてきたのを棒で捕まえます。そして、すぐに投げ上げます。このゲームでは、たくさんの子どもたちが巧みな技を見せてくれます。なので、競争として競技することは容易です。たとえば、誰が一番高く上げられるのか、あるいは誰がもっとも連続して舞い降りてきたゼニを捕まえられるかを競う形で。しかし、マーシャルによるとそんなふうには行われないのです。各プレーヤーは自分のベストを尽くそうとはしますが、相互の比較は行いません。

多くの狩猟採集民が行うゲームは、1人のプレーヤーと他のプレーヤーたちとの間の緊密な連携を伴います。それは、すべての踊りと踊りのようなゲームに言えることですが、他のゲームにも言えます。たとえば、網を使った遊びの狩りでは、大人たちがする本当の網を使った狩りと同じように、網を扱う者と勢子《せこ》[11]との間の連携が必要です。もうひとつの例は、木を揺らすゲームです。子どもたちは協力して若木が地面につくように曲げ、そして一斉に手を離すのです。もし手を離さなかった子がいると、その子は木の上の方につるされるか、空中に放り出されることになります。このようなゲームは、子どもたちにチームとして協力することを学ばせるだけでなく、コミュニティーとして精神的に一体化することにも、どうも役立つらしいのです。

　中央アフリカのムブティを調査したコリン・ターンブルは、蜂蜜の季節のお祝いの一環として、バンドのメンバー全員で行われる儀礼的な綱引きについて説明しています。つるで編んだ綱の一方に男と男の子たちが並び、もう一方には女と女の子たちが並んで、綱を引きながら交唱[12]するのです。ターンブルによれば、男と男の子たちの方が勝ち始めると、「1人が自分たちの側から抜け出して女側に仲間入りし、樹皮で作った服を引き上げて、女が着ているように調整し、裏声で彼女たちに励ましの言葉を叫び、パントマイムで誇張しながら女であることを冷やかすのです」。女と女の子たちが勝ち始めると、「1人が樹皮で作った服を調整しておろし、男たちの方に移動して、深みのある低音の声で男たちの叫びに加わり、同じように男であることをやんわりと冷やかすのです」。ターンブルは続けて次のように書いています。「反対側に移る人たちは、最後に行われた冷やかしをしのぐように努力します。それがどんどん笑いを巻き起こします。そして、参加者が笑いすぎて、歌うことも綱を引くこともできなくなるまで続き、最後は、全員が興奮状態で綱を離し、地面に倒れ込みます。若者と大人の両方が反対側に移りますが、冷やかしを演じるのはほとんど若者です。（中略）冷やかしはまったくの敵対心なしで行われます。むしろ、少なくとも部分的な帰属意識と共感を伴っています。これによって、暴力も、男女のいずれかが攻撃的になって勝つということも回避しています。というよりも、競争することの愚かさをはっきり示しているのです」。

狩猟採集民の乳幼児と年長の子どもないし大人の間で行われる「あげたり、もらったりするゲーム」について、何人もの研究者が言及しています。1歳ないしそれ以下の乳幼児は、年長の遊び仲間にものを喜んであげます。そして、それをもらい、またあげることを繰り返します。あげることの喜びは、すべての人類の乳幼児に本能として備わっているかのようです。あまり知られていない一連の実験が、12か月から18か月までの幼児を対象に米国で行われました。その結果、100人より多い幼児全員が、実験室の短いやり取りの中で自発的におもちゃを大人にあげたのです。私たちの社会では、そのような行為について特別語られることはありませんが、いくつかの狩猟採集民の社会では称賛されます。ジュホアンシの中では、そのような乳幼児による他者にものをあげる行為は意図的に育てられます。特におばあさんが、ビーズを誰かにあげるのに乳幼児の手を導くことで乳幼児に「共有すること」と「あげること」の文化の手ほどきをします。これは私が、研究者たちが狩猟採集民の習慣として書いていた中で見つけた、子どもの遊びに対する大人の系統的で、意図的な影響の一例です。狩猟採集民として生きていく中で、快くあげたり、共有したりすること以上に重要な人間的な性質を見出すことはできません。

成功した狩猟採集民の大人になるためには、単に共有したり、協力したりしなければならないだけでなく、反感を買うことなく自分のニーズや望みを効果的に主張できなければなりません。そのような「自分を主張する」練習の機会は、社会的な遊びをする中にふんだんにあります。たとえば、プレーヤーたちは、ルールや誰がどの部分をプレーするのか等について折り合いをつけますから。加えて、大人たちの論争を真似ることで、狩猟採集民の子どもたちは意図的に主張することを練習しています。たとえば、ターンブルは、ムブティの9歳以上の子どもたちが、大人たちが論争をしていたのを聞いて、それをからかうようにつくり変え、改善しようとしていたところを次のように描いています。

子どもたちは、たぶん昨夜、キャンプで本当に見た論争を模倣することからスタートするかもしれません。子どもたちは全員が役割を割り振って、大人の真似をします。もし前夜、大人たちが論争を解決していたら、役割劇はあまり面白くなりません。大人たちがすでに論争を解決しているので、真似するのもその時点で終わってしまい、子どもたちが改善できる余地はありません。でも、子どもたちが改善の余地を見出したなら、それを探り、もし大人の論争は不適切で、みんな機嫌を悪くして寝たのなら、自分たちの方がうまくやれることを示そうとします。もし、それが不可能なときは、みんなが地面で笑い転げるまで大人の真似をして冷やかす選択をします。それが、もっとも暴力的になる可能性がある危険な論争を、大人たちが避ける方法だからです。

並外れた自制心は、どのように育まれるのか

狩猟採集民を調査する研究者たちは、彼らの桁外れの「陽気さ」と「冷静さ」について言及します。文化人類学者のリチャード・グールドは、別の研究者による狩猟採集民の陽気さを引用した後で、次のように書いています。「この同じ絶えざる陽気さと、笑ったりジョークを言ったりするのを、オーストラリアのギブソン砂漠の狩猟採集民たちの中にも見出すことができます。それはたとえ、うだるような

暑さに苦しめられ、蝿に悩まされ、食料が足りないときでも、です。この陽気さは、頻繁に遭遇する苦難に対しての『自制心のある受容』と見受けられます。その苦難に対して不満を表すことは、状況を悪化させるだけだからです」。

狩猟採集民は運命の曲がり角を受け入れ、それに対して不満を表すよりも、最大限に活用しているように見受けられます。この苦難に対する姿勢を、ジーン・リードロフは、今や古典になっている『野生への旅——いのちの連続性を求めて』の中でうまく解説してくれています。若くて冒険好きな女性だったリードロフは、2人のイタリア人がベネズエラの熱帯林でダイヤモンドを探す冒険の旅に急遽参加することになりました。この旅の途中のあるとき、彼女と2人のイタリア人、そして彼女たちの助手として雇った南アメリカ先住民のタウリパンの人々は、危険で天日で焼かれたジャリ道を、重くて扱いにくい丸木舟を陸路輸送していました。この拷問のように苦しい作業からほんのしばらく逃れるために、彼女は作業の手を休んで景色の写真を撮りました。次に紹介するのが、その少し離れた視点から彼女が見たことのレポートです。

私の目の前にいる男たちは皆、力を合わせて1つの仕事をしている。そのうちの2人、イタリア人はこわばった表情で、眉間にしわを寄せ、癇癪を起こし、トスカナ人らしいやり方でひっきりなしにののしりちらしていた。ところがその他の連中、つまりインディオたちは楽しそうにしているのだ。彼らはカヌーが思うようにならないことを種に笑い、カヌーとの戦いごっこをし、カヌーを押していないときには大変くつろいでおり、お互いの擦り傷を笑い合っていた。誰かが横滑りしたカヌーの下敷きになって動けなくなると、インディオたちはそれを何よりもおかしがって笑うのだっ

た。下敷きになった方はなった方で裸の背を鋭い石で傷つけられながら、仲間が舟をどけてくれて息がつけるようになるや否や、誰よりも大きな声で笑い出し、自分のみじめなありさまに興じる。（中略）写真を撮り終わって再び作業に加わったとき、私は意識してインディオたちのやり方に倣い、嘘でなく作業の残りの時間を大いに楽しんだ。

その後、リードロフは、タウリパンと南アメリカ先住民の他の2つのグループとベネズエラで生活しました。彼らの遊び心いっぱいの陽気さ、人生に対するくつろいだ姿勢、苦難の中にあるときも仲間と楽しくやり取りするやり方に、彼女はもっとも驚きました。リードロフが彼らを観察した時点で、これらのグループはもう完全な狩猟採集生活は営んでいませんでした。狩猟や採集を補うために小さな菜園をもっていたのです。しかし一見したところ、狩猟採集生活を特徴づける価値観や態度をまだ保持していたようです。

狩猟採集民の苦難に直面したときの快活さを示す能力は、特に何でも不平を言いたがる私たちのようなものにとっては驚きなので、私はもうひとつの例を紹介しなければいけない気持ちに駆られます。ジュホアンシについて書いた本の中で、エリザベス・マーシャル・トーマスは、バンドのキャンプからはとても遠いところを歩いていた少女が、ハイエナを捕獲するために野生生物学者が仕掛けていたわなを踏んでしまった話について詳しく紹介してくれています。わなの鉄の歯は少女の足に食い込み、わなはしっかりと地面に固定されていたので、少女にできることはもう一方の足で立って、待つことしかありませんでした。数時間後、その地域で狩りをしていたおじが彼女のことを見つけて、どうなっているのか見に来ました。わなを開けることができないと分かると、助けを求めにキャンプに戻っていきました。

次がこの事件についてのトーマスの解説です。

彼女を野営地に連れてきて傷に包帯をしていたときの彼女の落ち着きを、私は忘れることはないでしょう。彼女はハイエナが頻繁に現れるところで、1人で自分ではどうすることもできない状態で、長い時間傷みを抱えた中でいたにもかかわらず、彼女は何も起こっていなかったように振る舞ったのです。その代わり、彼女はあれこれ思いつきのおしゃべりをし続けたのです。私から見ると、あのような状況下であのような落ち着きは不可能に思えます。そして、ジュホアンシの神経系は私たちのものほど優れていないのかと考えたのを私は覚えています。もちろん、彼女たちの神経系は私たちのと同じです。1人で逃げることもできず、泣いて、じたばたしている生き物ほど、肉食動物にとって魅力的なものはないのです。（中略）こうした価値観は長い間保たれているのです。彼女たちの自制心が優れていたのです。

生きるためには、いら立ち、哀れっぽく泣いたり、ハイエナにとってだけでなく自分の仲間たちにさえからだが弱っていると見えたりするよりも、何もおかしいところなどない振りをした方がいいのです。困難にぶつかったとき、そのように落ち着いた振りをすることは状況を悪化させないことに役立ちます。逆境の中で、ユーモアを見つけ、ときには楽しみさえも味わわせてくれるのです。

狩猟採集民は、どうやって並外れた自制心を育てているのでしょうか？　誰も本当には知りません。しかし、私が知る限り、これまでこの点について憶測した人もいません。私の見解は、この能力は少なくとも部分的には豊富な遊びを通して培われている、というものです。１９３０年代に、ロシアの偉大な心理学者のレヴ・ヴィゴツキーが説得力をもって論じたように、他の子どもたちとの自由な遊びこそが、自制心を育てるための主要な手段なのです。遊びを通して子どもたちは、自分の欲求や感情をコントロールするのを学びます。子どもたちの遊びたいという衝動は、不快や不安を無視させ、欲求を抑えさせます。そうすることで、子どもたちはゲームのルールに従えるのです。そして、そうした能力は、徐々に遊び以外の生活の中でも活用されるようになります。より最近、動物を対象にした研究で（詳しくは、第8章を参照）、遊びは、脳の中で不安や怒りをコントロールしている部分の発達と、ストレスの多い状況で効果的に行動するのに欠かせないことが明らかになっています。従って、子どもに遊ぶ際の最大限の自由を提供している社会と、もっとも自制心をもった人間をつくり出している社会とが同じである、というのは偶然ではないのです。

「なるほど～、あなたが書いていることは狩猟採集民にとってはいいかもしれませんが、私たちの社会の子どもたちの教育といったいどういう関係があるのですか？」という読者の批判の声が聞こえてきそうです。

とてもいい質問です。私たちの子どもは、狩猟採集民の子どもが学んでいるよりも多くのことを学ぶ必要はないかもしれません。しかしながら確実に言えることは、私たちの子どもは狩猟採集民の子どもと違うことを学ぶ必要がある、ということです。まず、狩猟採集民の社会には、読み・書き・計算はありませんでした。さらに、私たちの社会は狩猟採集民の社会よりもはるかに多様性があります。私たちの社会はあまりにも多様で複雑なので、すべての子どもたちがすべて体験し、理解することは不可能です。狩猟採集民の教育的なニーズを満たすために発達した学ぶために生まれもった才能が、いまの私たちの社会の教育にとって十分かということは、決して明らかではありません。

ぜひ、読み進めてください。今後の章で、子どもが生まれつきもった狩猟採集的な学び方は、私たちの社会の教育にとっても十分である有力な証拠を紹介していきます。しかし、それには、「もし狩猟採集民の大人たちが子どもに提供しているのと同じ条件を私たちの社会でも提供することができるなら」という前提がつきます。そのような条件を提供するには努力が必要ですが、現行の極めて強制的な学校制度を保つための努力よりは少なくて済みます。

その努力について紹介する前に、近代的な学校制度の由来を理解することを目的にした短い歴史を紹介させてください。

1 分かりやすい「部族（Tribe)」としたかったのですが、バンド（Band）を使わざるを得ませんでした。バンドは、文化人類学の用語で、人類が最初につくった組織「共通の目的をもって行動する小集団」を意味します。血縁集団ないし家族共同体です。20〜50人からなるもっとも単純な社会を形成し、そこでは分業はなく、成員は経済的にも社会的にも平等です。アフリカ、北アメリカ、オーストラリアなどの狩猟採集民に多く見られます。（子どもの育て方を中心に）このバンドの生活について分かりやすく紹介してくれている本に、原ひろ子著の『子どもの文化人類学』（晶文社）がありますので、お薦めします。「ギヴァーの会、子どもの文化人類学」で検索すると、この本のメモが読めます。

2 クーズーは、南アフリカに生息する野生のウシ科の哺乳類です。

3 ヌーは、別名ウシカモシカやウィルドビーストとも言い、クーズーと同じくウシ科の哺乳類です。

4 一般的には、「低木の茂み」を指しますが、オーストラリアやアフリカなどでは、あまり草も生えていない砂漠化されたところのことを指します。

5 『ヒューマン＝Human――なぜヒトは人間になれたのか』（ＮＨＫスペシャル取材班著、角川書店）で紹介されていた人間＝狩猟採集民の特徴も、これらのキーワードで表わせられていたと思います。

6 小さな動物はすぐに毒がからだに回りますが、大きな動物の場合は毒が利くのに時間がかかることもあり得るので、倒れる／死ぬまで追い続ける必要があるわけです。

7 前ページの訳注2を参照してください。

8 これは、ある意味で、狼や熊の子どもたちなどと同じと言えます。

9 地中にある茎の一部がデンプンなどの養分を蓄え、塊状に肥大したもの。ジャガイモ・キクイモなど。

10 これは「ごっこ遊び」です。誰かがライオンやトラなどの役になる形で行われます。

11 棒でやぶなどをたたき、獲物を追い出す役目を担う者のことです。

12 2つの合唱または2群の歌手の交替による歌い方のことです。古代から世界各地の民謡や祭式の音楽で行われてきました。

第3章　学校教育の歴史——
誰の必要から、いまのような学校はできたのか？

第2章で紹介したクウィは、なぜ、そしてどうやって第1章のエヴァンになってしまったのでしょうか？　学ぶことが自律的で楽しいという状態から、学ぶことを子どもに強制し、多くの子どもが無力感、不安、重たい気持ちを感じる状態になぜ変化してしまったのでしょうか？

今日、子どもたちは法律で学校に通わなければならず、ほとんどすべての学校は同じように組織化されています。しかし、そうした学校を提供するのに大きな問題と費用負担を抱えているのを見ると、必然的に、そこには何か筋の通ったいい理由があるはずと思わざるを得ません。もし、子どもたちを学校に通わせなければ、あるいはもし学校が異なる形で運営されていたら、子どもたちは私たちの住む現代社会で無能で役立たずの人間になってしまうのでしょうか？　この点について、教育の専門家がすでに解明しているのでしょうか？　あるいは、いまの学校で行われている以外の方法はすでに試され、すべて失敗に終わっているのでしょうか？

真実は、後で詳しく述べますが、異なる方法は試され、そして成功しています。子どもたちが自立的に学ぶのに生まれもった才能は、これまで機能してきたように、いまでも機能しています。子どもたちは、自由と機会さえ提供されれば、近代的な社会でも自分を教育できますし、実際にしています。

　私たちの周りにある学校は、科学と熟考の結果ではありません。単なる歴史の結果です。そして、歴史は常に理にかなったものではありません。歴史は、何か計画された目標に向かうものでもありません。歴史は、人間の環境をよくするという意味での成長をもたらすものでもありません。しかしながら、なぜ学校はいまのようなものになっているのかを理解するためには、それをつくり出した歴史について知る必要があります。

　数十万年の間、人間は狩猟採集民として比較的安定した条件の中で暮らしました。私たちのもって生まれた才能は、そのライフスタイルに合うように適応しました。その後に、農業が登場しました。考古学者によれば、南西アジアの肥沃な三日月地帯にはおよそ1万～1万1000年前に、中国東部にはおよそ9000～1万年前に、南米とメキシコにはおよそ5000～6000年前に、そして北米にはおよそ3000～4000年前に、作物栽培が出現しました。それぞれの地域で農業がどのように始まったのか、まだはっきりとは分かっていません。しかし、それは突然現れたのではなく、緩やかなプロセスをたどったと思われます。機知に富んだ人間が、自然の食料供給をある程度コントロールできることを発見したのです。たとえば、食べられる植物を広げるために、低木の茂みをきれいにすることや、乾期に植物に水をやれるようにするために、かんがい用水路を掘ることなど、です。最終的には、そうした努力が収穫や、種や根の植え直しや、動物の家畜化、つまり完璧な農業につながったのです。

　いったん農業が定着すると、それは私たちの生き方を加速度的に早める変革の幕開けとなったのです。そして、その変化は、子どもたちの育て方に関する考え方も大きく変えることになりました。以下に紹介するのは、西洋社会で起こったその変化についての概観です。

農業が変えた子育ての目標

農業は、人々の暮らしにたくさんの改善を提供してくれました。より安定的な食料供給を実現し、その結果、飢えの脅威を、少なくとも当初は、減らしました。農業は、食料を探して移動する必要性をなくし、人々が定住できるようにして、丈夫な家を建て自分たちを肉食動物や嵐から守ることを可能にしました。しかしながら、農業には高い値札も付いていました。そのコスト面は、狩猟採集から元に戻ることはできない最初のステップを歩み出した人たちには予想できなかったことでした。農業は、人間の暮らしの条件を根本的に変えることで、自由、平等、共有すること、遊びなどを減少させたのです。言うなれば、農業というリンゴをかじった瞬間、エデンの園を出て、自分たちで農作業をしなければいけない世界に移らざるを得なかったのです。そこでは、遊ぶことではなく、骨を折って働くことがもっとも大事にされるのです。

狩猟採集の生活は、知識集約的で技術集約的でしたが、労働集約的ではありませんでした。優れたハンターと採集する人になるには、自分たちが依存している植物や動物と、自分たちの食料をあさる地形についての深い知識を身につける必要があります。彼らは、狩りや採集の道具を作ったり、使いこなしたりするのに卓越した技術を身につけなければなりません。また、食料を見つけるのに、獲物を追うのに、そして肉食動物から身を守るのに創造的でなければなりません。でも、彼らは長い時間働く必要はありません。それどころか、長い時間を狩りと採集に費やすのは逆効果です。そうすることは、自然の再生能力を超えて食料を捕獲したり、収穫したりしてしまうことを意味するからです。さらに加えると、狩りと採集の仕事は、部分的にはそれが知識集約的・技術集約的なので、ワクワクして楽しいものでした。文化人類学者は、狩猟採集民は我々のように仕事と遊びを分けることはないと報告しています。彼らは、狩りと採集を遊びながらして育ち、徐々に本物に移行しますが、その際も「遊び心」は失いません。彼らには、骨を折って働くという仕事の捉え方は存在しないのです。

文化人類学者のマーシャル・サーリンズが、狩猟採集民の社会を「最初の豊かな社会」と呼んだことは有名です。彼らはたくさんの物を持っていたからではなくて、彼らのニーズがあまりにも少なかったから豊かなのです。彼らは、少ないニーズを比較的少ない仕事で満たすことができました。結果的に、たくさんの自由時間をもっていました。その時間を「歌ったり、歌を作曲したり、楽器を演奏したり、複雑なビーズのデザインを縫ったり、物語を語ったり、ゲームをして遊んだり、他のバンドを訪ねたり、横になったり、休んだり」して過ごしたのです。これらの活動は、生活に満足している人ならどこでもしていることです。

農業が、徐々にこれらをすべて変えたのです。安定的な食料供給は、人々により多くの子どもをもつことも可能にしました。農業は、放浪の民として暮らすのではなく、自分たちが育てている作物の近くに定住することを可能にしました（というよりも、強制しました）。しかしながら、この変化はより長い時間を労働に費やさなければならないというコストを伴っていたのです。狩猟採集民は自然が育ててくれたものを巧みに収穫したのに対して、農民は耕して、植えて、栽培したり、家畜の世話をしたりなどしなければならなくなりました。農業で成功するには、長時間の比較的熟練を要しない、繰り返しの作業が要求されるのです。それらのほとんどは子どもでもできるものです。家族も大きくなったので、子どもたちは若い兄弟たちを食べさせるために畑で働いたり、家でその子たちの世話をしたりするようになりました。子どもたちの生活は徐々に、自分自身の興味関心を自由に追求することから、家族の手助けとなる仕事をする時間に移行しました。

農業は、私有地、階級的格差、そして狩猟採集民の社会に広がっていた平等とはまったく違った条件も提供していました。狩猟採集民は、得られる獲物や食べられる植物を探して動き続けていたので、土地や自分たちが持てるもの以外の有形財を持つことにはまったく経済的価値がありませんでした。それとは対照的に、農民の家族は自分の土地の権利を主張し、守らなければなりません。わざわざ耕したり、植えたり、栽培したりしたのですから、そこに他の誰かがやって来て、収穫をさせるわけにはいきません。また定住性の暮らしによって、食料を貯蔵したり、他の有形財を貯めたりすることもできました。このことによって、身分の差が生まれたのでした。より多くの土地やものを所有した農民の家族が、より裕福になるのです。彼らは、より多くの子どもを養うことができ、その子らはより多くの遺産と高い地位を相続することができたのです。そのことはさらに、結婚相手を引きつけたり、（多くの子どもたちや使用人によって）自分たちの土地に杭を立てて仕切ったりするのに役立ちました。

結果的に、農業は狩猟採集民が受け入れることのなかった価値観を拡大させていったのです。それには、骨折り仕事、子どもの労働、私有財産、強欲、地位、競争が含まれます。

たぶん、狩猟採集から農業への移行の結果起こったことは、狩猟採集民と、その近親血縁者や隣人で最近農業をやり始めた人々とを比較することで見えてきたのですが、仕事の増加と遊びの減少です。1960年代に、文化人類学者のジェームズ・ウッドバーンが、ハズダ（タンザニア）の狩猟採集民は、周囲を農民たちに囲まれ、政府からも農業に移行するように促されていたにもかかわらず、自分たちが農業をすることを拒否していたことに言及していました。それは、農業は手がかかりすぎるという理由でした。この比較を目的にした調査で、最近菜園と家畜の飼育をはじめて定住したジュホアンシは、移動しているジュホアンシよりも物質面での生活水準は高かったのですが、自由時間ははるかに少なくなっていたことをパトリシア・ドレイパーが明らかにしています。定住しているグループの子どもたちは、移動しているグループよりも、多くの仕事をもっており、遊びの時間は少なくなっていました。さらに、女の子と男の子の扱いに関しても新しい特徴が現れ始めていました。女の子たちは、自分の母親や他の大人の女性によってきめ細かな指導を受けて、子育てと家の周りの仕事を助けるようになりました。一方、男の子たちは、牧畜の手伝いをするのですが、その作業は家から遠くに行くことが多いので、大人の介入を受けることなく探検や遊びを続けることができたのです。ボツワナで狩猟採集と必要最低限の農業をしている人々の調査の中で、ジョン・ボックとサラ・ジョンソンは、より多くの家族が狩猟採集に従事している方が、子どもたちはより多くの遊びの時間をもっていたことを確認しました。

文化人類学者がいわゆる「原始的な社会」として紹介しているものの多くは、原始的な農業社会で、狩猟採集社会ではありません。そして、原始的な農業社会は、狩猟採集社会がもっていた社会構造や価値観から広範に外れ出していました。よく知られている例は、アマゾンの熱帯林で暮らし、ナポレオン・シャグナンの主著のサブタイトルで『どう猛な人々（The Fierce People）』として有名になったヤノマミの人々です。シャグナンは、ヤノマミの社会を私たちの古代からの先祖が進化してきたかのように描きましたが、ヤノマミはもう何世紀も前から狩猟採集民ではなかったのです。彼らは多少の狩猟採集はしましたが、ほとんどの栄養はバナナや料理用バナナなどの作物から得ていました。農業が彼らの人口を、純粋に狩猟採集的な生活で養える2～3倍に増やしたのです。同時に、永続的な村の形成と財産の蓄積を推進しました。シャグナンは、この人々がはっきりした階層制をもっており、その中で「偉い男たち」は権力を行使し、男は女を残酷に支配していることに言及していました。シャグナンは、ヤノマミの人々が好戦的であることも発見していました。周辺の村との間での襲撃や殺害が、頻繁に起こっていたのです。彼らは遊びを大事にはしていましたが、狩猟採集民に比べて子どもたちの遊びは少なかったのです。特に女の子たちはそうで、10歳になるころにはすでに大人の女と同じ仕事をすることになっていました。

原始的な農業社会における遊びの減少についてもうひとつの例を、パプアニューギニアのニューブリテン島のベイニングの人々を通して見てみましょう。彼らと数年暮らし観察したジェイン・ファアーンズによれば、ベイニングの社会の中心的な価値観は、遊ぶことと真逆である働くことなのです。ベイニングの人々がよく使う言葉に、「私たちは働くから人間なのだ」というのがあります。彼らの見方では、働かないのは動物を意味します。彼らは、人間のする活動を、天然の産物（植物、動物、赤ん坊）を人間の産物（作物、家畜、文明化した人間）に、努力を要する仕事（栽培、家畜化、規律のある子育て）を通して転換することと捉えていました。そして、遊びの価値を否定していました。何人かの言うところによれば、遊びは単に仕事の時間を奪うだけでなく、恥ずべき行為なので、遊ぶ子どもを罰することさえするのです。恥ずべきというのは、遊びは、動物にとっては自然で、ふさわしくても、人間にとってはそうではないという理由からです。彼らは、子どもは知らなければならないことを、遊びではなく、仕事を通して学ぶと信じています。ファアーンズが、大人たちに彼らの子ども時代のことについて尋ねたとき、その多くが、仕事を受け入れることや遊びたい欲求に打ち勝つのに苦しんだことを話したそうです。ベイニングの人々は、狩猟採集民がもっていた価値観とは反対の考え方を意図的にもって暮らしていたのです。それは、自然を拒否することでした。

仕事ばかりしている人間はおもしろみのない人になる、という諺《ことわざ》のとおりです。ベイニングの人々は、文化人類学者が調査対象にした中で、もっともつまらない人たちであるということは驚くにあたりません。有名な文化人類学者のグレゴリー・ベイトソンは、自分のキャリアの早い段階で（1920年代後期に14か月ほど）彼らのことを調査しようとしましたが、あまりにもおもしろくないので、その調査を投げ出しました。そして後になってから、ベイニングの人々は「単調で、つまらない生活」を送っていると書きました。ベイトソンやその後の何人もの研究者にとって、ベイニングの成人たちは好奇心、想像力、遊び心が欠落しており、物語を話すような伝統もない、まさに「つまらない」人たちなのです。彼らの会話は、ほとんどすべてが仕事と日常生活に必要なことだけに限定されているのです。

どう猛なヤノマミと、退屈なベイニングは、農業が始まった直後の社会的変化の2つの例です。すべての原始的な農業社会が、狩猟採集民の価値観からこれほど徹底的に違っているわけではありません。けれども、ほとんどの地域で、農業の出現は子どもの遊びを減らし、子育てにおける懲罰的な方法を促進しているのです。1950年代に実施された古典的な研究の中で、ハーバート・バリー、アーヴィン・チャイルド、マーガレット・ベイコンは、文化人類学の文献を使って、子育ての考え方と方法によって原始的な社会のランクづけを試みました。一方の端は、「従順であること」を優先し、それを達成するためには体罰も使われる社会です。もう一方の端は、「子どもの主体性」を大事にし、体罰はほとんど、あるいは決して使わない社会です。研究者たちは、このランクづけは「社会の生活手段」と強い相関関係にあることを見出しました。より農業に依存し、狩猟採集にはあまり依存していない社会は、従順であることに価値を置き、自己主張の価値を下げ、子どもをしつけるのに厳しい方法を使っていました。後続の研究も、似た結果になっています。

多くの研究者が指摘したように、この子育ての違いは、理想的な農民と理想的な狩猟採集民がもっている特徴を比較すれば明らかです。農業での成功は、一般的にすでに有効性が実証済みの方法を着実に実行することによって得られます。創造性は危険を伴うものなのです。もし不作になると、年間の食料供給を失うことになりかねません。狩猟採集民と違って、農民は普通、食べ物を分かち合うこともしません。従って、収穫できなかった家族は飢えるかもしれないのです。さらに、農民の社会は一般的に階層的に構成されています。従って、富や地位や権力が上のものに対して従順であることは、社会的経済的な成功には絶対不可欠なのです。このようなわけで、理想的な農民は従順で、規則に従い、保守的です。農民の子どもの厳しいしつけは、これらの特性を育てるように意図されているようです。

それにひきかえ、狩猟採集で生き延びるためには、自然の絶え間なく変わる、予想不可能な条件に、持続的に、しかも創造的に適応することが要求されます。狩猟採集民にとって、日々の食料供給は多様な個人とチームの累積的な努力によって得られます。個々人がベストと思う方に、自分の最善の判断力を使いながら。多様な方法と、バンドのメンバーすべてで食料を分かち合うことが一体となって、誰かが飢えてしまわないようになっているのです。さらに、狩猟採集民にとっての社会的な成功は、自分よりも上の誰かに対して従順であることではなく、一緒にいる平等な仲間に対して自分の考えや望みを効果的に伝えられる能力にかかっています。合意への道を開くのは、脅しや服従ではなく、交渉と妥協です。このように、理想の狩猟採集民は、自分を主張し、意図的で、創造的で、危険を冒すことをいといません。狩猟採集民の寛大な子育ては、これらの特性を発展させるのに役立っています。

より最近、多様な種類の社会を対象にした研究が、社会の構造と子どもの扱いとの規則正しい関係を明らかにしています。その中のひとつで、社会のどの特徴が、子どものしつけに体罰を使うこととともっとも強い相関関係があるかを明らかにするために、キャロルとメルヴィン・エンバーはおよそ２００の異なる社会のデータを分析しました。当然のことながら、社会全体がより暴力的だと、親は体罰を使っていることが明らかになりました。子どもを殴ることは、妻を殴る頻度、犯罪者への厳罰、戦争、その他の社会的な暴力の指標と正の相関が見られました。しかし、そのことを度外視しても社会の階層制度との相関性があったのです。社会の中での権力の分化が進めば進むほど、親による体罰の頻度は増すのです。この研究結果から、研究者たちは親が体罰を使うのは、結局のところ、子どもに権力の階層性を尊重するように教えていると結論づけました。特定の人たちはより強い力をもっており、おとなしく従わなければならないのです。それは、当然のことです。

最後に、狩猟採集社会とその後の社会での子育ての違いについて、もうひとつの理由を提起したいと思います。農業は人間に、食料を調達する新しい方法以上のものをもたらしたのです。それは、人間と自然との関係についての新しい考え方です。狩猟採集民は自分たちを自然の中の一部と捉えていました。彼らは自然にそむくのではなく、自然と共に生きていました。彼らは自然の脅威を避けられないものとして受け入れ、そしてそれにできるだけうまく適応しました。それに対して農業は、継続的に自然をコントロールする営みです。それは、植物と動物を管理し、飼いならすことを意味します。自然の中で平等な「パートナー」として捉えるのではなく、人間の「使用人」にしてしまいます。農業と一体となって、人間はこの自然を管理するという考えを、子どもを含めた、他の自然界の法則にまで広めていったのです。

子育てと教育に関する私たち自身の考えは、農業を基調にしています。「育児」という言葉を、ニワトリやトマトを育てるのと同じように使います。また、「子どもの指導」という言葉を、馬の調教と同じように使います。子育てに関する私たちの話し方や考え方は、栽培植物や家畜を私たちが保有するのと同じように、子どもたちを私たちが保有していることを示唆しています。そして、どのように子どもを育てるのかや、子どもがどのように行動するのかも管理できると思っています。馬に私たちがしてほしいことをさせやすいように調教するのと同じように、子どもたちの将来の成功に必要だと私たちが考えることを子どもたちに指導します。指導は、指導されるものの意志を押さえ込む必要があります。そして指導には、狩猟採集民にとっては異質だった、「しつける」という考え方が必要です。

狩猟採集民にはもちろん、農業的なたとえはもっていませんでした。彼らの世界では、すべての植物や動物は野生で自由でした。若い植物や動物は自然の中で自分の力で育ちます。内なる力に導かれ、自分自身の判断に基づいて。もちろん、個々の若い生命体は周囲の環境に依存していますが、その環境の使い方はそれぞれが判断します。若木は土が必要です。しかし、土をどう使ったらいいかを若木に指導することはありません。若いキツネの環境には、2匹の親ギツネが含まれます。両者によって、乳、肉、あやし、そしてキツネとしての行動の継続的なモデルが提供されます。つまり、若いキツネは親ギツネと共に生活をしながら、生きるすべを学んでゆくのです。しかし、親ギツネではなく、子ギツネがいつどのようにして乳、肉、あやし、モデルを受け取るかを決めます。子ギツネにとっての親ギツネは、種にとっての土のように、生息環境の一部を提供します。その提供されたものを、子どもは自分の目的のために、自分の方法で使います。これが、子育てと教育に対して狩猟採集民がとった一般的なアプローチです。彼らは子どもの成長のために、権限をもって指示するのではなく、自然の中で生きていく環境を提供していたのです。

子育てに覆いかぶさる封建主義と産業のさらなる影響

農業は、ヨーロッパとアジアの使用可能な土地に広がりました。土地所有が、権力や富と同じ意味になりました。土地をもたない人々は、土地をもつ人々に依存するようになりました。土地所有者は、他の人々を自分のために働かせることによって、自分の富を増やせることを発見しました。労働者を土地所有者に供給する方法として、奴隷制、年季奉公、賃金労働などが現れました。土地と労働者を得たり、コントロールしたりするために戦争が行われました。これが子どもたちの成長を取り巻く環境でした。

紀元9世紀ないし10世紀ごろまでに、「封建主義」がヨーロッパとアジアの多くで中心的な社会構造になっていました。原型的な封建制度では（一言で封建制度と言っても多様な種類があるのです）、王が王国のすべての土地を所有しており、土地の一部を有力貴族たちに委嘱します。貴族は、自分が預る土地の一部をあまり有力でない貴族たちに委嘱していきます。このピラミッドの底辺には、人口のほとんどを占める農奴が存在します。農奴は、土地を提供され、そこで自分の食料を生産します。その見返りとして、農奴は貴族に対して金銭と労働を支払う義務があります。一般的に農奴は隷属的な制度の下、貴族に束縛されており、たとえ他の仕事があったとしても、土地を離れることが不可能な状態になっていました。さらに、彼らの子どもも同じように束縛されていたのです。あらゆる点から考えて、彼らは奴隷でした。農奴の子どもは、とても小さいときから、畑で夜明けから夕暮れまで働かされました。他の人々は、貴族の館か教会の修道院で召使いとして働きました。少数の幸運な者は、職人の弟子として長年働き、技術を身につけました。それは、大人になってから多少の自活をする力になりました。

中世における多くの人々の特性は、「服従」でした。家族の父親への「服従」、荘園の貴族への服従、王国の王への服従、そして天国の神への服従など。この最後の神は、「王様たちの王」と解釈されていました。中世の社会において、下の階級の人々の人生の目的は、自分の上の者に仕え、そして従うことでした。このような状況で、教育は服従訓練と同義になりました。いい召使いになるために、わがままと自由の精神は人々からたたきだされなければなりませんでした。子どもたちは、親だけでなく、その権利があるものなら誰からでもたたかれました。たとえば、14世紀末の日付が書かれていたある資料の中に、フランスの伯爵が貴族お抱えの猟師に「7～8歳の男の子の召使いを選んで」「親方の指示を遂行できないときは徹底的に、その子をたたき続けるべきだ」とアドバイスをしています。

フランス、スペイン、イギリスにおいて、封建制は15世紀に「絶対君主制」によって取って代わられました。王が力をつけ、貴族が力を失ったのです。絶対君主制では、貴族への隷属を通して間接的にではなく、誰もが直接王に仕えます。しかし、ヨーロッパの東では、封建制はさらに長く続きました。たとえば、ロシアでは1917年の革命まで続いたのです。最終的に、封建制を追い出す力になったのは、ほとんどどこでも「資本主義」と結合した産業でした。

中世においてさえ、すべての人が土地を所有するか、土地を与えられて生きていたわけではありません。農業的な生き方がもたらした、増えつつある有形財の需要を満たすために生きた人々もいました。彼らは、農機具、家庭用品、衣服などを作ったり、農民から購入して穀物を加工したり、その他の製品を作ったりしました。ものやサービスの交換を促進するために、貨幣経済、貸出機関、資本主義が出現しました。徐々に、新しい発明によって、新しくより効率的なものの作り方やサービスの提供の仕方が開発されました。しかしながら、これらに対して支払能力があるのは多額のお金をもっているか、借りることができる人のみでした。お金をもっている人たちは事業を起こし、お金をもっていない人たちを従業員として雇いました。イギリスでは、18世紀の中ごろには大量生産が可能な工場が急激に増えました。資本主義と産業は、それ以降ヨーロッパのいたるところに普及しました。それが、新しい商人階級の立ち上がりにつながり、結果的に絶対君主制を崩壊させました。貴族の階級はもっていませんでしたが、経済的な力はもっていた事業主たちは、政府に対して主張し、そして主張を受け入れてもらえる関係を築きました。

土地所有者と同じように、事業主も労働者を必要とし、彼らからできるだけ少ない賃金でできるだけたくさんの労働を引き出すことで、利益を上げることができます。誰もが、その後すぐ生まれた搾取のことを知っており、それは世界のあちこちでまだ存在しています。小さい子どもを含めて人々は、起きている時間のほとんどを、1週間に6日か7日間、ひどい条件で、生きるだけのために働き続けました。子どもの働く場所は、畑での太陽と新鮮な空気と時折の遊ぶ機会から、暗くて込んでいて汚い工場や炭鉱に移りました。イギリスでは、貧困者の面倒を見ようとする世話人たちは、貧民の子どもや孤児を工場に預けました。そこで子どもたちは、奴隷のように扱われたのです。何千、何万の子どもが、毎年病気、飢え、極度の疲労で亡くなりました。工場労働はその後、米国にも広がり、同じ結果を招きました。1832年に、ニューイングランドの工場の全労働者の3分の2は、7歳から17歳の子どもでした。典型的な労働時間は、夜明けから午後8時まで、週6日間でした。[2]

このような歴史を念頭に置いて、私たちが知っている学校の起源について考える必要があるのです。

学校の誕生——初期の神学校の洗脳と服従訓練

宗教的な信仰は、政治的・経済的な現実を反映し、一般的に、権力にある者の目的にかなっています。[3]狩猟採集民の宗教は教義的でなく、遊び心がありました。ほとんどの場合、自然の力を表していた彼らの神々は、ほとんど相互に釣り合いがとれており、人間に対して権限をもっておらず、楽しみ、啓示、理解の源でした。しかし、農業が発達し、社会が階層的になると、宗教組織も、極めて階層的なものになりました。神々は、より恐ろしいものになり、崇拝と服従を強く求めました。神々の中には他の神よりも自分は力をもっていると思うものも出てきました。この傾向が、一神教の誕生につながりました。ユダヤ教、キリスト教、イスラム教は、ひとつの全能の神に率いられた、非常に階層的な宇宙観の考えの基に築かれています。そしてその神は、持続的な信仰心と礼拝を求めています。

カトリック教会と学びのトップダウン［垂直］型の支配

ヨーロッパで中世を通して権勢を振るっていたのは、キリスト教のひとつの形態であるローマカトリック教でした。教会の極めて明快な権限の構造は、封建主義のピラミッド構造に酷似しています。上から、神、ローマ法王、枢機卿、司教、神父、そして最底辺には多数の教区民という形で。非宗教的な階層構造が必要な情報を上から下に伝達するように、[4] 教会は知識と救済を下に向かって伝達しました。上にいる者は真実の決定者です。下にいる者の役割は、学ぶこと、復唱すること、そして従うことです。

ヨーロッパでは中世を通して、ローマカトリック教会が知識を独占し続けました。教会は単にバイブルだけでなく、ギリシャやローマ時代の学者によって書かれた古典の保存と解釈の役割を担いました。同時に教会は、新しい科学と哲学的な発展を禁止しました。[5] 何か新しい考えを出版した者は、火あぶりになる危険にさらされていました。17世紀の初頭に、ガリレオ・ガリレイはすんでのところで拷問と死から免れました。太陽が地球の周りを回っているのではなく、地球が太陽の周りを回っているという神を汚す主張を放棄することで。不運な人はたくさんいましたから、彼が人生の残りの日々を自宅監禁という形で過ごすことができたのは幸運でした。[6]知識はパワーです。教会は新しい知識を押さえ込みました。自分たちの教義も思慮深く施行しました。知識を守るために、教会は教義の普及をラテン語に限定しました。神学者、法律家、医師などの学問的職業に就くための方法、望み、そして公式の許可をもっている者は、ラテン語を学んでから、教会によって運営される大学で勉強する必要がありました。[7]教会が大学を設立した理由は、自由な探究ではなく、教義をつくり出し、コントロールするのが目的でした。

教会が大衆に対して差し控えなかったことが1つだけあります。それは、親に服従しなかったり、生意気な口を利いたりした子どもに対する「体罰」です。中世社会と教会の階層構造は、疑う余地のない服従に依存していました。絶対的な服従は、むち打ち、拷問、死刑、地獄へ行くことの脅威など、あらゆる手段を使って強化されました。原罪[8]の教義は、人間の苦悩を正当化しており、子どもを殴ることも正当化されました。むちや棒でたたかれる苦しみ（ときには、死ぬ苦しみ）の方が、地獄で永遠に過ごす苦しみよりはマシということです。次に、聖書が子育てについてアドバイスしている部分を紹介します。「愚かさは子どもの心につながれている。懲らしめの杖がこれを断ち切る」（旧約聖書、箴言22章15）「かたくなで、逆らう子がおり、父の言うことも、母の言うことも聞かず、父母に懲らしめられても、父母に従わないときは、その父と母は、彼を捕らえ、町の門にいる町の長老たちのところへその子を連れて行き（中略）町の人はみな、彼を石で打ちなさい。彼は死ななければならない」（旧約聖書、申命記21章18～21）「神は『あなたの父と母を敬え』、また『父や母をののしる者は死刑に処せられる』と言われたのです」（新約聖書、マタイの福音書、15章4）[9]

プロテスタント主義の台頭と義務教育の起源

経済的状況の変化は、宗教の変化をもたらしました。16世紀以来の腕利きの職人や事業主の台頭が、自分の暮らしに封建制度の階層の影響を受けない資本家をつくり出しました。そういう自由度の高い独立心旺盛な資本家たちは、自分の努力ですべてをやり遂げていると思っています。つまり、神から与えられた才能と勤勉によって成功したのです。このような視点はマルティン・ルターやジョン・カルヴィンなどの著作によって拍車がかかり、ローマカトリック教会の支配に挑戦する宗教改革を促進しました。

マックス・ウェーバーが主著『プロテスタンティズムの倫理と資本主義の精神』の中で指摘していたように、プロテスタントの教派によって支持された価値観は、資本主義のそれと厳密に一致していたのです。そのひとつは、自分の成功あるいは失敗に対する「個人の責任」でした。プロテスタントの教えによれば、神の言葉を解釈し、神に対して直接祈ることは個々人の義務なのです。それは、自分で聖書を読んで理解することを意味します。これは、神との関係においてすべての人を平等の立場で捉えます。もうひとつの価値は、「勤勉」です。最初のプロテスタントのリーダーたちは、神のおぼしめしは人々が天職（神に選ばれた職種）に専念し、成功を収めることであると教えました。信心深い初期のルター派、カルヴィン派、そして清教徒にとっては、自分たちが金持ちであろうが貧しかろうが、生きることは真剣に取り組むべきことでした。仕事と世俗的な利益をつくり出すことの目的は、即時の楽しみにあるのではなくて、神の恵みを受けていることを示すことだったのです。つまり、地獄ではなく、天国で永遠に過ごせる者として選ばれた自分を示す場なのです。

この神に選ばれた人になりたいと思うことは、資本主義思想につながっていきます。資本家として成功するには、勤勉に働き、生んだ利益を使うのではなく、投資することです。プロテスタント主義は、米国には清教徒の信仰の形で入ってきました。そしてアメリカ人は、ヨーロッパ人たちよりもその精神にしがみついたのです。このプロテスタントの資本主義の倫理観は、少なくとも理論上は、人間の所有者への服従を、将来への投資への服従へと転換させたのです。実際には、特に子どもに対しての体罰はまだかなり行われていましたが、理論的には、他人に力で罰せられるのではなく、新しい目標は「自制」でした。

カトリックよりも、プロテスタントの方が「普通教育[10]」を促進しました。マルティン・ルターは、救済は各人が聖書を読み、理解することにかかっていると宣言しました。必然的な帰結は、すべての人が読めるようになることと、聖書には絶対的な真理が表されているということを学ばなければならないことを意味します。ルターと他の宗教改革のリーダーたちは、地獄に落ちることから魂を守るために、キリスト教の務めとして普通教育を促進しました。17世紀の末までに、プロテスタントが運営する学校は、ほとんどのヨーロッパと植民地時代の米国で見ることができました。

１６４２年に、マサチューセッツは米国植民地の中で少なくともある程度の学校教育を義務づけた最初の州になりました。それは、清教徒の牧師によって運営される学校を意味しました。定められた目的は、子どもをよい清教徒にすることでした。１６９０年には、マサチューセッツおよび隣接した植民地では、『ニューイングランド初等教本（『The New England Primer』）』（一般的には、『ニューイングランドの小さな聖書』と呼ばれていた）を教材として使っていました。この中には、子どもたちがアルファベットを学べるように、「アダムが罪を犯したので、私たちみんなが罪を犯している」で始まり、「ザアカイは木に登って、イエスを見ようとした[11]」で終わっています。この初等教本には、主の祈り、使徒信条、十戒、そして子どもの神への畏れと目上の人には従うという義務感を吹き込むようにデザインされたレッスンなどが含まれていました。子どもたちはさらに、道徳的な教訓として、以下の清教徒の牧師のジェイムズ・ジャミュウェイによって書かれた身の毛がよだつ詩を暗記して、暗唱しなければなりませんでした。

神は、正直に話す者
を喜ばれる。しかし、うそつきは
苦痛と火によって焼かれることになる
薬を飲む用意をすべきだ。

自分が何を言うか常に気をつけなさい、
子どものときのうそが
後で償うことになるので
それを誰もがわきまえているべきだ。

当初のプロテスタントの学校での主要な指導方法は、丸暗記でした。目標は、知的好奇心ではなく、洗脳することでした。学校は、プロテスタントの労働倫理を強化するようにデザインされていました。学ぶことは、遊びではなく、仕事と理解されていました。学校の中には、ストレスを解消するために子どもたちを休み時間に遊ばせているところもありましたが、遊びは学びの手段とは考えられていませんでした。教室の中では、遊びは学びの敵でした。遊びに対するプロテスタントの学校当局の支配的な考え方は、ウェズリアン学校のためにジョン・ウェスレー[12]が書いた規則に反映されています。その中には、次のような文章も含まれています。「私たちは遊びの日をもっていません。従って、学校でも遊びは一切認めません。子どものときに遊んで過ごす者は、大人になっても遊ぶのです」。

　押しつけられた教科書の内容を繰り返したり、暗記したりするのは、子どもにとって実に退屈でおもしろくない作業です。子ども生来の素質は、常に遊ぶこと、自由に考えること、自らの問いを投げかけること、そして自分のやり方で世界を探究することを強く求めるものです。子どもたちは強制的な学校にうまく適応せず、多くの場合、反抗しました。それは、大人たちにとって驚くようなことではありませんでした。歴史のこの時点ではすでに、子ども自身の好みの大切さという考え方はほとんど忘れ去られてしまっていました。畑や工場で子どもたちを作業に従事させるのに長年使われてきた暴力が、子どもたちを学ばせる教室でもそのまま使われました。薄給で、準備もよくできていない教師は、残虐になるケースがありました。ドイツの１人の教師は、51年間の教員生活の中でどれだけの処罰を行ったかという記録をつけていました。その中の一部を紹介すると、「棒でたたいたのが９１万１５２７回、つえでたたいたのが１２万４０１０回、定規でたたいたのが２万９８９回、手でたたいたのが１３万６７１５回、口をたたいたのが１万２３５回、平手打ちをしたのが７９０５回、頭をたたいたのが１１１万８８００回」でした。彼は、明らかに自分がしていた教育に満足しています。

　自分の自伝の中で、著名な18世紀のマサチューセッツ州の牧師であるジョン・バーナードは、教師によって頻繁にたたかれたことを書いています。彼がたたかれたのは、遊びへの抑えがたい衝動があったからです。でも彼は、うまく学ぶことができなかったときも、クラスメイトが学べなかったときもたたかれました。彼は頭がよかったので、他の子どもたちが学ぶのを助ける役割を担っていました。しかし、クラスメイトがしっかり復唱できないと、彼がたたかれたのです。彼の唯一の不満は、1人のクラスメイトが、彼がたたかれるのを見たくて意図的に授業でへまをしたことです。しかし、彼は、放課後に一撃をくらわし、「同じことをしたら、また一撃をくらわすぞ」と脅すことで解決しました。それは、古きよき時代でした。

もっとも大がかりな全員に共通したプロテスタントの教育を行う努力は、ドイツ帝国の中で一番大きかったプロイセンで17世紀末に始まりました。プロイセンで支配的なプロテスタントの位置を占めていたのはルター派の敬虔主義[13]で、敬虔主義者の学校づくりのリーダー的な立場を担ったのが、アウグスト・ヘルマン・フランケでした。彼こそが、いま私たちにとって馴染みのある学校制度を考え出したのです。彼は、標準カリキュラム（当時は、ほとんど宗教的問答集[14]）と、そのカリキュラムを教えられる教師をトレーニングし認定する方法を開発しました。また、各教室には砂時計を置いて、誰もが時間によって管理されたスケジュールに従うようにもしました。これは、プロテスタントの労働倫理の本質的な部分を教えるものです。彼は、できるだけ「穏やかな」しつけの方法を実施するように主張しました。棒でたたくことは問題行動に対してで、復唱するのを間違えたときには使われるべきではないのです。しかしながら、学校の主たる目的は子どもたちの意志をくじき、改心させることだと明言していました。彼は、次のように書いています。「子どもの人格形成には、意志と理解の両方が必要である。（中略）何よりも、子どもの遊びへの自然な固執を取り除く必要がある。教師は子どもに知識を与え、理解を促進することで表彰されるかもしれないが、それだけでは十分ではない。教師は自分のもっとも重要な仕事を忘れているのだ。それは、子どもの意志を服従させることである」。

フランケは、子どもたちの意志をくじくもっとも効果的な方法は、学校で常に彼らを監視し、指導することだと考えました。彼は次のように書いています。「子どもたちは自分のコントロールの仕方を知らない。従って、子どもの裁量に任されたら、自然に怠けたり、悪いことをしたりする。このため、この施設（敬虔主義者の学校）では、子どもたちは教師の同席なしでいることは許されないことを規則にする。教師の存在が、子どもの悪い行いへの傾向を抑えるのである。同時に、徐々にわがままを弱める」。いまの教師たちも、フランケの引用と似たような意識をもっており、また表明しています。子どもたちは満足な意思決定をできないという考えが、強制的で、厳重に監視された教育システムの要になっています。

プロイセンは基本的にプロテスタントの王国でしたが、どういうわけかカトリックの学校も敬虔主義者の学校と一緒に存在することを許されていました。フリードリヒ2世がそれを許した理由は、プロテスタントの学校よりも、支配者に対してより忠誠を示したからです。プロイセンにあるカトリック系の教師に対する1768年のマニュアルの中には、子どもたちが暗記しなければならない問答として以下のものが含まれていました。

Q・支配者の権力に従うのは誰か？
A・全員……
Q・なぜ誰もが権力に従わなければならないのか？
A・すべての力は神に由来するから。
Q・支配者がもつ力はいったいどこから来るのか？

A・その力は神から来る。

Q・神によって任命されるのは誰か？

A・権力をもつすべての人。権力を行使する人は神によって任命されているので。臣民は、従順で、忠誠的で、服従しなければならない。自分たちとは同じでない宗教をもっている支配者に対してさえも。これは、パウロ[15]の教えでもある。彼自身、多神教徒のローマ皇帝の下で生きた。

Q・権力に抵抗するとはどういうことか？

A・権力に抵抗するとは、神の秩序に反抗することである。

Q・権力に従わない者はどうなるのか？

A・地獄に落ちる苦痛を味わう。

義務教育制度――どのようにして学校は国家に奉仕するようになったのか

19世紀初めまでに、ヨーロッパの教会は政治権力から押し出され、代わって国家が子どもたちの教育をする役割を引き継ぎました。国家が運営する学校の主な目的は、読み書きではありませんでした。この時代では、書かれた文章はどこにもあり、識字率は西洋社会では高くなっていました。字が読める親の子どもは、家でかなり容易に読むことを学べました。19世紀初めまでに、奴隷を含めて、米国の人口の4分の3は読み書きができ、ヨーロッパの割合もほぼ同じでした。大西洋の両岸で、読み書きのできる人の割合は、読み書きを必要とする仕事の割合をはるかに上回っていました。政府や産業界のリーダーたちの教育の最大の関心事は、人々が読み書きできるようにすることではなく、彼らが何を読み、何を考え、どう行動するかをコントロールすることでした。政府や産業界のリーダーたちは、もし国家が学校を管理し、そして子どもたちが学校に通うことを法律で義務化したなら、すべての世代の国民を理想的な愛国者と労働者に育て上げることができると考えました。[16]

ドイツ帝国がプロテスタントの学校をつくり出すリーダーだったように、ドイツは国家が運営する学校制度でもリーダーになりました。18世紀を通じて、ドイツの（貴族が彼らの土地につながれた小作人をコントロールする）封建制度は崩壊しつつありました。小作人たちを次第にコントロールすることが難しくなり、暴動は日常的に起こり、革命のうわさが飛び交いました。そんな中で、ドイツの教育のリーダーたちは、小作人を忠誠的で行儀のよいドイツ国民にするために義務教育を推進しました。たとえば、プロイセンの経済ジャーナルの1757年の記事には次のようなものがありました。「学校教育は、小作人（の子どもたち）に額に汗をかくことだけでなく、よりよい社会のために働く精神的充実感への動機を育てる。不誠実、怠け心、不服従、無秩序、苦役はすべて消え去る」。

1794年にプロイセンのフリードリヒ・ヴィルヘルム2世は、子どもの教育は親や教会ではなく、これ以降国家の役割だと宣言しました。まだ学校がなかったすべての地域で、学校が建てられました。義務的な通学の法律が効果的に執行されたので、1830年の末までには、およそ80％のプロイセンの子どもたちが、国家が運営する小学校で教育を受けていました。他のドイツ国家もプロイセンの例に倣いました。ドイツのカリキュラムの主要なテーマは、愛国主義でした。歴史学者のジェイムズ・メルトンの言葉によれば、「おそらくどんな宗教も、ヴィルヘルム2世のドイツへの愛国心より熱烈に信奉されたことはない。子どもたちは、ドイツ語はもっとも完璧な言葉であり、ドイツ文学は最高の文学であると思わされた。（中略）地理では、子どもたちはドイツが北も南も東も西も敵に囲まれていると教えられた」。

他の国々も後に続きました。学校教育は国家の役割と見られ、軍隊と同じように、国の安全保障にとって欠かせないものと捉えられました。子どもたちを強制的に学校に通わせる国家の力は、国家が若者たちを強制的に徴兵することに匹敵すると理解されました。フランスでは、ナポレオンが学校教育は軍隊での訓練の第一段階と捉えていました。

もっとも早く産業革命が起こり、かつ世界で最先端だったイギリスが、義務教育を導入したのは欧米主要国の中でほとんど最後の国でした。それに反対する主要な力は、極めて高い児童労働の普及でした。実業家は、工場で働かせるために子どもたちを貧しい状態に置き続けたかったのです。そして、親も、子どもの稼ぎが少なくても、大切な収入を失うことには気がすすまなかったのです。しかも、19世紀までに、イギリスは教会と私立の学校がネットワークを築いて、よい関係を広げていたのです。工場で働いている子どもは、教会の日曜学校で宗教を学び、読み書きを練習しました。特定宗教と無関係の多様な私立の学校が、多様な仕事について学ぶ方法として、徒弟制度に代わるものとして登場しました。イギリスの支配者層は、読み書き能力を大衆の間にすでに普及している以上に広めることにはまったく関心がありませんでした。もしその普及を止めることができたなら、彼らはそうしたことでしょう。19世紀の初頭にはすでに、庶民はトマス・ペインの『人間の権利』[17]やウィリアム・ゴドウィンの『政治的正義』[18]などの煽動的な本を読んで興奮していました。

最終的に1870年、イギリス議会は、国家が運営する初等教育制度を創設し、5～13歳のすべての子どもに出席を義務づける教育法を可決しました。この法律を求めた人たちの中には、子どもの幸福に心から関心があった改革主義者も含まれていました。彼らは、たとえ1日のうちの一部の時間でも、子どもを工場から連れ出して、学校で過ごさせることで、貧困の悪循環を断つことに役立ち、子どもに少しでも改善する機会を提供できると考えたのです。そうした改革主義者と同調したのは、支配層のメンバーたちでした。ドイツの支配層と同じように、彼らは教育を、大衆をコントロールするための手段と捉えました。もっとも影響力のあったイギリスの義務教育の支持者の1人は、著名な神学者で歴史学者のジョン・ブラウン牧師でしたが、彼は次のように書いていました。「従って、よき市民をつくり出すためには、幼児に早くから『習慣』を押しつける必要がある。たとえば、考えと行動を、すでに確立されている自分たちの国を形づくっている原則に服従させる状態をつくり出すなど、子どもの正常な精神状態を、あたかも有益な先入観で縛りつけておくように」。

米国の教育で常にリーダー的な役割を担ってきたマサチューセッツ州が、公教育を義務づけた最初の州でした。米国の最初の教育委員会の長を務めたホラス・マン[19]のリーダーシップによって、1852年に、マサチューセッツ州はすべての地域に無料の公教育を提供する必要があることを布告し、8～14歳までのすべての子どもに少なくとも年間12週間は学校に通うことを強制しました。マンは、プロイセンの学校制度を早くから支持していました。彼は、義務教育を、産業と国家の利益にかなうようにするために子どもたちを教え導く手段として捉えました。その後、1つずつ他の州が続きました。最後になったのはミシシッピー州で、1918年に義務教育の法律を通過させました。

米国における義務教育の精神は、アメリカ社会学の創成期の有力な1人であるエドワード・ロスの著書の1冊『社会統制論』[20]に書かれています。ロスが公共の義務教育を支持したのは、社会秩序を維持するためでした。彼自身の言葉を使うなら、公立学校の役割は「各家庭からまだ成形しやすい小さな人間生地を集めて、パン生地をこね上げるように社会的な板（＝学校）で形づくることである」。ロスは、子どもたちは環境から学ぶことを理解していました。特に、身の回りにいる人々を通して学びます。そこで彼は、その環境の画一化を図ったのです。彼はまた、子どもは暗示にかかりやすく、大人のモデルを真似するとも考えていました。彼は次のように書いています。「意志を主体的にもたせるのではなく、コピーしたものをもたせよ。その際、真似をする対象として、父親ではなく、教師が優れている。それは、（教育制度は）父親を選ぶことはできないが、教師は選ぶことができるからである」。その通りです。教師は間違った考えではなく、正しい考えを教えるために、州（ないし国家）によって選ばれ、そして認定された人たちです。プロイセンのヴィルヘルム2世のように、ロスも義務教育を、社会秩序を維持するための役割を担う非宗教的な代用品と考えました。彼は次のように書いています。「信仰や宗教のやり方は何千年もの間理解されているが、教育のやり方は過去を発見することです。いや、未来を発見することと言うべきでしょうか？」そして、ロスは公共教育に関するダニエル・ウェブスターの考えを満足げに引用しています。それは、「警察制度の賢明で進歩的なやり方である。それによって、財産と平和の安全が保証される」。

高まり続ける学校のパワーと画一化

いったん、国家が運営する義務教育制度が定着すると、それは、内容と方法の両面で、次第に画一化されます。効率性のために、子どもたちは年齢によってクラス分けをされ、工場の組み立てラインのように、学年から学年へと手渡されていきます。各教師の役割は、事前に計画されたスケジュールに従って、公式に認定された知識を製品である子どもたちに徐々に付け足していくことです。そして、次の生産工程に渡す前に製品の出来をテストします。

教室では、女性の教師が男性に取って代わりました。その理由は、彼女たちの方がより安く雇えたからです。他にも理由がありました。女性の方が学校のイメージを和らげることができ、体罰の使用を減らすこともでき、そして不快な現実を直視できない親たちに、より受け入れやすくしたからです。しかし当初は、女性の教師はアシスタントと呼ばれました。彼女たちは、ほとんどが男性の「主たる教師＝校長」のアシスタントでした。いまでも、教師は女性ばかりなのに、校長は男性という小学校が少なくありません。校長の役割は、教師が与えられたカリキュラムに従っていることと、生徒が教師に従うことを確実にすることです。学校は、いくつかの点で、20世紀初頭の一夫多妻の家族に似ています。そこでは、1人の男性が権力を握っており、女性たちは直接子どもたちの世話をします。そして、子どもたちはピラミッドの最底辺に位置づけられているのです。生徒の役割は、昔もいまも、時間を守り、素直で、注意してしっかり聞き、言われたとおりに課題をこなし、教えられた内容を覚えて、教師の言ったことを復唱し、そして教えられた内容についても、扱われる方法についても尋ねるようなことはしないことです。

義務教育が19世紀の中ほどにマサチューセッツ州で導入されたとき、年間に生徒が登校を義務づけられていたのは、わずか12週間でした。しかも、対象年齢は8歳から14歳に限定されていました。徐々に、マサチューセッツも他の州も、登校日数も教育期間も増やしました。第1章ですでに述べたように、20世紀の前半は「子どもたちの自由な遊びの黄金時代」と考えられています。なぜなら、ほとんどの子どもは、長時間、工場や農場で働かなくてよくなり、後にそうなってしまったように、学校に行く負担も大きくなかったからです。1日の授業時間、年間の登校日、そして教育期間が増えるに従って、宿題も増え、テストもより標準化されて、学年を上がる際に重要度を増し[21]、すでに第1章で紹介したように、徐々に学校が子どもと家庭生活を支配するようになったのです。

今日、多くの人が子ども時代と学校は密接に関係していると思っています。私たちは、子どもを学校の学年で識別します。学ぶことは自動的に苦役と考えます。それは、工場に似せて作られた学校という特別な場所で、子どもたちが強いられてするものです。そして、それはすべて、いまの私たちにとって当たり前のこととなっています。人類の進化という大きな枠組みの中で、このことがほんの最近のことでしかなく、いかに不自然か、さらには、それが子どもの労働と子どものもって生まれた罪深さという考え方に代表される、私たちの歴史の中で暗い時代に出現したということを、私たちは立ちどまって考えることをしません。その結果、私たちは、子どもが主体的な遊びと探索によって自然に学ぶ存在であることを忘れてしまっているのです。私たちはますます子どもの学ぶ自由を奪い去り、学校を運営する者たちによって考え出された退屈で、あまりにもゆっくりしすぎた学ぶ方法に子どもたちをさらし続けているのです。

1 英語だと、前者は両方ともraisingで、後者は両方ともtrainingです。

2 興味のある方は、この時代のことを描いているキャサリン・パターソン著の『ワーキング・ガール――リディの旅立ち』（岡本浜江訳、偕成社）がお薦めです。著者は、児童文学では有名です。

3 宗教自体は力をもたないので、保身のためには（というか、布教のためには）権力者の庇護を受けるという関係です。日本の歴史を見ても、ずっとそうなっていたのではないでしょうか。逆に、権力者側が宗教をうまく活用したという側面もあると思いますが。

4 役所や企業等で、書類の右上にはんこを押して情報を伝達する風景を思い出していただければ分かりやすいと思います。回覧する順番（こそ）が、何よりも大事なのです！

これが、ヨーロッパ中世を「暗黒時代」と呼ぶ理由です。いろいろな意味での成長や進歩に、教会が歯止めをかけていたのです。

6 ガリレオについての本はすでにたくさん出ていますが、私のお薦めは、デーヴァ・ソベル著の『ガリレオの娘――科学と信仰と愛についての父への手紙』（田中勝彦訳、DHC）とピーター・シス作（絵本）の『星の使者』（原田勝訳、徳間書店）です。

7 ルネサンス期の巨人の1人であるレオナルド・ダ・ヴィンチは、ラテン語を学べる身分ではなかったのでキャリアの選択肢をある程度狭められました。しかし、イタリア語でかなりの量の本は読みました。暗黒の中世は、終わりを告げる時期に来ていたのです。

8 「原罪」は、キリスト教で、最初の人間とされるアダムとイブが神にそむいて犯した罪のこと。そこから転じて／拡大解釈されて（?・）、人間が神の命令にそむくという罪を犯すのは、生まれながらに罪深い存在であるからだとしています。

9 以上、3つの出典は、「Jimdo、聖書検索サイト」https://biblejapan.jimdo.com/ より。

10 すべての人間に、普遍的に必要とされる教育のことです。

11 新約聖書、ルカの福音書の第19章。

12 ジョン・ウェスレーは、18世紀のイングランド国教会の司祭で、その後メソジスト運動と呼ばれる信仰覚醒運動を指導した人物。この運動から生じたのがメソジスト派というプロテスタント教会であり、アメリカ合衆国・ヨーロッパ、アジアで大きな勢力をもつに至った（1703～1791年）。

13 個人の敬虔な内面的心情に信仰の本質を見る信仰的立場を取っています。

14 問答集を使ってキリスト教（プロテスタントの考え方）について学んでいくのです。

15 初期キリスト教の使徒であり、新約聖書の著者の1人。はじめはイエスの信徒を迫害していたが、回心してキリスト教徒となり、キリスト教発展の基礎をつくった。ユダヤ名でサウロとも呼ばれる。古代ローマの属州キリキアの州都タルソス生まれのユダヤ人。

16 明治政府の学校制度も、この発想に基づいて、ドイツの学校制度にならってつくられました。学校および学級の歴史については、『〈学級〉の歴史学』（柳治男著、講談社）が参考になります。

17 『人間の権利』（トマス・ペイン著、西川正身訳、岩波書店）。トマス・ペイン（Thomas Paine, 1737-1809）は、イギリス出身のアメリカ合衆国の哲学者、政治活動家、政治理論家、革命思想家。１７９１年と翌年にかけて『人間の権利』（Rights of Man）を出版し、１７９３年までイギリスで２００万部を売りつくしたと試算される。『人間の権利』第2部で、土地貴族を攻撃し世襲君主制への敵意を表明したため、イギリス政府に追放された。

18 『政治的正義（財産論）』（ウィリアム・ゴドウィン著、白井厚訳、陽樹社）。ウィリアム・ゴドウィン（William Godwin、1756-1836）は、イギリスの政治評論家・著作家。無政府主義の先駆者。

19 ホラス・マン（Horace Mann、1796-1859）教育行政家。〝アメリカ公教育の父〟。マサチューセッツ州フランクリン生まれ。１８２７年にマサチューセッツ州の下院議員となり、ついで州上院の議長となった。教育委員会の長として（1837-1848）公立学校の教育を再編成し、アメリカ最初の教員養成学校の設立（１８３９年）にあたっての責任も負った。

20 エドワード・ロス（Edward Alsworth Ross 1866.12.12 - 1951.7.22）米国の社会学者。１９０８年にそれまでに発表してきた諸論文をまとめて『社会心理学――大要と原典』を著わし、世界最初の社会心理学の教科書・概説書と見なされている。その他の著書に『社会学の基礎』（１８９７～１９０４年）、『社会統制論』（１９０１年）がある。日本語訳は、『社會統制論』（大日本文明協会編、大日本文明協会）。

21 日本では、学年末テストによる落第・進級不合格は皆無と言ってよいのに対して、欧米では多くはありませんが存在します。

第4章　強制された教育制度の7つの罪

子どもは無能で、信頼に値せず、強制されることが必要な存在

子どもたちは一般的に学校が嫌いです。このことを裏づけるように、数年前に大規模な調査が行われました。それによると、子どもたちはかなりの時間を過ごす他の場所と比べて、学校は楽しくないと回答していました。子どもたちが学校を好きという場合は、授業が好きなのではなくて、学校で会える友だちがその理由です。子どもたちが学校を毛嫌いするのは最大級の冗談になっています。それは、私たちの国だけでなく、法律で学校に通うことを義務化している国ならどこでも、です。漫画などでもよく使われる内容で、新学期は子どもにとっては嘆きの瞬間で、親にとっては喜びの瞬間です。親は長期休みの間、子どもの世話で疲れているからです。でも、学期の最後などは、これが反対になります。しかしながら、子どもが学校で扱われているように、もし自分もあしらわれたら、誰も学校を行きたい場所と思う人はいないでしょう。

しばらく前に、私は認知科学者のダニエル・ウィリンガムの『子どもたちはなぜ学校が嫌いか？（Why Don't Students Like School?）』を読みました。学校に関係する人々からべた褒めの論評を得た本ですが、本のタイトルで問いかけている質問に答えているとは思えませんでした。ウィリンガムの主張は、教師が認知心理学の原則を理解していないのでうまく教えられないということが、生徒たちの学校

嫌いの（また、学校であまり学んでいない）理由だというものです。つまり、生徒がもっとも受け入れやすい形で教師が内容を提供できないことに問題がある、というのです。そして、もし教師がウィリンガムのアドバイスに従って、脳はどのように機能しているのかという認知科学が提供している最新の情報を使えば、生徒たちは学校が大好きになるというのです。私たちは、この種の本をすでに何十年も見てきています。最初は、行動主義者たち、次にピアジェ派の人たち、そして最近は認知科学や神経科学の人たちによるものです。すべて、自分たちの研究分野の最新の発見が学校の問題を解決すると主張しています。

似たような本を書いた他の執筆者たちと同じように、ウィリンガムも、子どもたちを学校嫌いにしている、誰もが認識していても決して言わない重要な事実を見ようとしません。あえて言わせてもらうと、子どもたちにとって学校は「監獄」なので、嫌いなのです。子どもたちは、すべての人間と同じように、自由を強く望んでおり、学校は自由がないので嫌いなのです。

この事実を認めないという問題は、ウィリンガムだけでなく、私たちの社会に充満しています。学校を経験したことのある人なら誰でも、それが監獄であることを知っています。しかし、学校を卒業してそのことを言う人はいません。自分たちが世話になった学校・教師に対して失礼だからです。私たちは皆この真実を避けて、そのことに触れないようにしています。なぜなら、それを認めてしまうことは、自分を悲惨な存在にすると同時に、必要だと思ってしている善意のある人々を公然と非難することになってしまうからです。こんなにもたくさんのいい人たちが、どうして自分の子どもを監獄に送り続け、子どもを監禁するような施設で働かせるのでしょうか？「自由」と「自己決定」の原則で成り立っているはずの民主的な政府が、どうして子どもたちに毎日のかなりの時間を監獄で過ごすような法律をつくることができるのでしょうか？　私も、ほとんどの人と同じように、公教育のお世話になりました。私の母は、数年間公立学校で教えたこともあります。私の妹、2人のいとこ、そしてたくさんの親しい友人たちは公立学校の教師です。どうしてこんないい人たち（＝子どもたちが好きで、子どもたちを助けようと情熱を傾けて最善を尽くしている人たち）が、子どもたちの監禁に加担しているなどと言えるでしょうか？

誰でも知っている「監獄」の一般的な定義は、「本人が望まない監禁状態の場所」や「自由の制約がかかった場所」です。本当の刑務所と同じように、学校では、収容者としての生徒たちは何をしなければならないのかを厳密に伝えられ、従わなければ罰せられます。実際のところ、学校の生徒たちが言われたことをそのとおりにしなければならない時間は、刑務所に服役している大人たちよりも長いのです。もちろん、もうひとつの違いは、罪を犯した大人が刑務所に入れられますが、子どもたちは単に年齢によって学校に入れられています。

人々は監獄という言葉を隠喩的な意味でも使います。それは、規則に従わなければならなかったり、やりたくないことをやらされたりするような状況です。そうした考えから、大人たちの中には自分の職場を監獄と言う人もいます。さらには、結婚を監獄にたとえる人さえいます。しかしながら、それらは文字どおりの意味ではありません。なぜなら、それらの例は本人が望まないのではなくて、望んだ結果だからです。この点については、法律があるぐらいです。わが国においても、他の民主的な国々においても、働きたくない人を強制的に働かせたり、結婚したくない人を結婚させたりすることは法律違反です。それに対して、もしあなたが親で、子どもが学校に行きたくない場合に、あなたが強制的に子どもを行かせないと法律違反になってしまうのです。確かに、親の中にはオルターナティブな学校やホーム・スクーリング[2]などをするために必要な手段をもっている親もいます。これらは、子どもにとっても国家にとっても受け入れられていますが、まだ社会で一般的になっているわけではありません。悲しい仕事や結婚のケースでは、監獄のように感じられることはありますが、私たちが知っている学校は監獄なのです。

学校と監獄

第3章で紹介した学校が生まれた歴史的な背景を考えると、「学校は監獄」でも驚くことはありません。学校を始めたプロテスタントの改革主義者たちにとって、学校は矯正施設だったのです。彼らは、子どもは生まれながらの罪深き者であるという前提をもっていました。地獄に行かなくていいようにするために、子どもたちは学校に行く必要があるのです。そこで、罪深い意思は砕かれ、プロテスタントの教えに一致したものにつくり変えられるのです。徐々に、宗教的な言葉は消えましたが、根本的な考え方は残ったのです。つまり、子どもは無能で、信頼に値せず、強制されることが必要な存在で、学校の矯正力によって、社会のリーダーが好ましいと考える人間に子どもをつくり変えるのです。

的を射たもうひとつの表現に、「強制的な教育」があります。監獄と同じように、不快に聞こえます。でもよく考えてみると、もし義務教育があれば、強制的な教育があるのは当たり前です。「義務」という言葉にもし意味があるとすれば、それは「当事者には選択がない」という意味です[3]。

熟考すべきは、「強制的な教育、およびその結果として生じる子どもたちの監禁は、いいことか、それとも悪いことか?」ということです。多くの人は、全体的に見て、それはいいことで、必要であるとさえ思っています。私は同意できません。この章の残りの部分では、私が考える強制的な教育制度の7つの罪の概要を述べます。その後の章では、もし私たちが強制することなく、子どもは「自由」と「機会」さえ与えられたら、自らの動機と方法でみごとに学ぶことができるというたくさんの証拠を紹介します。

罪1　正当な理由も適正な手続きもなく、自由を否定している

これこそが、強制的な教育の罪の中でもっともあからさまで、残りの6つの基盤になっています。民主的な価値体系の大前提は、「正当な理由や適正な手続きなしで自由を奪うことは間違いである」というものです。大人を投獄するには、裁判所でその人が罪を犯したこと、あるいはその人が自分や他人に深刻な脅威であることを証明しなければなりません。それにもかかわらず、子どもの年齢を理由に、私たちは子どもを監禁しています。民主的な価値体系によれば、年齢だけを理由に子どもを監禁することは道義に反することです。もし特定の年齢の子どもたちを監禁するならば、自分たちや他の人たちに対して危険であることを私たちは証明しなければならないのです。しかし、そんな証明はできるはずがありません。私は、それとは逆の証拠をたくさん紹介します。

罪2　責任能力と自主性を発達させる妨げになっている

南北戦争のヒーローの1人であるデヴィッド・グラスゴー・ファラガットは、9歳のときにアメリカ海軍の士官候補生となりました。12歳で捕獲品管理者となり、米英戦争で戦いました。イギリス海軍の船の捕獲現場にいたので、その船を安全な港まで回航する任務を与えられました。このとき、彼の部下

には自分の2倍から4倍もの年齢の大人たちが含まれていました。偉大な発明家のトーマス・エジソンが学校に行くのをやめたのは、学校に行き始めて3か月後の8歳でした。理由は、教師が彼のことを「思考が混乱した脳」（いまだと、たぶんADHDと診断される症状だったと思われます）をもっているから学べない、と判断したからです。彼は、その後系統的に独学しました。12歳までに、彼は大人と同程度の収入を得ていました。その2年後には、自分だけでかなり成功した新聞を発行していました。

ファラガットとエジソンは例外的な人々です。しかし、19世紀の前半（つまり、国家が運営する義務教育が導入される前）は、子どもが大人のような責任を担うことは決して例外的なものではありませんでした。今日、中流階級が多い郊外に住む典型的な12歳の子どもは、ベビーシッターができるとも、親の同伴なしで登下校できるとも思われていません。私たちの社会では、年齢だけを理由に、子どもは責任を負えないし、能力もない存在になってしまったのです。

子どもたちが（ティーンエージャーでさえ）合理的な意思を決定したり、主体的に動いたりする能力があるとは思われないのは、自己充足的予言[4]です。子どもたちを学校や大人が指導する教室に閉じ込め、そして彼らの時間を強制的な時間つぶし[5]で埋めてしまうことは、何も建設的な目的を達成しません。しかも、彼らの「主体性」と「自己責任」を練習するのに必要な時間と機会も奪っています。その結果、子どもたち当人も、親や教師も、子どもは能力がないと考え始めるのです。「強制的な教育」は徐々に、より高齢の者を対象にするようになり、能力のなさについての考えも上昇傾向にあります。

強制的な教育制度の暗黙のメッセージ（ときには、明示的なメッセージ）は、「学校では言われたことをしっかりやっていれば、すべては順調にいく」です。これを受け入れてしまう子どもたちは、「自分の教育」の責任をとるのをやめてしまいます。彼らは、誰かが自分がする必要のあることや成功した大人になるのに知っているべきことを明らかにしてくれた、と間違って思い込んでしまうのです。そして、もし自分の人生がうまくいかなかったときは、被害者の役割を演じることになります。「私の学校（親、社会）が私をダメにしたので、人生はめちゃくちゃです」と。このような被害者意識は、子ども時代に植えつけられ、生涯持続します。第1章で論じたように、学校が子どもの人生をより支配するようになって、社会に蔓延する無力感は増大しています。マーク・トウェインは「私は学校に自分の教育の邪魔をさせないようにしてきた[6]」というのが持論でした。トウェインの時代に比べると、強制的な教育の大幅な拡大によって、残念ながら今日、彼の格言どおりに生きることはますます難しくなっていきます。

罪3　学びの内発的動機づけを軽視している（「学び」を「勉強」ないし「苦役」に転換している）

子どもたちは熱烈な向学心をもって誕生します。彼らは、生まれつき好奇心旺盛で、遊び好きです。そして探索しながら遊ぶことで、自分が適応しなければならない社会的、物理的な世界について自ら積極的に学ぶのです。彼らは、小さな「学ぶマシーン」です。最初の4年間ぐらいは、彼らは一切の指導なしで、計り知れないほどのスキルと情報を学びます。歩くこと、走ること、ジャンプすること、登ることを学びます。自分が生まれた社会の言葉を理解し、そして話せるように学びます。それと共に、自分の意思を主張すること、議論すること、楽しませること、困らせること、友だちになること、質問をすることを学びます。彼らは、自分の身の回りについて、想像もできないほどの量の知識を獲得します。自然は、学ぶことへのこの膨大な欲求と能力を5歳か6歳になるからといって、止めることはしません。

私たちはそれを学校制度によって止めてしまうのです。もっとも大きく、変わることのない学校の教訓は、「学ぶことは苦役で、できるだけ避けるべきもので、小さいときに信じていたように楽しい遊びではない」ということです。

強制的な学校のあり方が、学びを勉強に転換しています。教師でさえ勉強と言っています。「遊ぶ前に、しっかり勉強しなさい」しかし、教師が何と呼ぼうが、学校での学びは苦役です。誰かのスケジュールで、誰かが指示した方法を使って、人が強制的にさせられることは苦役です。子どもの学びをコントロールすることが、学びから楽しさを奪い去り、苦役に変えてしまうのです。

数学で遊ぶことが大好きでしたが、学校でそれを勉強することが大嫌いだったアルベルト・アインシュタインは、強制的な教え方の悪影響を指摘した偉大な思想家の1人です。彼は自叙伝の中で、次のように書いています。

実際、現代的な教育方法が探究への神聖な好奇心をまだ完全には圧殺していないということは、まさに奇跡以外の何ものでもない。なぜなら、この繊細な小さな植物は刺激を別にするとおもに自由を必要とし、自由なしではそれは必ず難破し破滅するからである。見たり探したりする楽しみが威圧感やある種の義務によって助長される、と考えることは非常に重大な誤りである。[7]

他のどこかで、自分の学校教育について、次のようにも書いていました。「好むと好まざるとにかかわらず、試験のためにこれらのすべての材料を頭の中に詰め込まなければならないということであった。この威圧は非常な恐怖心を与えるものであり、私はそのため、最終試験をパスした後丸1年間というもの、いかなる科学的な問題の考察もいやになるほどであった」[8]アインシュタインの天才性は、アイディアを探究し遊ぶ能力を永遠に失うことなく、学校をなんとか生き延びたことです。

常に学校で行われているように、生徒が自分の学びを評価され、他の生徒と比較されると、学びは勉強に転換されるだけでなく、「心配の種」にもなってしまいます。読むのを学んでいて、他の子たちよりも読むのが遅い生徒は、他の子たちの前で読むと不安を感じます。学校を真剣に受け止めているほとんどの生徒にとって、テストとそれでの失敗も不安をつくり出します。大学で統計を教えているのですが、選び抜かれた大学であっても、かなり多くの学生が数学の不安に苦しんでいました。それは、学校での数学で屈辱を味わってきたからです。心理学的な基本原則（第7章で詳しく触れます）は、「不安は学びを妨げる」というものです。学びは、遊び気分のときに一番よく起こり、不安は遊び心を抑制するのです。

罪4　恥ずかしさ、思いあがり、皮肉、不正行為を助長する形で生徒を評価する

人がしたくないことをさせるのは容易ではありません。最初に学校で強制のために使われた道具でもっとも一般的だったのは、むちでした。他の最初の方法は、人前での辱めでした。教師は、クラスメイトの前で悪いことをした子どもや出来のよくない子どもを笑いものにしました。ときにはときには1日中、みんなの前に低能のレッテルを貼らせられ曝されたのです。

いま、むちが使われることはほとんどありません。でも、20の州で体罰はまだ認められています。低能帽も姿を消しました。しかし、恥をかかせることはなくなっていません。私たちはいま、絶え間ないテスト、成績、そして生徒のランクづけで勉強をするように仕向けています。子どもたちは、クラスメ

イトよりも悪い成績をとったら辱めを受け（劣った者と思わされ）、よい成績をとったら誇りに（優秀な者と）思わされます。辱めを受けた者の中には、教育的に努力することから心理的に脱落したり、劣等感と常に闘ったりしなければならない者もいます。逆に、成績でAや高い評価をもたらすうわべの成功から過度な優越感をもってしまった者の中には、態度が傲慢になったり、テストでいい点が得られない者を軽蔑したり、そしてさらに、民主的な価値やプロセスを軽蔑したりする者もいます。

生徒を動機づけるための成績とランクづけるシステムは、「皮肉」と「不正行為」を奨励するにはあまりにもうまくデザインされています。生徒たちは、常に高い成績の大切さについて言われ続けます。制度の中でうまくやり、そしてその制度から自由になるためには、いい成績が大切だからです。当然のことながら、生徒たちは自分の勉強で、よりよい成績を得ることが何よりも大切であると確信するようになります。11歳か12歳になるころまでには、ほとんどの子が学校は基本的に学ぶところであるという考え方を疑うようになります。させられることのほとんどは意味がないし、テストのために覚えさせられたことのほとんども、それが終ってすぐに忘れてしまうと実感します。

学校における「不正行為」とは何か、あるいは何でないかという規則は極めて気まぐれで、学びとは一切関係ないことに、生徒たちは気づきます。もし、言葉や事実のまとめのシートを作って、それをテスト中に閲覧したら、それは不正行為です。しかしながら、もし、同じシートを作り、テストの後では消え去っても、そのときまでは残る短期記憶を形成するのに使ったなら、それは不正行為ではありません。もし、他の誰かが書いた部分をコピーして自分の学期末レポートに貼りつけたら、それは不正行為です。でも、ほとんど同じことをした上で、それを自分の言葉で言い換えたら、それは不正行為ではありません。

学校で不正行為ではないものから分けるルールは、ゲームをするときのルールのようなものであることを生徒たちは理解します。しかし、学校でのこのゲームは、生徒たちがしたくてしているゲームではありません。生徒たちには、何を学ぶか、どう評価されるか、そして不正行為の規則に関して何も言える立場にありません。このような状況の中で、規則を守ることは容易ではありません。従って、学校では不正行為がはびこり続けていることは、驚くようなことではないのです。匿名のアンケート調査で、95%の生徒が何らかの不正行為をしたことを認め、およそ70%はテストで他の生徒の解答を写したり、すべてのレポートを盗作したりするなどのあからさまな形の不正行為を繰り返ししていることを認めました。

調査は、近年の不正行為の量が増えていることや、誰がそれをしているかといった変化についても明らかにしてくれました。昔は、頻繁に不正行為をするのは「出来の悪い生徒たち」でした。彼らは、捨て鉢的にやっていました。しかしいまは、不正行為をもっとも頻繁にしているのは、一番いい大学や大学院を目指している「もっともできる生徒たち」なのです。それは、彼らが優秀な成績を収められるように圧力を絶えず受けているからです。ラジオの番組でのインタビューで、ある高校を卒業したばかりの生徒は次のように述べていました。「私は最高の大学に入学したかったので、高校ではオナーズ・クラス[9]に入っていました。そのクラスの生徒は全員不正行為をしていました。いい大学に入るには、よい成績が必要だからです」。同じように、学校での不正行為について私の論文を読んだ若者が次のようなことを書いて送ってくれました。

―自慢できることではありませんが、私は高校や大学を通じて不正行為をしていたたくさんの学生の

1人です。一度も捕まったことはありません。高校の卒業生総代も不正行為の常習犯でした。もし不正行為をしなかったら私は平均的な生徒でしたが、不正行為のおかげで平均以上の成績が取れました。私の家では、成績が平均では許されませんでした。実際の自分よりも頭がよいようになるために、常にプレッシャーを感じていました。不幸にも、「頭がよい」ことは「正直である」ことよりも望ましいことのようなのです。とても悲しいことですが、この見えない圧力が存在する中では、学生たちが不正直であることで褒められるのです。

もし学校で不正行為をしたなら、それは自分自身の教育をごまかしているので、自分に対して不正行為をしているだけだ、と教師たちはよく言います。その主張は、不正をせずに学べることが、不正行為をすることで時間を短縮して本当にやりたいことができるものの価値よりも大きいときにのみ理屈に合います。つまり、学校でXを学ぶ際に不正行為をして、Yを学ぶための時間をつくり出したとしたなら、自分の教育をごまかしていることにはなりません。Yは学校で学ぶものか否かにかかわらず、Yを大切だと思っているなら。

生徒たちと話した体験から、不正行為に関する主張でもっとも説得力があるのは、不正行為をすることによって、それをしなかった生徒を傷つけてしまうというものです。ほとんどの生徒は、他の生徒を傷つけたくないのです。生徒たちは、「制度」が敵だと思っており、それを打ち負かすために不正行為をすることに少しは気がとがめますが、他の生徒が敵だとは思っていません。従って、もし他の生徒を傷つけてしまったら、申し訳ないと思うのです。実際、不正行為で捕まる理由のひとつは、生徒たちが自分のしたことについて共有し合っている中で、それが先生に漏れてしまったときです。強制的な学校がつくり出している「生徒対制度」という枠組みが生み出している問題は深刻で、かつ切りがないほどたくさんあります。正直な生徒で、不正行為を報告する者は、密告者になります。

見方を変えると、多くの生徒にとってよい成績を得るための不正行為は、誰もが得をする状況ということになります。自分たち自身よい成績が欲しいし、親たちもよい成績を望んでいるし、教師たちも、です。教師は一般的に不正行為を見つける努力をしませんし、たとえ見つけたときも見過すことがあります。その理由は、特に標準テストなどで生徒たちがいい点を取ることで自分もよく見えるからです。テストの点数が生徒の将来を大きく左右すると同時に、結果に対して学校の教職員に責任を課す時代において、教師や管理職は自分の仕事を守るために、生徒のテストの点数を人為的に上げるケースが増えていると聞きます。そして、自分の子どもの不正行為を激しく非難することを決してしない親たちは、もし学校関係者が子どもの不正行為を告発しようものなら、裁判所で争おうとするでしょう。

私たちの学校制度の悲劇のひとつは、人生とは何段階もの手順を命令に従順に従いながらなんとかして踏んでいくことであり、しかも成功は自分が満足する成果によってではなくて、他の誰かの判断によってである、と生徒に教えていることです。学校を卒業すると、多くの人はどうにかしてこの強制的なレールから（少なくとも、部分的に）降りて、より自由を体験し始めます。[10] しかし、ほとんどの人は降りることができず、学校の中の生徒を果てしなく演じ続けなければならず、自分が満足する成果よりも他の誰かにいい印象を与えることの方に熱心であり続けます。これらは、科学、ビジネス、法律、政治など、どんなキャリアを選択しようが不正行為を続ける人たちです。彼らにとって、学校で身につけた不正行為の習慣が生涯にわたって残ってしまうのです。

罪5　協力といじめの衝突

私たちは生まれつき協力するようにできている、とても「社会的な動物」です。学校でさえ、子どもたちは互いに助け合う方法を見つけ出しています。しかしながら、さらに互いに助け合うことの大切さを強調する講義を何度聞こうが、学校はそのような行為とは反対に機能するようにつくられています。故意に、学校とは身勝手になることを教えるところです。強制的に押しつけられた競争や、絶えず成績をつけ、ランクづけをすることは、個々の生徒の役割は自分のことだけを気にかけて、他の子よりもよい成績を出すのがいいのだ、という間接的なレッスンを含んでいます。実際、1人の生徒が他の生徒を助けることは不正行為になってしまうのです。他の子を助けることが、助けられた子の点数を上げ、相対的に助けた子の位置を低下させることで、助けた子を不利にすることすらあり得ます。学校のあり方をもっとも受け入れる生徒の中には、このことをよく理解している子もおり、彼らは他の子を助けるよりも、点数で負かすことに興味をもつ冷酷な「点取り屋」になります。

年齢で分離されることと自由に遊べる機会の少なさは、学校において、協力、思いやり、面倒見のよさなどを軽視する力として働いています。普通の状態なら、自由で、自律的な社会的な遊びの場では、子どもたちは協力したり助け合ったりする能力を発達させます。遊び続けられるようにするために、互いのニーズを考慮しながら、違いを克服する方法を学んでいくのです（すでに紹介した狩猟採集社会の子どもたちや、第8章を参照）。異年齢集団での遊びは、この点に関しては特に価値があります。研究者は、年少の子どもたちの存在が、年長の子どもの養育本能を自然に活性化することを発見しています（第9章を参照）。年長の子は一緒に遊ぶときに年少の子たちを助けます。そうすることを通して、彼らはリードしたり、自分がしっかりして気遣える者であるという意識とスキルを発達させたりしているのです。こうしたことは、自分と同じ年齢の子たちとしか一緒にいることができず、自由で監視されていない状態での遊びはほとんどないか、まったくない学校ではほとんど起こるチャンスがありません。過去20〜30年の間（学校がより多くの子どもの生活の時間を過ごす場になっただけでなく、異年齢での遊びが激減した）、若者たちの間で「自己中心主義」（＝「必要以上に自分のことだけを気にし、他人を無視すること」と定義）が横行する状態を心理学者たちは実証しています。

学校での年齢による「分離」と「競争」をあおる空気、および学校の運営にまったく声をもてない状態が、「いじめ」を生み出す排他的な小集団をつくり出す理想的な環境を提供しています。蔓延している排他的な小集団に受け入れられない子は、情け容赦なくいじめられ、それから逃れることはできません。

実際多くの子どもたちがされているように、毎日学校でいじめられることがどんなことなのかを考えてみてください。あなたは15歳で（あるいは、13歳でも、11歳でもかまいません）、（あなたにはコントロールできない）何かの理由で、あざ笑いと屈辱の対象として友だちに選ばれたのです。あなたにとって、学校での毎日は地獄にいるようなものです。あなたは、「ネクラ」「ドすけべ」「クソったれ」「どろぼう」「気取り屋」「ゲス野郎」「ブタ」「くず」と呼ばれます。廊下では、わざとぶつかって、手に持っていた本を落とされたりします。誰も昼食のときに一緒に座ってくれません。もし座ってくれたら、ノンストップで嫌がらせをしまくられます。誰にも好かれず、昼食のお金を盗むような野蛮なマンガに出てくるタイプのいじめっ子ではありません。ここでのいじめっ子は、人気のある運動選手やチアリーダーや良家のお坊ちゃん・お嬢さんなどの生徒たちです。彼らは、他の生徒に人気があるだけでなく、教師、管理職、地域の住民たちにも人気があるのです。

あなたはどのようにあしらわれようと、法律で学校に通うことが義務づけられています。あなたの親は、残念ながら私立の学校やオルターナティブ・スクールに通わせられるようなお金をもっているわけでも、教育委員会を、ホーム・スクーリングで教育すると説得できるわけでもありません。あなたには「選択」がないのです。そんな中であなたは何をしますか？　もしあなたが、上で説明したようないじめに日々学校であっている多数の子どもと同じなら、なんとかごまかして受け入れることでしょう。なんとか耐えて、生き延びるでしょう。あなたがどれだけ苦しんだかを知っているのは、あなただけです。あなたは、自殺することも考えたかもしれません。あなたは、学校に対して何か凶暴な復讐をすることを夢に描いたかもしれません。しかし、あなたが上で書いたのとほとんど同じ境遇にある子どもなら、どちらもあくまでも空想の領域のことです。しかしながら、時折、特に脆弱な子が絶望か、激怒か、その両方を爆発させて、自分ないし学校に対して暴力を振るうことがあり、その場合にのみ、学校でのいじめが脚光を浴びることになります。

ヘレン・スミスは著書『傷ついた心（The Scarred Heart：Understanding and Identifying Kids Who Kill）』の中で、そのような話のひとつとして、13歳だったワシントン州リッチモンドのエイプリル・ミシェル・ハイムズの自殺について紹介してくれています。

学校の友だちは彼女のことをデブと呼び、彼女のものを投げたり、乱暴に扱ったりしました。友だちは彼女のブラジャーにティッシュを詰めているといううわさを流してばかにしました。彼女は自殺を試みたので、両親は彼女を精神科病院に入院させ、カウンセリングを受けさせましたが、何の助けにもなりませんでした。進学に必要な１８０日のうち53日を休んでしまったので、（進級せず

に）同じ学年に戻るか、あるいは、少年拘置所に彼女を送る権限をもっている不登校専門委員会に出席しなければならないと言われました。彼女にとってそれら2つよりもよい選択肢は自分の部屋で首を吊ることでした。（中略）昔であれば、彼女は単に中退すればよかったのですが、いまは彼女のような子どもは義務教育によって抜き差しならない状態に置かれているのです。

現在は、このようなことが起こったときは、制度全体がいじめを真剣に受け止めます。少なくとも、しばらくの間は。[12] 普通取られるアプローチは、いじめ対策のプログラムを開発して、それを生徒全員に受けさせることです。この新しいプログラムやコースが、子どもたちの中に問題を発見したときの私たちの社会のお決まりの反応です。過去20～30年間に米国で、そして他の国々でたくさんのプログラムやコースが試され、それらが機能するのかどうかの調査が行われました。いままでのところ、それらのプログラムやコースで長期的な効果を示したものはありません。それらのプログラムのどれもが問題の本質には届きません。そして、学校のあり方自体を根本的に変えない限りは無理だと思います。

「いじめ」は、政治的な力をもたない人々が上意下達の意思決定システムで存在するあらゆる組織で（その中に法律か経済的な理由で、その状況の中に留まらざるを得ない場合）起こります。それは、たとえば大人の刑務所でも、少年刑務所でも頻繁に起こります。評価の高い『中国農民調査』[13]の中で、著者の陳桂棣と春桃は、中国農村でいじめがはびこっている現状を報告しています。農民たちは土地を離れることが許されず、下級の官僚たちによって上意下達で支配されています。農民たちには一切の政治的な力も、しかるべき法手続きもなく、人を怖がらせる者が一番上になります。学校の子どもたちが、強制的な監禁と専制的な支配に対して、刑務所に入っている人たちや中国の農民たちと同じ反応をしたとしても驚くでしょうか？

子どもたちを年齢で分離するか、嫌がらせをするものから逃げられないように檻に入れることによって、競争と勝つことが何よりも高い価値をもっているという状況の中で洗脳され続けることによって、そして、学校の運営に口出しできないことによって、私たちはいじめの温床をつくり出しているのです。

罪6　クリティカル・シンキング[14]の禁止

たぶん、教育の大切な目標のひとつにはクリティカル・シンキングを育てることが含まれます。しかしながら、そのことについて教育者が口先では同意しても、ほとんどの生徒は学業でクリティカルに考えることを避けるようになります。学校で大事なことは、テストでよい点数を取ることで、それにクリティカル・シンキングが邪魔になることを生徒たちは学びます。よい成績を得るためには、教師があなたに何を言ってほしいのかを考える必要があり、それを見つけたら言うだけです。高校や大学の学生たちが教室以外の話し合いの席で、そのような心情を暴露するのを何度も聞いたことがあります。私自身、大学での教育でクリティカル・シンキングを促進するのにかなりの努力をしました。しかし正直に言うと、教育システムの中で主たる動機づけの役割を果たしている成績が、率直なディベートやクリティカルな考えを妨げている大きな要因になっています。教師が成績を決する制度の中で、教師が提供する考えに対してクリティカルな反応や問いかけができる学生など、そういるはずはありません。もし批判する力を成績に含めることにしたら、偽の批判力をつくり出すだけでしょう。

クリティカルに思考するには、やる気になっていると同時に、自分の考えや質問を自由に言える状況になければなりません。しかしながら、生徒たちは学校で自分の考えや質問に価値はないことを学びます。大切なことは、自分が尋ねたわけでも、興味があるわけでもないのに、教師に尋ねられた質問への「正解」を提供する能力です。そして「正解」の意味は、教師ないしテストの作成者が望んでいるもので、生徒自身が理解していたり、関心があったり、本当に正しく、かつ実生活で役に立つと思っていたりすることではありません。

私が数学の宿題を手伝っていた高校生が、このことをうまくまとめてくれました。ある式をひとつの方法で解こうとするとできて、別な方法ではなぜダメなのかを私が説明するのを数分間、礼儀正しく聞く振りをした後で、次のように叫びました。「あなたがしようとしていることには感謝しますが、私はその方法がなぜ使えるかどうかなんて知る必要も、知りたいとも思っていないんです。私が知りたいのは、教師が望んでいるステップを踏むことと、彼女が欲している答えを得るにはどうしたらいいのかということだけです」彼女は、みんなに「できる生徒」と思われており、従って、ほとんどすべての生徒の発言を代弁していると言えます。

生徒はたとえ望んだとしても、学校の教科を深く掘り下げて探究することは不可能であることを知っています。時間がそれを認めません。学校が設定したスケジュールに従わなければならないからです。さらに、多くの生徒はいい大学が求める「多彩な人間」であることを証明するために、いくつかの課外活動にも熱心に取り組む必要があることを知っています。自分の好きな教科を追求してしまう生徒は、他のことで失敗する危険を抱えることになります。成功するためには、生徒はテストでよい点数を取るのに必要なだけの限定した情報と浅い理解を身につければいいのです。

学校において、クリティカル・シンキングのもうひとつの阻害要因として「不安」があります。学校で継続的に行われている生徒の評価は、クリティカル・シンキングを弱めます。評価は、生徒に教師が求めることを探らせるだけではなく、不安をあおるからです。クリティカル・シンキングは、「創造性」をベースにしており、創造性は常に一定の「遊び心」を必要とします（第7章を参照）。クリティカルに考える人はアイディアで遊ぶのです。試してみたり、どうなるかを見てみるためにひっくり返したり、そしてその結果がどうなるかを見極めたりするのです。不安は、そのような遊びを阻み、お決まりのパターンで考えることを強要します。テストなどの不安要素は、暗記することを促進しますが、新しい考えや洞察をつくり出すことを妨げるのです。

罪7　スキルと知識の多様性の減少

生徒すべてに同じ標準化されたカリキュラムを押しつけることで、彼らが異なる道を歩む機会を減少させます。学校のカリキュラムは、社会で大切なスキルと知識のごく一部を表しているに過ぎません。今日では、誰もが知るべきことのほんの一部しか学べないのです。なのに、なぜ全員に同じ部分しか学ばせないのでしょうか？　次の章で私は、子どもたちが自分の興味関心を追求することを許されたなら、多様で予想もつかないコースをたどるという証拠を提示します。彼らは、情熱的な興味関心をもつようになり、自分を魅了する分野での専門家になるべく熱心に取り組み、そしてそれから生計を立てるために自分のスキル、知識、情熱を使いこなす方法を見出します。標準化されたカリキュラムを押しつけられた生徒たちは、自分の興味関心を追求する時間を与えられず、取り返しがつかないほど自分の興味関心とは関係ないことを学ばされるのです。それに打ち勝って、学校のカリキュラムの外で自分の道を見出す者も少しはいますが、ほとんどはそうではありません。

学校の外の現実の世界では、「個性の多様性」と「知識の多様性」は大切にされています。成長する際の課題のひとつは、自分の個性がもっとも馴染む得意分野を見出すことです。しかしながら近代的な学校には、ひとつの裂け目しかありません。個性が他の子たちと合わない子は、失敗した者ないし「発達障害」を患っていると見なされます。個性の多様性に合わせる代わりに、学校は（ときには薬まで使って）学校に合わせた個性を形成しようとしています。もっともこの問題が顕著に現れているのは、生徒たちの中にＡＤＨＤ（注意欠陥多動性障害）と診断される子どもの増加です。

子どもの中には、他の子たちよりもより行動的で衝動的な子がおり、その子たちは学校で面倒を起こしがちです。一般の子たちよりも、毎日長い時間おとなしく座っていたり、自分の興味がわかない課題に取り組んだり、退屈に耐えたりするのが困難です。今日の緊張感を伴う学校では、そういう子は発達障害やＡＤＨＤをもっているとラベルを貼られてしまいます。この本を執筆している段階でもっとも権威のある情報源によると、米国の学齢期の男子の12％と女子の４％がＡＤＨＤと診断されています。これらの診断のほとんどは教師の苦情によって診断されたものです。考えてみてください！　彼らが退屈と思う授業に付き合えないか、付き合おうとしないという理由で、男子の12％、つまり８人に１人が発達障害のラベルを貼られているのです。そのこと自体が罪です。しかし最近は、幼稚園などでじっと座っていられないという理由で、ＡＤＨＤと診断され、薬を飲まされている３～４歳児が増えていると聞きます[15]。

私が小学生だった数十年前は、大人たちは、子どもが長い時間おとなしく座って勉強することができないことは自然だと考えていたようです。ですから、私たちは30分間の午前中の中休み、１時間の昼休み、そしてまた30分の午後の休みがありました。私たちの６時間の授業がある日は、２時間もの休み時間、つまり外で遊ぶ時間と、４時間の授業だったのです。当時の学校はよかったと言いたいのではありませんが、今ほどは悪くなかったということです。いまの小学校は、それほどの休み時間を子どもに提供していません。その代わり、学校の退屈さに適応できない子をＡＤＨＤと診断して、その子は強力な向精神薬を処方されるのです。その薬は自発性を抑える効果があり、教師の言うことを聞けるようになり、意味を感じられない時間を費やすだけのために課す学習活動をこなすようになります。まだ誰も、このような薬が人間の脳に与える長期的な影響については知りません。しかし動物を対象にした研究によると、通常は、年と共に成長することで、子どもはより自己管理できるようになり、衝動的に行動することが少なくなるのに、薬が脳の正常な発達を妨げることが分かっています。おそらくそれが、大人になってＡＤＨＤの症状を示す人が増えていることの説明に役立つと考えられます。他の向精神薬と同じように、ＡＤＨＤを治療するための薬も長期的な依存性をつくり出しているのかもしれません。[16]

つい先ごろ、子どもがＡＤＨＤと診断された後に公立の小学校をやめさせ、ホーム・スクーリングを始めた両親が薦める報告書を読むように懇願されました。それらの報告書によれば、ほとんどの場合、薬を飲むのをやめた子どもは家で学習するという環境で何ら問題がなかったということです。誰かが押しつけることをやらされるのではなく、自分の興味関心を追求でき、自分が、本当に意味があると思えることに能力を発揮できれば、ほとんどの子どもは学習することに問題はなく、向精神薬の必要もないのです。

私が罪のリストとしてあげたものは、決して新しいものではありません。私が話した教師の多くは、「強制的な教育」の弊害に気づいていました。そして、彼らはそれらの影響を和らげようと努力もしています。中には、制度が許容する範囲で最大限の自由と遊びを確保しようと努力している教師もいます。

失敗の恥ずかしさと不安を最小限にするために、できることは何でもしている教師もいます。多くは、それに対する壁は厚くとも、生徒の間で協力と思いやりを築こうと努力しています。そして、クリティカル・シンキングを促す努力をしている多数の教師もいます。しかしながら、学校制度はそうした努力の足を引っ張ります。そのようなシステムの中で、ハッピーで効果的に働いている人を見出すのは至難の業です。私たちの学校制度の中においては、子どもが自分の学びたいことが学べないのと同じように、教師も教えたいと思うことを教える自由をもっていないと言えると思います。本章のはじめで描いていたことに反応して、1人の教師が次のように反応してくれました。「何を教えるかを私は選べません。それは、州の仕事です。教師は子どもがどう学んでいるかたくさんのことを知っていますが、そのことについて何かすることは許されていません。(中略)私が教師でいられるかどうかは、州の定めるテストで何人の生徒を合格させるかで決まるのです」。ただし、教師と生徒の違うところは、教師はいつでもやめる自由があることです。

ひとつ付け足さないといけないことは、人間は(特に、若者は)際立った適応能力があり、機知に富んでもいます。多くの生徒は、強制的な学校が生み出す否定的な感情を乗り越える方法を見出して、肯定的なことに焦点を当てようとしています。彼らは罪と闘っているのです。彼らは協力したり、遊んだり、恥ずかしいという感情を乗り越えたりするのに助け合い、過度のプライド(自負心)はふさわしい場所にしまい、[17]いじめと闘い、クリティカルに思考し、学校でどれだけの抵抗があろうと、自分が本当におもしろいと思うことに時間を費やそうとしています。これらのことをすべてしながら、強制的な学校が要求するものを満たすには相当の努力が必要で、多くの生徒は成功しません。控えめに述べても、学校で指示に従ったり、時間つぶしにしかならないつまらない学習活動に従事したりすることが、生徒が自分で自分を教育できる時間を大幅に減らしています。

私は強制的な教育の7つの罪を説明しましたが、7つに限定するつもりはありません。あなたは他の罪を追加したいかもしれません。ある読者は、家庭生活への干渉を8つ目の罪として加えるべきだと提案してくれました。確かに、学校は家族が一緒に過ごす時間を奪いとっています。学校は家族の調和も乱しています。親は宿題を強制する役割を担わなければならず、学校が子どもに与える子どもの気分や家での行動など、マイナスの影響に対処せねばならず、場合によってはほぼ毎日、学校に行きたくないという子どもと争わなければならないのです。

何十年も前に私たちがしていたレベルまで、子どもが学校で過ごす時間や宿題の量を減らし、休み時間の量を増やすことは役立つかもしれませんが、問題の解決にはなりません。本章で紹介した罪から抜け出すためには、「子どもは生まれながらの罪深き者であり、改心されなければならず、教育の主要な目的は領主や雇い主への服従である」という人類の暗黒時代に生まれた考え方や行動を捨て去る必要があります。私たちは制度すべてを投げ捨てる必要があります。そして、誰かが学ぶのが望ましいと決めた内容をどう押しつけたらよいかではなく、どうしたら子どもたちが自ら主体的に学ぶようになるのかを最初から考えるのです。これは、とても大きくて素晴らしいジャンプを前と後ろに同時に跳ぶことを意味します。狩猟採集民は正しく理解していました。「子どもが自分自身を教育するには自由が必要なのだ」ということを彼らは理解していたのですが、それはいまの社会の子どもたちにとっても効果があることです。

1 正規の公立学校や私立の学校などと違い、従来とは異なる教育方法・カリキュラムを採用している学校。

2 子どもを通常の学校に通わせず、自宅などで（主に親が）独自の教育を行うこと。

3 英和辞典で見ると、compulsoryには、「強制された、義務的な、強制的な、必修の、全員参加の」という意味があると書かれています。

4 self-fulfilling prophecyの訳で、自己の予言や主観的期待に沿うような結果を生じさせる行動をとったために、自己の予言や期待どおりの結果が出現する現象、のことです。他に「自己実現的予言」や「自己達成的予言」とも訳されます。

5 表面上は忙しそうにしているが、本当は時間つぶしのつまらない作業や課題や活動を指します。

6 「I've never let school interfere with my education. iso-labo」で、この訳を見つけました。

7 『自伝ノート』（A・アインシュタイン著、中村誠太郎・五十嵐正敬訳、東京図書）15ページより引用。

8 同上、14～15ページ。

9 習熟度別クラス編成での上級クラスのことです。

10 日本の場合は、企業等の組織を含めて社会全体が学校化していると言っても過言ではないので、なかなか自由が体験できている人は少ない気がします。

11 この章の注1を参照。

12 状況は、日本もまったく同じです。しかし、その対応は残念ながら、はるかに低レベルです。校長や教育委員会の担当者が、「子どもたちに命の大切さを改めて教えます」などと言うだけですから。しかも、そういう発言自体がすでにピントがずれていることをまったく自覚することなく。

13 『中国農民調査』（陳 桂棣・春桃著、納村公子訳、文藝春秋）。この本の英語のタイトルは、「Will the Boat Sink the Water?」となっています。「水が船を沈ませるか？」なら分かると同時に当たり前なのですが、英語のタイトルはその逆です。その意味は、一艘の船（いじめられる者）が水（すべての人々）に不可逆的にダメージを与えるという意味です。1人のいじめられる者が多くの人に影響を及ぼすなら、数人のいじめられる者がいたら、制度自体が機能しないことを意味します。一艘の船がすべての水を取り去ってしまうのです。

14 クリティカル・シンキングは、よく訳されて使われているように「批判的思考力」だけではありません。それも含まれますが、ごく一部（4分の1程度。多くて、3分の1ぐらい）で、より多くは「大切なものは何かと、同じレベルで重要な、大切でないものは何かを見極める力」の方です。

15 『あなたの体は9割が細菌——微生物の生態系が崩れはじめた』（アランナ・コリン著、矢野真千子訳、河出書房新社）などのからだの中の細菌について書かれた文献を読むと、現代病の多くが人間と共生関係にあるからだの中の細菌のバランスが崩れていること（その原因は抗生物質の使いすぎや食べ物の偏りなど）や、出産や（母乳を含めた）育児に原因があることに気づかせてくれます。

16 この分野の研究は進んでいます。たとえば、前掲の『あなたの体は9割が細菌』以外にも、『失われてゆく、我々の内なる細菌』（マーティン・ブレイザー著、山本太郎訳、みすず書房）、『「腸の力」であなたは変わる』（デイビッド・パールマター&クリスティン・ロバーグ著、白澤卓二訳、三笠書房）、『土と内臓——微生物がつくる世界』（デイビッド・モントゴメリー&アン・ビクレー著、片岡夏実訳、築地書館）などを参照してください。

17 自分の成績だけに焦点を当てることなく、謙虚さを大切にする、という意味です。

第5章 母なる大地は現代においても有効である——管理された学びと遊びから自由をとりもどした学校

1960年代初頭、ダニエル・グリーンバーグはまだ若い大学教授でした。コロンビア大学で、最初は物理学の、次は歴史学の、そして科学史という最新の分野で脚光を浴びる存在でした。彼を知る人なら誰もが、輝かしい研究者の道を予想しました。グリーンバーグは、人気のある教師でもありました。そしてこの教えることが、彼が当時取り組んでいたアリストテレスの新訳よりも重要なことを考えさせ始めたのです。学部生は彼の授業が好きだと主張したにもかかわらず、彼は学生たちの受身的な姿勢が気になってしかたがありませんでした。ここアイヴィー・リーグの1つである有名大学ですら、物理学や歴史学を取っている学生たちは、必要最低限のことを学んでいい成績をとることに関心があるだけなのです。学生たちはそれらについて本当に学びたいとは思っていないのに、なぜコースを取っているのか、と彼は疑問に思いました。そして次のように問いました。「学生たちに情熱的な興味関心をもたせ、自らの教育を通してそれを追求するのを阻んでいる、私たちの教育システムのいったい何がおかしいのだろうか?」と。

私の経験では、若くて優秀な教授たちの多くが教育システムで思い悩む時期を体験します。そしてある時点で、それを払いのけて、気持ちを切り替えます。彼らは自分の仕事は、学ぶ振りをし、テストでいい点を取ることだけに関心のある、やる気のない学生たちを押したり突いたりすることだと割り切って、毎年教え続けます。グリーンバーグは簡単に割り切ってしまうようなタイプの人ではありませんでした。彼は大学が、自分がもうこれ以上耐えられないと判断した教育システムに同調していると思うようになったのです。実のところ、大学が教育学部を通して、自分が痛烈に非難する幼稚園から高校までの政策を推進していることに彼は気づきました。その後にグリーンバーグがとった行動はみんなを驚かせました。彼は教授を辞任し、教育のあり方についてじっくり考え、そしてそれについて書くために、妻のハナと一緒に、マサチューセッツ州東部のサドベリー・バレーの「荒野」に移り住んだのでした。

グリーンバーグの当初の作品の1つが、論文集の『新しい哲学の概要（Outline of a New Philosophy）』です。その中で彼は、知識が特定の固定化された真実によって構成されているという理論に疑問を投げかけています。そして、「知識は流動的である」と彼は主張しているのです。今日の真実は、明日の神話か虚構だというのです。論理的には相対立する2つの考えが、異なる視点や異なる目的をもった場合は、両方とも真実であることはあり得ます。私たちが知識と呼ぶものは、人々に自分の周りの世界を意味づけるのに役立つモデル、ないし概念[2]と呼んだ方がいいのではないかと言います。彼の考えでは、「知識はその正しさや間違いによって評価されるのではなく、有用性で評価されるべきだ」というのです。いいアイディア（概念）とは、人にその人の周りの社会的・物理的な世界についての理解を助け、それによってその人が世界の中でしっかり歩むことができるものなのです。

この知識の見方は、固定化された教育的なカリキュラムの価値を否定します。もっとも好ましいのは、各人が、自分が説明する必要がある、ないし説明したいことのために、自分のモデルや概念をつくり出す自由をもっていることです。それをするために、使えるものは何でも使います。その中には、他の人の教え（考え）や書かれたものも含みますが、それらに限定されるものではありません。人は、生まれながら自分の周りの世界を理解したいと思っています。グリーンバーグにとって、それこそが人間の好奇心の本質なのです。自分が本当に興味関心のある質問に答えようと努力するときに、人は自動的にそれらの質問に取り組む際の助けになるものは何でも使いこなそうとするのです。しかしながら、ある人にとって興味をもたせる質問は、必ずしも別の人が興味をもてる質問ではありません。あるいは、ある人にとって助けになるものは、必ずしも別の人にとっても助けになるとは限りません。

グリーンバーグは、アメリカの民主主義の原則と、教育との関係についても深く考えました。『アメリカ教育の危機（The Crisis in American Education）[3]』というタイトルの本の中で、彼と、のちに新しい学校を設立することになる他の改革論者たちは、「私たちがもっている諸制度の中で、教育制度はもっともアメリカらしからぬ制度である」と書いたのです。彼らは、私たちの民主主義は次の3つの根本的な考えに基礎を置いていると指摘しています。それは、（1）人間は、特定の基本的な権利をもっている、（2）すべての人が決定に関して意見を述べる機会が保障されるべきである、（3）すべての人が人生で成功するチャンスが与えられるべきである、です。これらの考えは学校で口先だけの支持は得ていますが、それが実践されることはありません。生徒たちには、表現の自由、集会の自由、自分にとっての幸せの道を選択する自由などの権利や、何らかの罪に問われたときに公正な裁判を受ける権利は一切存在しません。生徒たちは一般的に、校則をつくる過程や毎日の時間をどう過ごすかという意思決定をする際に、ほとんどあるいはまったく自分たちの声を反映することができません。平等の機会は、すでに学校が事前に計画したレールに沿って生徒たちの成否を測り、そして異なる方向に嗜好が向いてしまった生徒にはサポートの手を差し伸べないという制度によって破壊されています。民主的な社会における学校の主要な目的は、「民主的な市民に約束された機会と責任のために準備するのを助けることでなければならない。そして、生徒が成長する過程で、それらの機会と責任を与えないで達成することはできないのある」と、グリーンバーグは主張しました。

同じ本の中で、グリーンバーグと同僚たちは、民主的な学校は「アイディアが飛び交う自由なマーケット（市場）と、多彩な才能が集う自由なシステム」であるべきだとも主張しています。つまり、どんな質問にもあらゆる角度からの意見を聞くことができる環境の中で、生徒は自分が興味関心をもったどんな考えを探究することも、それを通してどんな結論に達することも自由でなければならないのです。民主的な社会にあって、学校は洗脳する場ではなく、「探究」と「発見」の場でなければならないのです。

本当に民主的な学校

１９６８年に、学齢期の子どもをもつ保護者たちと一緒に、グリーンバーグと奥さんのハナはそんな学校を設立しました。彼らは、サドベリー・バレー・スクールと名づけました。学校はそれ以来運営されており、これを書いている時点では、グリーンバーグ夫妻は依然そこのスタッフ[4]であり続けています。彼らは、全校集会で毎年、過去44年間再選され続けてきたのです。

すでに40年以上もの間、サドベリー・バレーはアメリカ教育界においてもっともよく守られてきた秘密です。ほとんどの教育学を学ぶ学生も、その存在を知りません。教育学の教授が無視し続けるからです。悪気があってそうしているのではなく、自分の教育的な考えの枠組みの中に受け入れることができないからです。しかしながら、学校の卒業生や学校を直接体験した人たちによって、秘密は漏れ始めています。現在、世界中にサドベリー・バレーをはっきりとモデルにした学校が40近く[5]設立されています。50年後には（もちろん、もっと早い可能性はあります!）、サドベリー・バレーのモデルはすべての教育学の標準的なテキストで大きく扱われており、多少の差異はあるものの、すべてでなければ、ほとんどの公立の学校で導入されていることを、私は予想できます。50年後には、教育関係者は、今日の学校制度のあり方を過去の野蛮の習慣と見ているだろうと、私は予想します。

　サドベリー・バレー・スクールを思い描くには、伝統的な学校がどんなものかというイメージをすべて脇に置く必要があります。それには、伝統的な学校を進歩させた形態のものも含まれます。サドベリー・バレーは、モンテッソーリ・スクールでも、シュタイナー・スクールでも、デューイ・スクールでも、ピアジェの構成主義の学校でもありません。これらの学校では、伝統的な学校よりも子どもが自然に学ぶ方法を使っているかもしれませんが、教師がすべてを取り仕切っています。それらの学校の教師は、事前に計画されたスケジュールに沿って決められたカリキュラムを子どもたちに学ばせようと努力をしています。そして、その過程では生徒たちを評価もしています。サドベリー・バレーではまったく違うのです。この学校を理解するには、次の考えから出発する必要があります。「大人は子どもの教育をコントロールしない。子どもは自分自身を教育する」。

　サドベリー・バレーは私立の学校で、マサチューセッツ州のフレイミングハムの農業と住宅が混在する地域にあります。学校は、テストの点数や他の能力の指標は一切関係なく、4歳から高校生までを受け入れています。唯一の入学の際の基準は、インタビューを受けることと、実際に入学する前に生徒と親が学校を理解するために1週間の体験入学をすることです。近年、学校は130〜180人の生徒と9〜11人のスタッフで構成されています。学校は、極めて低額の授業料を請求しますが、1人当たりの生徒の予算は近隣の公立学校の約半分で、他の私立学校とは比較にならないほど少ないです。サドベリー・バレーは決してエリート校ではありません。もし米国のすべての公立学校がサドベリーのモデルに従ったなら、毎年多額の税金を倹約することができます。

学校は何よりもまず、民主的なコミュニティーです。学校を運営する主要な機関は、全校集会で、それにはすべての生徒とスタッフが年齢に一切関係なく1人1票をもって参加します。全校集会は週に1度行われるのですが、校則の設定、スタッフの雇用と解雇、重要な予算についての判断、つまり学校を運営するすべての機能を担っています。多くの民主的な社会がそうであるように、全校集会への出席は義務づけられていません。しかしながら、ほとんどのスタッフと多くの生徒は、ほとんどすべての集会に出席しています。しかし、特に年少の生徒は自分たちに直接関係のある議題のときのみに参加します。たとえば、あまりに散らかしっぱなしなので、プレイルームが閉鎖されるという提案が出されたときは、他の議題のときはほとんど出席しないたくさんの4〜7歳児が出席していました。しかしながら、ほとんどの生徒が毎年1回行われるスタッフを選ぶ集会には出席します。それは、毎年春に行われ、次の年度のスタッフを雇用する基礎になります。

校則は、規律委員会によって執行されます。そのメンバーは頻繁に代わりますが、常に1人のスタッフと、司会をする2人の選出された書記と、学校のあらゆる年齢の生徒を代表するように選定された5人の生徒を含みます。生徒かスタッフが、ほかの学校のメンバーから規則を破っていると告発されたとき、告訴人と被告人は規律委員会に出頭しなければなりません。委員会は、両者の証言を聞き、必要があれば他の証拠を集め、無罪か有罪かの判断を下します。後者の場合は、適切な処罰も下します。扱われるケースは、決められた「静かにすべき部屋」の中でうるさくしたような些細な問題（この場合の処罰は、ある一定期間部屋への立ち入りを禁止されること）から、稀なケースの盗み、器物損壊、不法薬物使用など（処罰は停学が普通。しかし、繰り返し行われた場合は退学になることも）まで含まれます。激しい争いになったケースや、すべての深刻なケースは、全校集会での再審査に訴えることができます。

設立メンバーを含めて、すべてのスタッフは毎年契約更新をしており、もしスタッフとして残りたければ、全校集会で毎年再雇用されなければなりません。生徒とスタッフの比率はおよそ15対1なので、この過程を通過して、毎年再選出されるスタッフは生徒たちから高い評価を受けていることの証明です。そういう人は、優しく、倫理的で、有能で、学校全体に大いに、しかも積極的に貢献しています。生徒たちが何らかの形で見習いたいものをもっている大人です。

ごく簡単に言えば、スタッフの役割は学校コミュニティーの大人のメンバーであることです。その中には、生徒たちの安全を確保すること、慰めが必要な生徒を慰めること、（常に全校集会の要請を受けて）学校が効率的かつ合法的に運営されるのに必要な諸々の仕事をこなすこと、外部からの侵害から学校を守ること、そして彼らのスキルや知識や考えなどを活用したいと思う生徒たちが利用できるリソース（資源）としての役割を果たすことなどが含まれます。たとえば、私がよく知っているスタッフの主要な役割は校内のコンピューターを維持管理することですが、彼の好きなロールプレイング・ゲーム、政治、神学、文学、現代と古代の歴史、そして心理学といった分野でも生徒たちに貢献しています。他のスタッフと同じように、彼も全校集会で決まった決定を実行する役割を担っています。スタッフは、自分たちのことを教師とは言いません。それは、生徒たちは学校の大人のメンバーからよりも多くを、生徒同士から、そして生徒自身の遊びや探究から学んでいると認識しているからです。スタッフは、生徒たちと同じように学校の規則の影響下にあり、もし彼らが規則を破っていると訴えられたら、同じように裁かれます。この学校で法の適用を受けない者は1人もいません。

生徒たちは1日中自由です。学校の中（大きなビクトリア朝様式の農家と改修された納屋）と10エーカー[6]のキャンパスの中ならどこに行くのも、誰と一緒に行動するのも自由です。生徒は、場所や時間やグループを指定されません。この学校には、「1年生」「中学生」「高校生」も存在しません。本は、学校のたくさんの壁に並んでいます。コンピューターは誰もが使えます。そのほかの設備やスタッフの専門性は、多様な教科やスキルの教育の助けとするために利用できます。しかしながら、生徒たちにはそれらの資源を使うか使わないかの選択も常にあります。8歳以上の生徒は、いつでも学校の外に出る自由すらあります。でも、13歳以下の場合は、他の生徒誰かを誘わなければならず、またどこに行くのか、何時ごろ戻るのかを学校のスタッフが把握しておくために、用紙に記入しなければなりません。生徒がよく行く場所は、学校に隣接する広い州立公園です。特定のテーマの授業は、生徒が要求すれば提供されますが、誰もそれに出席することを強要されませんし、ほとんどの生徒はそのような授業に行くこともしません。授業は、この学校では正式な地位をもっていませんし、それが行われたときも、生徒の興味関心が続く限りで提供されるだけです。[7]

この学校の教育的な哲学の大前提は、「一人ひとりの生徒は自分の教育に責任がある」というものです。学校はカリキュラムを設定しません。テストもしません。ランクづけも、生徒を評価することもしません。しかしながら、評価をしないことの方針に2つの例外があります。ひとつは、たとえば、コンピューター、台所用の器具、木工具などの高価な、あるいは危険な設備を使いたい生徒は、それを適切に使うことができることを証明する形で、まずその設備を使うための資格を取らなければなりません。もうひとつは、学校から卒業証書が必要な生徒は、自分がなぜ卒業する準備ができたのか、学校の外で責任のある社会人として振る舞うためにどのような準備をしたのか、を説明する論文を書き、それを擁護しなければなりません。論文は、学校の哲学に精通した外部の評価者によって評価されます。意図的に、学校のスタッフはその評価のプロセスからは外されています。その理由は、生徒とスタッフとの間にある中立的で、敵対しない、支援的な関係を壊したくないからです。

　全体的に、この学校は従来の学校とはほとんど真逆に運営されています。サドベリー・バレーは学校と思い込んでいる訪問者が、授業がある時間に到着したら、自分は休み時間に到着したのだと思うことでしょう。その人は、生徒たちが遊んでいるところ、話し合っているところ、たむろしているところ、主体的に様々な活動に取り組んでいるところを見ることでしょう。建物の外では、芝の上で昼食を食べているかもしれません。あるいは、木に登っているところ、水車池で魚を釣っているところ、「がんばこ」[8]やバスケットボールをして遊んでいるところ、詰め物の剣を使ってフェンシングをしているところ、自転車や一輪車に乗って遊んでいるところ、あるいは遊び場のブランコや滑り台で遊んでいるところを見るかもしれません。建物の中では、生徒たちが料理をしているところ、トランプをしているところ、ビデオゲームをしているところ、コンピューター・プログラムをしているところ、ギターを弾きながら作曲をしているところ、（規則の範囲内での）悪ふざけをしているところ、映画やティーン向けの最新の吸血鬼小説についての話し合いをしているところ、うわさ話をしているところ、政治について議論しているところ、音楽のビデオを見ているところ、レゴを作っているところ、本を自分で読んでいるか年少者に読み聞かせをしているところ、美術室で描いているところ、学校活動の資金を集めるためにクッキーを売っているところなどを見るかもしれません。いずれにしても、訪問者が見るのは学業をしているというイメージからかけ離れたものばかりです。ひょっとしたら、ほんの一握りの生徒たちとスタッフが歴史のセミナーをしているところ、2～3人のティーンエイジャーが数学の問題を解いているところ、小さな子が黒板にアルファベットを夢中で、そして細心の注意を払って（実際は自分の楽しみのために、行き詰まったときは近くにいる年長者の助けを得ながら）書いているところを見られるかもしれません。

実のところ、学校は、ダニエル・グリーンバーグと他の設立者たちが初期の作品で明らかにしたビジョンを実行に移しているのです。それは、完全なる民主的なコミュニティーです。そこで生徒たちは持続的に「自由」を楽しみ、民主的な市民と切り離せない「責任」を練習し続けます。そこは、生徒たちが自分の教育のすべての責任を負っているところです。誰かを傷つけたり、学校を混乱させたりしない限り、興味関心をひきそうな考えは自由に公表し合い、すべての試みは同等の価値があると見なされるのです。でも、そんな学校が本当に機能するのでしょうか？　生徒たちは私たちの社会で成功するのに必要なことを学んでいるのでしょうか？

教育機関としての学校

プロローグで説明したように、私のサドベリー・バレーへの関心はもうだいぶ前のことですが、自分の息子が10歳でそこの生徒になったときに始まりました。その学校が息子をハッピーにしたことがすぐに分かり、それは私もハッピーにしてくれました。息子にとって、サドベリー・バレーは学校とはこうあるべきというものすべてをもっていたのです。しかし、私にはいささか懸念がありました。この学校は、一般的な基準から根本的に異なっています。普通ではないもの、つまり異常なものは、他人が私たちに期待することをずっとやり続けてきた者にとっては脅威です。そんな学校に通って、息子は自分の将来の選択肢を狭めることにはならないだろうか？　彼は大学に行くことができるのだろうか？　いくつかのキャリアの可能性をつぶしていないだろうか？　スタッフや元生徒だった親たちから、ちゃんと卒業して、いろいろな分野でうまくやっている卒業生たちを逸話の形で紹介され、安心するように言われましたが、科学者として、そして入念な親として、私は完全には満足できませんでした。同じころ、私は研究対象としての学校に興味をもち始めていました。学校についてのすべてと、学校がどう機能しているのかを学ぶことに好奇心をもち始めていたのです。それまで、私の研究はネズミを対象に、すべて大学の実験室で行われてきました。特定の哺乳類の衝動と感情に内在しているホルモンと脳の機能についての研究です。しかし、いま私は、人間の子どもの遊び、探究、学ぶための自然な方法について興味をもち始めていました。

親としての関心に取り組むと同時に、研究者としての学術的な好奇心を満足させるための第一歩として、サドベリー・バレー・スクールの卒業生たちの系統だった調査を実施することに決めました。私は、伝記作家で、サドベリー・バレーのパートタイムのスタッフをしていたデイヴィッド・チャノフも同じような調査をすることに興味がありそうだったので、私たちは協力することにしました。私たちの調査は、私が働いていた大学の後援の下で行われました。

私たちの目標は、1年以上前に学校を卒業したすべての生徒に対して調査を行うことでした。「卒業生」には、高校卒業資格を得た者と、資格は取らずに16歳以上で学校を離れ、これ以上の中等教育を受ける計画のない者が含まれます。調査時点では、学校はいまよりもだいぶ小さくて、まだ設立15年しか経っていませんでした。学校の資料によると、私たちの基準を満たした卒業生は82人いました。その中で、76人の居場所を特定することができ、69人が調査に参加してくれました。回答率は91％で、全卒業生の84％の回答を得られました。ほとんどは、私たちが郵送した広範囲にわたるアンケートに記入する形で回答してくれましたが、中にはそれらに電話インタビューや実際に会って話す形で回答した人もいました。私たちは、卒業生に学校で特に熱心に取り組んだ活動を思い出し、それらについて説明するように尋ねました。卒業後にどのような教育や職に就いたのかに関連する質問も尋ねました。サドベリー・バレーのような普通とは異なる学校に通ったことが、その後の生き方にプラスに働いたことやマイナスに働いたことも尋ねました。さらに、回答者の家族に関する情報や、サドベリー・バレーを選んだ最初の理由などについても尋ねました。

全米教育ジャーナル（American Journal of Education）に掲載された調査結果は、学校は教育機関としてとてもよく機能しているということを私に納得させるものでした。高等教育に進んだ卒業生（回答者の75％）は、自分が望んだ大学等に入学するのも、入学後の学業も特に苦労した経験はないと答えていました。サドベリー・バレーでは1つの正式なコース（授業）を取ったことのない生徒も含めて、有名な一流大学に入学した者たちはいい成績を上げたのです。高等教育を受けたか受けなかったかに関係なく卒業生たちは、自分の興味のある仕事を見つけ、しっかり生計を立てていました。彼らは、ビジネス、アート、科学、医療、他の人を助ける専門職、熟練を要する職業を含めて、多様な分野にうまく進んでいました。

「とても特異な学校に通ったことが不利に働いたことはなかったか」という私たちの質問に対しては、

不利を体験したことはまったくなかったとほとんど（71％）が回答していました。体験したと答えた残りも、容易に乗り越えられたと答えていました。たとえば、大学に入った当初は本来教科で学ぶことを知らなかったので自分は無知だと思ったが、最初にあったギャップを埋めるのはまったく問題がなかったそうです。調査当時、私をもっとも驚かせたことのひとつは、大学や就職などの形式的な体制に適応することに対して卒業生のただ1人も苦労していないことでした。この点についてフォローアップのインタビューで追究したところ、典型的な回答は次のようなものでした。「学業を続けるか、特定の仕事について働くかは自分の判断だったし、自分のしていることは楽しかったので、もしそれらをやり続けたいなら、ある程度の決まったやり方には従わなければならないと思った」。サドベリー・バレーに来る前は、自分の選択が与えられていなかったので、学校でやるべきことに対しては反抗していた生徒たちも、大学や仕事は自分が選択したので、そこで要求されることには反抗しなかったのです。同時に、彼らが通った典型的な学校に比べて、大学や職場の方が日々の自由度はもちろん、分刻みの自由度もはるかに大きいと指摘していました。

回答者のほとんど（82％）は、サドベリー・バレーに通ったことは、その後の教育や仕事にとって有利に働いていると答えたのです。それらたくさん出された有利な点は、4つの領域にまとめることができました。ひとつ目の領域は、「責任」と「自律性」についてです。「サドベリー・バレーでは、自分の時間の過ごし方を含めて、常に自分で判断することが求められた」と卒業生たちは答えています。自分の犯した間違いは、自分以外に誰も責任を負わせられる人はいません。学校で何かを変えたいと思ったら、民主的な手順を踏んで自分が動くしかありません。個人の責任に帰する部分が大きいという感覚は全員の中に残っており、それは高等教育でも仕事でも役に立っていると多くの卒業生が指摘していることでした。

1番目と関連し、同じくらい多く指摘された2番目の領域は、「継続的な学び」と「自分が選択した仕事への高いモチベーション」に関連することでした。サドベリー・バレーで学ぶことは常に楽しいという状況での学びの体験が、継続的に学びたいという要求につながっていたと思われます。「自分がおもしろいと思った考えや活動については好奇心があり、もっと学びたいという欲求が強い」と彼らは書いていました。さらに、多くの卒業生は、「自分がおもしろいと思ったことや選択したことに取り組んでいるので、モチベーションは極めて高い」とも書いていました。9歳のときからサドベリー・バレーに通い、いまは大学の優等生になっているある卒業生は、次のように書いていました。

> 大学に来ている多くの学生は、いくつかの実質的な領域で私よりも多くの体験をもっているのは確かです。でも、取り組む姿勢の違いが私にすぐに追いつけるようにしてくれたと思います。実質的な内容を身につけるのは容易です。(中略)私の考えは、私は楽しむために大学に行きますし、そこで提供してくれるものをうまく活かして楽しみたいと思っています。他の学生たちは、自分が囲い込まれてしまっているので、しかたなく行っているという感じです。他の可能性があるなんて、彼らは考えないようです。

3番目の有益な点は、在学中に獲得した特定のスキルや知識に関連することです。サドベリー・バレーにいる間に体験した遊びや自発的な探究を通して、多くの卒業生は自分が関心のある分野で得意なスキルや深い理解を獲得し、そしてそれらの分野の仕事や高等教育に進んでいきました。この点については、すぐ後で再び触れます。

しばしばあげられた四番目に有益な点は、「権威を恐れない」ということに関連することでした。これは、「サドベリー・バレーの大人たちとの互いに尊重し合う関係と、全校集会と規律委員会で自分の考えをはっきりと述べる経験が大きかった」と卒業生たちは声をそろえて言っていました。そのような体験をもっているので、いま大学の教授とも雇用主ともいい関係が築け、コミュニケーションも容易にとれ、助けやアドバイスが必要なときは苦労せずに聞けると答えています。たとえば、有名な私立大学から経済学士を取得したある卒業生は次のように話してくれました。「サドベリー・バレーの事務所に入り浸っていたように、私は経済学部に入り浸って、教授たちと話しました。他の人がそこにいるのと同じぐらい、私もそこにいる権利があると思っていました。他の学生は、自分たちと教授たちとの間には大きな溝があると感じていたようです。彼らは、敵と関係を築くなんてなれていないのです。私にはそんな考えはまったくありませんでした」彼女はその後、自分がつくった学生と教授たちを一緒にするクラブについて話してくれました。

質問表の最後の質問への回答として、卒業生の誰もが、サドベリー・バレーではなく伝統的な学校に通った方が自分の人生はよかったと思うとは答えていませんでした。この質問への回答をしなかった2人を除いて全員が、より伝統的な学校よりもサドベリー・バレーに通えて「満足している」（11人）ないし「とても満足している」（56人）と答えていました。その理由には、卒業後の人生の準備をしてくれたことなど、これまでにすでに紹介した有益な点をあげる者が多かったのです。加えて、子ども時代を楽しめたこと、自由でいられたこと、敬意を払われていると感じられたこと、そして個人として評価されたことなどを多くがあげていました。何人かは、自分にとって学校の民主的な雰囲気と手順が特に大切だったと書いていました。たとえば、1人の卒業生は次のように書いていました。「特に、個人の責任に言及した民主的な原理を明確に表していたことがとても印象に残っています。私は自分の責任とは何かを知ろうといまも努力しており、そしてそれを実行しようとしています。もちろんそれは、私の人生のすべての局面でとても助けになっています」

私たちの最初の調査以来、学校は2回の系統だった調査を卒業生を対象に実施し、そしてその結果を本の形で出版しています。後の調査が行われたときは、私とチャノフが調査を行ったときに比べてもっと多くの卒業生を抱えていました。そして当然、卒業生は、より長い年月をサドベリー・バレーを卒業した後に経験していました。しかしながら、一般的な結論は私たちのそれと似ていました。卒業生たちは高等教育と仕事で成功していました。そして、その多くはサドベリー・バレー時代に獲得したスキル、態度、価値などに負うところが大きいと言っていました。

卒業生の成功はどうして説明できるのか?

サドベリー・バレーは、私たちの社会の教育の考え方とは逆行する形で運営されています。多くの人は、人生で成功するためには、子どもはおとなしくたくさんの授業を受け、一生懸命に与えられる勉強に取り組む必要があると信じています。そうしないことは、神への冒瀆と捉える人さえいます。たとえ子どもたちが不平を言ったり、反抗したりしようが、そしてたとえ勉強に集中するために強い薬を飲まなければならないとしても、多くの人はそれも必要だと考えています。

サドベリー・バレーの卒業生たちの成功を聞いた多くの人々は必然的に、自分が信じていることを混乱させずに説明できる方法を探し始めます。ひとつのアプローチは、どこか見えないところで、大人が授業をしているのではないかと疑ってみることです。あるいは、子どもたちは家で親に教えてもらっているのか、学校のスタッフは非常に優秀な教育者で子どもたちに学ぶべきことを学びたいように操るのに長けているのではと言う人もいます。

私は、それらのいずれでもないことを誓います。自宅で自分が教えるつもりで子どもをサドベリー・バレーに入学させるごく少数の親もいますが、すぐにその考えを放棄します。自宅でカリキュラムを押しつけようとすることは、学校のやり方とは違いすぎるので、親は家での学習をやめるか、子どもをサドベリー・バレーから転校させるかせざるを得なくなるのです。学校のスタッフは極めて優秀な人たちで、彼らは、自分がモデルを示すことや生徒との話し合いを通して生徒の学びに大きな影響を与えていることは間違いありませんが、受動的な授業をわざわざ仕掛けることにはまったく興味ないのです。彼らは、「子どもたちは自分の選択と自らが選んだ方法で、自発的に取り組んだときにこそ一番よく学ぶ」と強く信じています。さらに、「子どもの学びを助けるベストの方法は、子どもが助けやアドバイスを求めるまではそっとしておくことだ」と理解しています。そして、「助けやアドバイスも求められた範囲内ですべきであって、それを超えて行ってはいけない」とも思っています。

卒業生たちの成功を正当化するもうひとつのアプローチは、学校に入学する生徒は、最初からどんな教育を受けようともよくできる特別なグループではないかということです。学校は何の入学条件もありませんが、自分で選択した（あるいは親が許可した）ごく少数のものしか入学しません。しかし考えてみてください、どんな生徒が入学してくるかを？　彼らの「特別な」特徴とは何でしょうか？　ごく少数の例外はいるかもしれませんが、彼らは、伝統的な教育者のほとんどが成功することを予想するようなタイプの人間ではありません。私たちが行った調査では、半分以上の回答者が、サドベリー・バレーに来る前の公立学校で深刻な問題を体験したと答えていました。それには、絶えざる抵抗、落第の繰り返し、ときには学習障害という診断などが含まれます。残りの中には、親たちが学校のやり方を信じたので、最初からサドベリー・バレーで学校を始めた子たちと、子どもが公立学校でかなりよくできていたか、少なくとも悪くはなかったにもかかわらず、サドベリー・バレーにとても魅力を感じて途中で転校してきた子たちでした。

自分が観察した結果では、サドベリー・バレーでうまくやれないタイプというのは特定できませんでした。生徒の中には冒険好きがいますし、用心深い子もいます。独立性の高い子もいますし、グループで活動するのが好きな子もいます。行儀がよい子もいますし、学校の法的な制度に繰り返しお世話になる子もいます。勉強するのが好きな子もいますし、そうでない子もいます。学校で自らがつくり出す、よく構造化された環境を好む生徒もいますし、比較的無秩序を好む生徒もいます。生徒が自分で選択ができる状況さえあれば、生徒は自分の固有のニーズや望みを満たしながら自分の時間を有効にスケジュールできるのです。誰も型にはめ込まれるようなことはありません。そうではなくて、一人ひとりが環境を自分に合ったように使いこなします。さらに、生徒は自分が成長し、変化していくにつれて、型も変えていくのです。

サドベリー・バレーのやり方は、特定の生徒にしか合わないと主張する人が少なからずいるのですが、私はこの考え方はまったく理解できません。私自身の観察とスタッフたちの報告によれば、この学校で成功しない数少ない生徒は、継続的に破壊行為を行い、規律委員会と全校集会での適正な手続きを経て退学させられる生徒と、深刻な発達障害をもっていて、社会性や遊びを通しての学びを不可能にしている生徒です。ＡＤＨＤと診断された生徒たちは、サドベリー・バレーではまったく問題がありませんが、遊ぶことや他者と一緒に取り組むことへの意欲がないか、極めて乏しいので、深刻な自閉症の生徒は一般的にうまくやれません。総じて言えることは、普通の子どもにとってはサドベリー・バレーがとても機能する場であることは明白です。その理由はサドベリー・バレーが、子どもが自分のしたいことの責任をもちたいという自然な本能を最大化し、周りにいる人たちとの絆を強め、そして自分が育っている社会の中でうまく機能するために必要なことを学べる状況を提供しているからです。サドベリー・バレーが機能しているのは、いまの私たちの時代に狩猟採集民がもっていたのと機能的に同じ条件を提供しているからです。

サドベリー・バレーは、どのように狩猟採集民と似ているか

サドベリー・バレー・スクールの設立者たちは、狩猟採集民をモデルにはしていませんでした。彼らの目的は、アメリカ民主主義の原則に一致する学校を作ることでした。しかしながら、私が見るところでは、学校はまさしく狩猟採集民のもっていた、うまくやるために子どもが自分で教育をする本能にもっとも必要な要素を含んでいるのです。多くの文化人類学者が指摘したように、狩猟採集民の社会は最初の民主的な社会でした。以下に、「子どもが自らを教育するための能力を最大化するための条件」と私が考えるリストを紹介します。それは、狩猟採集民とサドベリー・バレー・スクールの両方に存在している条件です。

・遊びと探究するための時間と空間

遊びや探究を通した自己教育には、計画されていないたくさんの時間が必要です。つまり、権威をも

った者からの圧力、判断、介入なしに、自分が望むことができる時間です。その時間は、友だちをつくるため、考えや物と遊ぶため、退屈を経験し、それを乗り越えるため、自分の間違いから学ぶため、そして情熱を育てるために必要です。狩猟採集民の大人たちは、子どもや若者たちに、ほとんど、あるいはまったく何も要求しませんでした。それは彼らが、有能な大人になるためには、子どもたちは自分たちで遊んだり、探究したりする必要性を理解していたからです。同じことがサドベリー・バレーでも当てはまります。

自己教育はまた空間を必要とします。うろつくため、逃れるため、探究するための空間です。空間は、理想的には、子どもが成長している社会と関連する多様な領域を含んでいることが望ましいです。狩猟採集民の大人たちは、子どもたちが他の人たちから離れてどれだけ遠くまで（もしかすると危険な場所に）行けるのかという判断ができると信じていました。サドベリー・バレーでも、私たちの何もかもを訴訟されかねない社会の中での慎重さを考慮しないといけないという制約の中で、子どもたちを信頼しています。子どもたちは、自分がどこに行くかをスタッフに知らせ、十分な安全対策を取りさえすれば、周囲の森、野原、小川、近くの店や博物館に行ったり、自分の興味関心を追求するために行きたいところはどこでも行ったりして探究できるのです。

・生徒たちは年齢に関係なく自由に交流できる

第2章で述べたように、狩猟採集民の子どもたちは年齢別に遊べるほどたくさんの子どもたちがいなかったので、必然的に年齢が混合したグループで遊んでいました。サドベリー・バレーでは、自分の年齢に近い子たちだけと遊びたいなら十分な人数はいますが、そんなことをする子はいません。調査の結果、生徒たちは頻繁に自分の意思で、多様な年齢層の子どもたちと遊ぶことを選択しています。第9章で詳しく述べるように、年齢を混合したグループで遊ぶことで、年少者は年長者がすでにもっているスキルやより複雑な考え方を学ぶことができます。一方、年長者は年少者を育んだり、リードしたりすることを通して、人間関係においてより成熟した者になることを学びます。

・知識があって、思いやりのある大人たちとの接触

狩猟採集民のバンド（集団）では、大人の世界と子どもの世界が分かれていませんでした。子どもたちは大人たちのすることを見て、それらを自分たちの遊びに組み込んでいました。子どもたちは、大人の物語、話し合い、ディベートを聞き、聞いたことから学んでいました。子どもが大人の助けが必要なときや、他の子どもも答えられない質問があるときは、バンドの中のどの大人のところに行ってもいいのです。すべての大人は子どもたちのことを大切に思っています。実際、多くの大人は本当のおじさんやおばさんです。

サドベリー・バレーでは、大人に対する子どもの割合は、狩猟採集民のバンドよりもはるかに高いですが、大人と子どもは自由に入り混じっています。学校の中で、大人のスタッフが生徒に歓迎されない場所はありません。生徒たちは、大人たちが話し合っているのを聞け、大人たちがしていることを観察することもできます。さらに、もし望むなら、参加することさえできます。何らかの助けが欲しい生徒は、どのスタッフのところに行ってもいいのです。子どもたちも、よく知っています。膝の上に乗りたいときは誰がいいのか。愚痴をこぼしたいときは誰がいいのか。自分で突き止められない技術的な質問に答えてもらいたいときは誰がいいのか。そして時折は、長期にわたる個別指導が必要なときは誰がい

いのか、を。大人たちは、おじさんやおばさんのように振る舞っています。スタッフは生徒全員のことを知っていて、生徒たちが年を追って成長していくのを見るのを誇りに思っています。スタッフは毎年すべての生徒を含む投票で再選されなければならないので、彼らは必然的に子どもが好きで、子どもに好かれ、子どもたちのニーズにうまく応えられる人たちです。

・様々な設備・備品へのアクセスと、それらを自由に使えること

社会で使われている道具の使い方を学ぶには、それらを自由に使いこなせなければなりません。狩猟採集民の子どもたちは、ナイフ、穴掘り用の棒、弓矢、わな、楽器、丸木舟などで遊びました。サドベリー・バレーで子どもたちは、多様な設備や備品へのアクセスが可能です。その中には、社会で一般に使われているコンピューター、料理用の設備、木工用の設備、芸術用の備品、楽器、多様なスポーツ用の備品、壁中に置かれた本が含まれています。さらに、学校はオープン・キャンパス[9]の決まりもあったので、校外の多くの設備や備品へのアクセスも可能でした。

・考えを自由に交換できること

知力の発達は、何の検閲も、仲間外れにされる不安もなく、人々が自由に考えを共有し合える環境の下で、一番よく起こります。文化人類学者の報告によれば、狩猟採集民は、宗教的なことも含めて、自分たちの考えについても独善的ではありません。自分の思ったことは何でも言え、グループにとって影響のある考えは延々と話し合われました。サドベリー・バレーも同じです。学校は特定の政治的・宗教的なイデオロギーに同調することを意図的に控えました。すべての考えが議論の対象です。このような

環境では、アイディアはテストのために覚えて吐き出すためのものではなく、考えるためと議論するための手段です。家で政治、宗教、哲学的な考えについてあまり聞くことのない子どもたちも、学校ではよく聞き、しかも、すべての観点から聞くことになります。

・いじめからの解放

自由に探究したり、遊んだりできると思えるには、安心できる必要があります。嫌がらせやいじめからの自由です。そのような状況は、狩猟採集民のバンドでは当たり前のように存在していました。サドベリー・バレーにも同じようにあります。文化人類学者たちは、狩猟採集民の社会の結束の強い人間関係、異年齢の混合、そして競争をせず、平等の精神がいじめを防ぐのに効果があったとしています。もし、誰かが別の子をいじめていそうなら、年長の子がすぐに介入して止めさせます。同じことは、サドベリー・バレーでも起こります。加えて、学校が実施した調査は、小さい子の存在自体が年長の子たちをなだめる効果があることを明らかにしています（第8章を参照）。また、サドベリー・バレーでは、民主的につくられた規則や法を守る制度が深刻ないじめを防いでもいます。嫌がらせを受けたと思った生徒は、学校のすべての年齢のメンバーで構成される規律委員会にその相手（違反者）を告訴することができるのです。生徒たちが自分たちの規則をつくり、それらを守るための責任ももっているので、彼らは普通の学校の生徒よりもはるかに規則を守っています。

・民主的なコミュニティーに浸っている

狩猟採集民のバンドとサドベリー・バレー・スクールは、両方とも実質的に民主的なコミュニティーです。すでに述べたように、狩猟採集民のバンドにはグループの意思決定をする酋長的な存在はいませんでした。その代わりに、集団の意思決定は、気にかけていた者がみんな合意するまで長い話し合いを行う形でなされました。サドベリー・バレーでは、全校集会での話し合いと投票を伴った、公式の民主的な過程を経て決まります。民主的なプロセス（過程）に浸ることが、各参加者に自分の教育のやる気を助ける責任感の意識を提供するのです。自分の主張をしっかり聞いてもらえ、集団がどうしたらいいのか、どう機能したらいいのかということについて自分の発言の機会があるなら、よく考えた上で、上手に話した方がいいに決まっています。自分の教育は単に自分のためだけでなく、コミュニティーのためなのです。

生徒たちの学校での活動と卒業後のキャリアとの継続性

次の４つの章で、自由に遊び、探究できるサドベリー・バレーや他の状況で子どもたちがどのように自らを教育しているのかを詳しく論じます。しかしながら、その前に、卒業生へのインタビューから浮かび上がった話題について解説したいと思います。それは、学校とその後のキャリアにつながった活動です。遊びと探究を通して、生徒たちは自分が好きな活動を発見し、それらで得意になり、（狩猟採集民と同じように）遊びの精神を保ったまま、その活動かそれに近い活動で暮らしを立てるようになっているのです。以下で紹介する卒業生の例は、そのつながりがもっとも直接的なものです。すべての引用は31人の卒業生が自分の言葉でサドベリー・バレーでの体験を語っている『子ども時代の王国（Kingdom of Childhood）』からのものです。

◉チャノフと私の最初の調査に参加したとき、カールは22歳でした。彼は、当時すでに年間100万ドル（＝1・1億円）以上の売り上げのあるコンピューター・ソフトウェア開発会社の設立者兼社長でした。彼は、公立学校での悲惨な経験を伴って、7年生[10]が終ってからサドベリー・バレーにやってきました。彼はサドベリーでコンピューターとコンピューター・プログラミングに夢中になりました。それは丁度、家庭用コンピューター産業が成長し始めたときと一致していました。コンピューターを学校で使えるようにすることに興味のあった彼はインターンとして、学校に機器を提供している会社のリーダーになり、そこでの体験から彼はビジネスについてたくさんのことを教わりました。卒業の時点で、彼はすでにソフトウェア・ディベロッパーとして高い専門性をもっていただけでなく、ビジネスがどのように機能するか、さらにビジネスの世界の人たちがどのようにやり取りをするのかということも理解していたのです。私たちとのインタビューの中で、皮肉にも彼の顧客のひとつは何年か前に彼に落第を与えた教育委員会だったと、教えてくれました。若者が、無理やり授業を受けさせせられて勉強している（抵抗している！）のと、同じ若者が自分の興味関心を追求するのは、まったく異なるのです。

◉客船の船長になったキャロルは、サドベリー・バレーにいる間に船好きになりました。彼女は、学校の敷地内にある風車池で、小さな船で遊びました。10代になると、彼女はオープン・キャンパスの決まりを活用して航海術とセーリングを学ぶために、できるだけの時間を近くの海岸で過ごしました。

◉小学校から高校卒業までの全期間をサドベリー・バレーで過ごしたフレッドは、一流大学の数学教授になりました。サドベリー・バレーを卒業してからそれほど時間が経っていないときに行われたインタビューの中で、彼が、小さいときはサイエンス・フィクションに夢中だったことを教えてくれました。そして、それが同じくらい好きになった物理と数学につながり、その後、ほとんどそれら2つの教科を自分だけで勉強したというのです。サイエンス・フィクションと数学のつながりについて、彼は「サイエンス・フィクションは、起こるかもしれない可能性の領域のことを扱います。いいサイエンス・フィクションの作品は、2つのうちのいずれかをしようとします。すでに知られている事実と矛盾しないようにするか、あるいは1つの前提を変えて、そこから発展させます。それは結構、多くの数学の概念に似ているのです」と言いました。

◉フランは熟練のひな型製作者と同時に、高級ファッション衣料産業の施設責任者になりました。彼女は布地に魅了され、子どものときから裁縫をしていました。最初は、人形の服を作り、それから10代には自分と友だちの服を作り始めました。インタビューの中で、彼女は次のように言っていました。「アレキシスと私が女性用の袖は男性用の袖とは違った形で作られていると発見したとき、(あれが) 私にとってひな型製作について学び始める本当の出発点でした。(中略) 他の人のために縫いました。ボーイフレンドのためにシャツを作りました。皮のベストも作りました。お金を稼ぐために刺しゅうもしました。私はジーンズしかはいていませんでしたが、きれいに刺しゅうを施していました。そして、仕事を得たとき、自分が着るための持ち衣装を作り始めました」。学校は、彼女がボストンにある衣服のデザイナーのところで実習できるようにアレンジしました。彼女のキャリアはそこから始まったのです。

◉葬儀屋になることを希望する子どもがいることを期待する人はいるでしょうか？　それが、ヘンリーに起こったことです。家族に不幸があったときに、葬儀屋が慰めになるように振る舞っていたことがその理由らしいのです。サドベリー・バレーではこの関心を継続して、数ある中でもとりわけ、死んだ動物の解剖に熱中しました。10代の最初にサドベリー・バレーに転校したときの自分の経験について、インタビューの中で次のように言っていました。「科学や生物など、自分の興味と同じ人を見つけ次第、私たちは死んだ動物を見つけてきて、解剖を始めました。中でももっとも記憶に残っているのは、メラニーと車を乗り回しながら、道路上の死骸を探していたときのことです。それらをごみ袋で拾い集めたのですが、見ていた人たちは私たちがおかしなことをする連中という目つきでした。（中略）私たちは肉をそぎ落とし、骨だけを比べるためにとっておいたのです。（中略）ここ以外の学校で骨を煮させてくれるようなところはないと思います。（中略）〝本当〟の学校では、アライグマを台所のテーブルの上で解剖させてくれるはずがありません」。いま、ヘンリーはとても成功した葬儀屋で、不動産プランナーでもあります。

◉ヘレンは医者になりました。彼女の両親の反対を押して、学校には10代のときに来ました。ですから、彼女はレストランで朝早く働いて、授業料のほとんどは自分で払ったのです。インタビューの中で彼女は次のように言っていました。「学校と私と大学の医学部に行くことの3つが交差したのは、私が理想主義者だったからかもしれません。私は常におかしな部分を探して、それをどうしたら直せるか、正しくできるかを考えていました。13歳で『シッダールタ』[11]を読んだとき、東洋の宗教に興味をもちました。ヨーガをし、瞑想もしました。何かがおかしいと思っていて、それを直したいと思っていました。自分がしてきたことのほとんどすべてがどういうわけかそのことと関係していたのです。（中略）私は常にたくさんの本を読んでいました。学校で、カーラが『スピリチュアルな助産術（Spiritual Midwifery）』をくれたのを覚えています。（中略）ほとんどの人が私に薦めてくれた本は、健康関連でした。それが最初の関心だったのです。（中略）子育てについて学ぶことは、私にとってとても大切なことでした。私がこれまでに考えたこととはまったく違うことについて学ぶことだからです。たとえば、赤ちゃんに長い間母乳をあげたり、もっと大きくなるまで同じベッドで添い寝したりする人がいることなどについてです。そんなことを考えもしませんでしたが、それらを知ったときはとても興奮しました。世界の見方を形成していくことや、自分が思っていたよりも世界は広いんだと気づくことが、私にとってはとても大切なことなのです。私にとっては、学校のスタッフと生徒たちはとても大切でした」。

◉トムは、熟練の機械工と、ハイテクの工業機械の発明者になりました。本章の最後の事例として、彼の物語は『子ども時代の王国（Kingdom of Childhood）』の中のインタビューを再掲する形で少し長めに紹介します。それが、この学校がどんなところかをよく描き出していると思うからです。

「私が公立学校で問題を抱えていたとき、両親は助けてくれました。6年生のとき、学校に抵抗することは何でもしていました。それは、学ぶのにいい方法ではありませんでした。（中略）サドベリー・バレーに来てすぐ、私には抵抗するものが何もないことに気づきました。なので、タバコを吸うことなど、公立学校のときにしていたことのすべてをやる必要がなくなってしまいました。もし、自分が抵抗したいことに誰も何も言ってくれないなら、抵抗することの意味はないです。なので、私たちは遊びました。

（後略）

「プラスティシン（堅くならない模型用の粘土）[12]は、おそらく私がもっとも熱心に取り組んだものの1つです。学校に来ると［私と友人たちは］、美術室に行って、昼食時まで途切れることなく作業をして、そのテーブルで昼食を食べ、そして夜に帰宅するまでまた作業に打ち込む毎日を過ごしていました。私たちが部屋を出ることはまったくなかったのです。（中略）ときに私たちは、金鉱採掘のコミュニティーを作っていました。ときには、ホテルや酒場がたくさんある町を作りました。たいてい、たくさんの建物、乗り物、人々がいるのですが、それらを全部作ったのです。そして、そこでいくつかのシーンを演じました。（中略）でも、ほとんどの時間は作るのに費やしました。戦車や飛行機を次々に作ったこともあります。いましていることとまったく同じです。ただ、いまは実生活でしています。まったく同じことです。とても真剣に。毎日。違いは、子どものときに作っていたのは、いまのものほど複雑ではなかったというだけです。

「プラスティシンで作ることを、私の仕事にしてしまったのです。私はたくさんの工場を作りました。私は缶詰工場を作ったこともあります。映画を見たり、瓶詰工場などの写真を紹介している本を読んだりすることで、私にはイメージできるのです。それは、本物そっくりに見えなければなりません。（中略）粘土があって、楽しみはそれで作り出すことです。作り終えて唯一できることは、それを粉々にし

て、また作り始めることです。作って粉々にすることとの繰り返しです。（後略）

「あるとき、私たち［友だちと私］は、プロジェクトを考えました。古い車輪などを使ってゴーカートを作ることにしたのです。地下に行って、自転車など人々が寄付してくれたものを修理したことがあります。（中略）スタッフか他の生徒にサドベリーのごみ集積場に連れて行ってもらって、自転車や三輪車に関係するものを探しました。それらを解体して、新しいのを作ったのです。それは小さな商売みたいなものでした。修理して、ときにはペンキを塗ったりしました。そして50セントとか70セントとかの値札をつけて、売ったのです。

「私が知りたかったことを学校の誰も知らなかったのですが、どうやって情報を見つけたらいいかは教えてくれました。もし、何かを知りたいときは、図書館の蔵書目録を使えばいいのです。あるいは、（学校の外の）誰か知っている人にどのように尋ねたらいいかを教えてくれました。家にいるよりは、はるかにいい学び方を学校は私に教えてくれたと思っています。

「私がもし学校でアルコール飲料を持っていたとしたら、それは私が蒸留装置を作ってしまったからです。（中略）ランチボックスの中にウィスキーの5分の1ぐらいをこっそり持ち込む子どもと、3～4か月の間に蒸留装置を作り、自分で穀物をひき、そしてウィスキーを作ってしまうことの間には大きな違いがあります。実際のところ、自分で作ったウィスキーを作り、そしてウィスキーも飲んだことがないのです。私を魅了したのは、それを作る過程です。私は学校でウィスキーを作り、そして持っていました。それを許されたのは、私がすべてのステップを踏んで実際に作り出したからです。もし学校でウィスキーが欲しいと言っただけなら、誰もが〝それは、法律違反なので、無理です。子どもが学校でウィスキーを持てるはずがありません〟と言うことでしょう。

「そういえば、噴射器の思い出もあります。それは、エイプリル・フールの日でした。学校の台所にはアナンシエーター・コントロールパネル[10]がありました。（中略）それの配線の一部はそこにありましたが、一部は地下につながっていました。自動車のフロントガラス用の洗浄噴出ポンプと地下にあった水道の蛇口とをつなぎ、さらにそれを台所の2つのレンジの間に留めた、特定のスポットに狙いをつけた小さな散水ノズルとつなぎました。誰かがそれが狙いをつけた椅子に座ると同時に、私がアナンシエーター・コントロールパネルのボタンを押すと放水されるのです。これは、誰が犯人だか見えないのですから、たとえばレンジの間から水鉄砲で打つよりもはるかに巧妙なやり方でした。

「いまの私は、あのときの私と同じです。（中略）学校がいまの自分をつくり出してくれたのでしょうか？ それは、私自身がよく考えることです。よく分かりませんが、そうであったとしても私は驚きません。確実に助けにはなっています。（公立の学校のときに体験していた）腹痛は確実に取り去ってくれました。そして、抵抗することに時間を割くような無駄なことからも解放してくれました」

1 アイヴィー・リーグ（Ivy League）とは、アメリカ合衆国北東部に所在する、ハーヴァード、イェール、プリンストンなどを含む、名門私立大学8校からなる連盟のことです。

2 アイディアないし概念（コンセプト）は、教える／学ぶ際にもっとも大切なことの1つですが、知識中心になっている日本ではあまり知られていませんし、使われることもほとんどありません。概念の例としては、変化、相互依存、システム、原因と結果、パターン、イメージなどがあります。変化を例に取ると、この概念は国語（主人公や場面の変化）、英語（過去形・現在形・未来形）、社会科（産業の変化）、理科（水の3つの形態）、算数・数学（時間、加減乗除）、保健体育（人の成長）、家庭科（調理）、音楽（リズム）などすべての教科で扱っています。子どもたちにとっては、各教科をバラバラな知識として教えられるよりも、概念で同じことが様々な教科でつながっていることを感じられるように教わった方が、はるかに理解しやすいし、活用もしやすくなります。

3 サブタイトルに、「分析と提言」がついています。

4 校長でも、教師でもありません。あくまでも学校のスタッフです。

5 アメリカには22校ありますが、次に多いのが日本で12校もあります。それだけ既存の学校が抱えている問題の大きさを表しているのかもしれません。

6 1エーカーは、約4000平方メートル＝約1224坪なので、10エーカーは、その10倍です。それは、サッカー場5・7個分の広さです。

7 つまり、時間割も教科指導もない学校、ということです。

8 がんばことは、主に子どもの間で行われるボールを使ったゲームです。同様のゲームは全国各地で見られるが、「大学おとし」「天下（てんか）おとし」「天下（てんげ）」「げんばく」「ドッジピンポン」「元大中小」「インサ」などの名称が使われています（ウィキペディア）。英語で「four square」と呼ばれています。検索すると、動画も見られます。

9 主に高校生が許可なしで校外に出てよいという決まりです。しかし、サドベリー・バレーでは校外に出るときは、誰かスタッフに報告する義務があります。

10 一般的にアメリカの高校は9年生から12年生までの4年間です。5年生か6年生までが小学校で、6年生ないし7年生から8年生までは中学校です。幼稚園（の最年長クラス）も小学校に含まれることが多いです。サドベリー・バレーは4歳から入学を許可しています。

11 ヘルマン・ヘッセの『シッダールタ』。

12 厳密には粘土ではなく、プラスティシンはカルシウム塩、ワセリン、脂肪酸を合成して製造したパテ状の素材でできています。クレイアニメなどに使われていて、子どもたちの間では人気があります。

13 火災警報システムの一部で、入力される信号や機器の状態などを視覚や聴覚に訴える方法で報知する機器。

第6章 好奇心、遊び心、社会性――インドで見る子どもたちの自己教育力

1999年1月29日、当時インドで教育テクノロジー系企業の科学部門の責任者だったスガタ・ミトラは、「子どもたちの自己教育力」についての魅力的な実験を始めました。彼が働いていた建物の外壁にコンピューターを取りつけて、利用できるようにしたのです。ちなみに、建物があった地域はニュー・デリーでも指折りの貧しい地域で、ほとんどの子どもたちは学校には行っておらず、読み書きもできませんでした。コンピューターを見たのもはじめてです。ミトラはコンピューターのスイッチをつけっぱなしにして、集まった子どもたちにそれで遊んでいいと伝えました。そして彼は、固定したビデオカメラを使って、コンピューターの周辺でどのようなことが起こるのかを観察したのです。[1]

子どもたち（その多くは、7〜13歳）はすぐに、テレビのように見えるこの不思議な据えつけられたものについて探り始めました。彼らはいろいろなところを触り、偶然に、タッチパッド[2]を指で動かすことによって、画面上のポインター（矢印）を動かすことができることを発見しました。これが、他のたくさんの発見を可能にしました。ポインターを画面の特定の場所に移動させると、手の形に変わります。ポインターが手に変わったところで、タッチパッドをクリックすると、画面に映し出されるものが変わ

ることも発見したのです。彼らは、このとても興味をそそられる機械について、友だちに熱心に語りました。グループの中の1人によって見出された発見は、他の子たちと共有されました。ほんの数日のうちに、大人に教わることなく、たくさんの子どもたちがコンピューターを使って音楽を聴いたり、ゲームをしたり、マイクロソフトのペイントを使って絵を描いたりしていました。他にも、コンピューターにアクセスできる子たちがしているのと同じことができるようになっていました。

その後、ミトラと同僚たちは、農村と都市を含めた、インドの他の地域で実験を繰り返し、常に同じ結果を得ました。コンピューターはどこで利用可能にされようと、子どもたちはすぐに集まって来て、装置を探り、遊び始めるのです。互いに情報を提供し合う以外は、どんな助けも必要とせずに、それを使いこなすおもしろい方法を発見するのです。子どもたちは、コンピューターそのもの、そのパーツ、画面に表れる様々なアイコン、そしてそれでできる様々な活動に、自分たちで名前も付けてしまいます。たとえば、あるグループは（母語のヒンディー語で）、ポインターは「針」、フォルダー[3]は「食器棚」と呼んでいました。

コンピューターがインターネットに接続していたところでは、子どもたちはすぐにウェブ検索ができることを学びました。コンピューターは、彼らを世界中の知識にアクセスできるようにしてしまったのです。読むことができなかった子どもたちは、コンピューターでのやり取りを通して、それができるようになっていきました。一方ですでに読める子たちは、自分がおもしろいと思った記事などを自分が分かる言葉（普通は、ヒンディー語かマラティ語）でダウンロードしていました。英語を学び始めたばかりの子たちは、コンピューターでのやり取りと、それを他の子たちと話し合うことを通して、たくさんの語彙を学びました。ある辺ぴなインドの村では、微生物について何も知らなかった子どもたちが、コンピューターでのやり取りを通してバクテリアとウィルスのことについて学び、その新しい知識を日々の会話の中で適切に使い始めました。

　ミトラは、自分たちが設置したコンピューター1台に対して、それが設置されてから3か月以内に、平均で300人のコンピューター操作能力がある子どもを獲得していると見積もっています。それは、100台のコンピューターで3か月間に3万人のコンピューター操作能力が多少はある子どもたちに相当します。「コンピューター操作能力が多少はある」を、ミトラは次のほとんどかすべてができることと定義しています。「ウィンドウズの操作機能を使いこなす（クリックする、マウスでドラッグして移動する、開く、閉じる、サイズを変更する、アイコンを最小化する、メニュー、ナビゲーション[4]、その他）、コンピューターで絵を描き色を塗る、ファイルをダウンロードして保存する、ゲームで遊ぶ、教育的なプログラムを起動する、インターネットに接続していたら情報を検索したり、ウェブリンクをたどってページを次々と見ていく、電子メールのアカウントを開設する、電子メールを送受信する、チャットをする、たとえばスピーカーが機能していないときなど、簡単な問題解決ができる、ストリーミング音声や動画[5]をダウンロードできる、ゲームをダウンロードできる」。ミトラと同僚たちは、自分たちが実演して見せたことを、外科手術の用語を使って「低侵襲《しんしゅう》教育[6]」と名づけています。つまり、子どもたちの暮らしへの侵入を最小限に止めた教育、という意味です。

　ミトラらの実験は、好奇心、遊び心、そして社会性という、私たち人間の本質的な3つの重要な要素をうまく関連づけることによって、教育の目的を素晴らしい形で満たしえることを証明しています。「好奇心」は、子どもたちをコンピューターに引き寄せ、それを探究することに向かわせます。「遊び心」は、子どもたちにたくさんのコンピューター・スキルを試させるように動機づけています。「社会性」は、それぞれの子どもが学んだことを山火事のように何十人もの子どもたちに広めます。これまでの章では、人間の「教育への本能」について言及しました。それらがどういうものかのヒントを提供してきました。そして、狩猟採集民の社会がそうしていたように、私たちの社会においても教育の基盤を提供することができるという証拠も提示しました。これから、自己教育への人間の強い欲求についてより詳しく見ていきます。

学習能力がある動物

進化の観点から見ると、私たち人間は、何よりもまず、「学習能力」がある動物であるということは確実に言えることです。他の種を、はるかに超えた学習能力があります。教育は、第2章で定義したように、「文化の伝達」です。それは、新しい世代の人間が前の世代のスキル、知識、習慣、信念、価値を受け継ぎ、それをさらに積み上げる一連のプロセスです。このように定義される教育は、学習することとの特別なカテゴリーに関するものと言えます。すべての動物は学びます。しかし、人間だけが自分たちと同じ種の他の者からかなりの量を学び、そして1つの世代から次の世代へと文化を創造し、伝え、そして積み上げていきます。

少なくとも2万年前までには、私たちの遺伝子は文化の伝達に、より大きく依存する形での進化の路線に舵を切りました。時間をかけて、狩猟、収集、食料の加工、捕食動物から自分たちを守ること、出産、幼児の世話、詳しい知識や研ぎ澄まされたスキルに依存する病気の治療法などを考え出しました。そうした知識やスキルは、1人の個人や1つの一緒に暮らしている集団が発見できるものをはるかに超えていました。私たちの生存は、先人たちが蓄積した事象に依存しているのです。それぞれの世代が、先祖たちが達成したことの上に築く形で。私たちはまた、自分たちの集団の中や外の人たちと協力したり、共有したりする能力にも徐々に依存し始めるようになりました。それには、社会的道徳観、規則、儀式、物語、共有された文化的な信念や価値などが不可欠です。手短かに言えば、私たちは教育に依存するようになったのです。

今日、教育という言葉を聞けば、ほとんどの人は学校のことを考えます。言い換えると、ほとんどの人が教育とは子どもに対して大人が何かをすることと考えるのです。しかしながら、教育は学校のはるか前からありました。今でさえ、ほとんどの教育は学校の外で起こっています。私たちが学習能力のある動物であるということは、私たちが生まれた文化を受け継ぎ、さらにつくり出すという本能的な衝動が埋め込まれていることを意味します。今日、多くの人は、自分たちの文化のかなりの部分を子どもたちに受け継がせる役割を担っている大人（その大方は、教師）が、教育の責任を負っていると思っています。その際、子どもたちが文化を受け継ぎたいか否かということは一切関係ありません。しかしながら、人類の長い歴史において、教育の真の責任は常に子ども自身にあったのです。しかも、それは今日も確実に続いています。子どもは、世界に生まれ出ると同時に、自分が生き続けるために食べたり飲んだりといったことを本能的にするように、自分自身を教育することも本能的に行い始めます。そうすることで、はじめて社会の中の効果的な一員になることができ、生存していくことも可能になるからです。それらの本能的な欲求を広義に解釈すると、好奇心、遊び心、そして社会性となるのです。

自然淘汰は、すでにある本能や骨組みの上につくり足したり、修正したりすることで、もたらされます。すべての哺乳類は、ある程度は好奇心、遊び心、そして社会性をもっています。私たちの種は、これらの特性を大きく拡張し、ユニークな教育的ニーズを満たすように形づくられました。

好奇心――探究し、理解しようとする欲求

ミトラと同僚たちが、コンピューターなど見たこともない地域にそれを設置した途端、子どもたちは「好奇心」いっぱいで、その周りに集まりました。子どもたちは、そのおかしなものが何で、どう機能するのかを知りたがりました。彼らは特にそれを使って何ができるのかを知りたがりました。

紀元前4世紀に、アリストテレスは科学的思考の起源に関する有名な論文を次の言葉で始めています。「人間が自分の周りの物事に好奇心をもつのは自然なことだ」。これ以上明らかなことはありません。生まれて数時間後には、赤ん坊はすでに見たことのあるものよりも、はじめて見るものに興味を示します。死を目前にしても人は、ときには激痛を抱えながらも、次に何が起こるのかという好奇心を満たすために、少しでも長く生きようと英雄的に奮闘します。この誕生と死の間の起きている時間、私たちの感覚は、身の回りで起こる変化に関心をもち続けます。好奇心は継続的に誘発され続けます。何も新しい見るべきものもなく、学ぶべきものもないような変化のない環境に人を閉じ込めることは、世界中のどこでも、他の欲求をすべて満たしていたとしても、残酷な刑罰と思われています。健康的な人間にとって、知識の渇望を抑えることはできないのです。

もちろん、人間だけが探究することを求める動物ではありません。すべての生命体が自分たちの生存のために必要な環境を探し求めます。特定の動物にとっては、その探索はでたらめな、ないしでたらめのような動きをしていることを意味します。アメーバは食べ物が近くにあることを示す化学分子を感知するまででたらめな動きをし、食べ物を飲み込むまで同じ方向に動き続けます。採餌活動をするアリは、巣からでたらめの方向に、かすかな化学的な痕跡を残しつつ動いていきます。食料を見つけると、濃い痕跡を残しながら巣に戻ることで、他のアリたちがその食料源にたどり着ける仕組みになっています。

原生動物や虫よりは哺乳類の方が、より直接的に食料を探します。つまり、環境についてより多様な情報を得ながら、食料のありかを見つけ出すのです。探索を通して、世界の中で自分が暮らすところの情報を得ているのです、その中には、餌のありか、捕食動物、逃げ道、隠れ場所、眠ったり、子育てをしたりする安全な場所、（ライバル、仲間、あるいは潜在的なつがいなど）同じ種の存在の有無などが含まれます。

もっとも体系的な探索に関する研究は、実験用のネズミで行われています。新しい環境（たとえば、たくさんのものや障害物や通路などを入れた、上部が開いた大きな箱ないし迷路）に置かれたとき、ネズミの最初のもっとも大きな衝動は恐れです。小さな動物は、箱の角に動かないで、すくんでいます。しかし、徐々に、恐れは衰え、探索の衝動が芽生え、短い探索が始まります。時間が経つにつれて、ネズミは大胆になり、より広い範囲を探索し、ひげと前足を使って、どこでも何でも匂いを嗅ぎまわります。装置を十分に探索した後でも、ネズミは何か変わったことがないかを確認するために、定期的にパトロールして回ります。もし何か新しいものを発見したときは、最初はそれに用心深く近づき、それによく馴染むまで探究します。多くの研究から、そのような探索を通してネズミはたくさんの情報を獲得していることが分かっています。たとえばある実験では、複数の逃げ場所を嗅ぎまわる機会を事前にもったネズミの方が、そういう機会をまったく提供されていなかったネズミと比べて、急に驚かされるテストをしたときに、逃げ場所に早く到達することができました。

人間の好奇心に関するほとんどの研究は、赤ん坊、幼児、学齢期前の児童を対象に行われています。数百の研究から、赤ん坊は前に見たことがあるものに比べて、前に見たことがないものの方をより長い間見つめるという結果が出ています。実のところ、この新しさへの優先傾向は信頼性が高いので、研究者たちはそれを赤ん坊が見たり、覚えたりする能力の指標として使っています。つまり、新しいパターンやものを、見たことのあるものよりも長く見続ける赤ん坊は、それらの違いを認識しており、見たことのあるものを覚えていると解釈できるわけです。赤ん坊は、物理の法則に従っているものよりも、物理の法則に従わないものの方を長く見つめる傾向があることも分かっています。たとえば、棚の端からものを押し出したときに、降りていくものと上がっていくもののいずれかを見る選択肢が提供されたとき、3か月の赤ん坊でも後者の方をよく見る傾向があります。それは、自分の周りの環境を理解しようとしているからであり、赤ん坊は自分の期待に反することが起きている方にひかれるようなのです。

6か月ぐらいになると、赤ん坊は目だけでなく、手でも探索するようになります。手の届く範囲にある新しいものは何でもつかんで、自分の目の前にもってきて観察します。左右に動かしてみたり、手をもち換えたり、こすってみたり、押してみたり、引っ張ってみたり、落としてみたり、拾ってみたり、要するに、あたかもそのものの特性を明らかにするようにしているようなのです。そのような行動を通して、赤ん坊は自分の身の回りにあるたくさんの物体の特性をすばやく学んでいき、そしてそれらの特性を使いこなすのです。彼らは、ものの特性に応じて、キーキー鳴らしたり、バラバラにしたり、まげて新しい形にしたり、弾ませたり、粉々にしたりすることも学びます。探索の過程では、赤ん坊の顔は真剣で集中しています。あたかも、本を熟読している研究者か、試験管を使って無我夢中で実験をしている科学者のように。それぞれの発見では、発見の瞬間の歓喜を味わっています。もしあなたが、科学者の何かに惹きつけられたときの好奇心と、何かを発見した瞬間の表情を見たいと思うなら、普通の9か月児が新しいものを探索しているのを観察すればいいでしょう。

子どもは大きくなるに従って、好奇心が衰えるということはありません。しかし、より複雑な形態の探索をするようになります。研究専門の心理学者のローラ・シュルツと彼女の同僚は、子どもたちが自分の周りの世界の不思議なものをどのように解決するのかを明らかにするために、たくさんの実験を行いました。1つの実験では、研究者が4歳児に箱から2つのレバーが出ているものを渡しました。1つのレバーを押すと、おもちゃのアヒルが箱の上部にある開口部から飛び出してきます。もう1つのレバーを押すと、飲むときに使うストローでできた人形が飛び出してきます。箱は、2つの異なる方法で異なる対象の子どもたちに実演されました。1つの実演では、レバーを押したときにどのような結果が得られるのかを子どもに見えるように、実験者はそれぞれのレバーを別々に押しました。もう1つの実演では、どちらのレバーがどちらのおもちゃを出すのか子どもに分からないように、実験者は2つのレバーを常に同時に押したのです。その後、それぞれのやり方でおもちゃが飛び出すのを見た子どもは、2つのレバーがついた箱とおもちゃで遊びます。その結果は、同時にレバーを押したのを見たグループの子どもたちの方が、おもちゃで遊ぶよりも箱で遊ぶ時間が長かったのです。逆に、レバーを別々に押したのを見たグループの子どもたちは、箱で遊ぶよりもおもちゃで遊ぶ時間が長いという結果が出ました。

この結果の論理的な説明は、次のようなものです。それぞれのレバーが何をするのかを見せられた子どもたちは、すでにそこから学べることはないので、箱自体には興味をもたないということです。それに対して、レバーを同時に押されたのしか見ていない子どもたちは、箱自体に興味を示し、自分でそれぞれのレバーを別々に押して、どちらのおもちゃが（あるいは、両方ともが）飛び出してくるのかを試したがったのです。こちらの子どもたちは、箱がどのように機能するのかを発見したいという好奇心によって動機づけられていました。子どもたちは、すでに知っている結果をつくり出すことには興味がないのです。この実験は、4歳児がかなり複雑な原因と結果からなる論理的思考ができることも証明してくれました。彼らは、箱がどのように機能しているのかを知るには、レバーを別々に押さなければならなかったのです。同時に押しただけでは分からないと思ったのです。

他の実験を通して、シュルツと同僚たちは、教えることが探究の妨げになることも証明しました。4〜5歳児が違ったことをすることで4つの異なる結果をもたらすおもちゃで遊ぶ機会が提供されました。1つの筒からもう1つを引っ張りぬいたときにキーキー音が鳴ります。1つの筒の端に隠された小さなボタンを押すと、ランプが点きます。黄色いパッドの一部を押すと、音楽が鳴り出します。1つの筒を子どもがのぞき込むと、自分の顔が反転して見えます。教える状況では、実験者は意図的にキーキー音が鳴るのを説明しました。実験者が遊んで見せる状況では、実験者は子どもの前でキーキー音を鳴らして遊びましたが、子どもにそれを教えるのではなく、自分がそれで遊ぶようにやりました。対照実験では、実験者は子どもにおもちゃを渡す前に何もしませんでした。結果は、対照と実験者が遊んで見せる状況でおもちゃを渡された子どもたちの方が、教える状況の子どもたちよりも長い時間そのおもちゃで遊び、キーキー音を出す以外の結果も発見することができました。教える状況でおもちゃを渡された子どもたちは、実験者が見せたのはそれだけだったので、おもちゃができるのはキーキー音を出すことだけだと判断したようです。教えられなかった2つのグループの子どもたちは、実験者が自分たちにおもちゃについて何かを教えたとは思っていないので、それの可能性をより幅広く探究することができたのです。

上で見たような教育することによる阻害効果は学校の中では頻繁に見られます。たとえば、教師が計算問題の解き方を1つの方法で教えたとすると、子どもたちはそれが唯一の方法だと思ってしまうのです。そして、（チャンスが提供されることは実際ほとんどないのですが、たとえそのチャンスが提供されたとしても）他に方法があるとは思えないのです。その結果、子どもたちは問題のすべての側面や算術演算の力のすべてについて学べません。最終的には、数についての発見の楽しさも奪われてしまい、教えられたこと以外はしないことを学んでしまうのです。[7]

遊び心――練習することとつくり出すことの欲求

「遊び心（遊びへの欲求）」は、好奇心と相互補完的に教育的な目的の役に立っています。好奇心が新しい知識や理解を求める動機づけになっているのに対して、遊び心は新しいスキルを練習し、それらを創造的に使う動機づけになっています。ミトラのインドでの実験では、好奇心が子どもたちにコンピューターに近づけさせ、それを操作してその特徴を発見させ、そして遊び心が、自分たち独自の目的のためにそれらの特徴を使いこなせるようにしたのです。たとえば、コンピューターのペイント機能を見つけた子どもたちは、それでかなり遊びました。コンピューターに備わっている特徴を超えて、自分たちが作り出したものを描く形で。同じように、ワード機能を探索した後で、自分で考え出した文章を作っていました。単純におもしろいからです。それらの過程で、子どもたちはコンピューターを使って描いたり、書いたりするスキルを伸ばしたのです。[8]

有名な研究論文の中で、イギリスの発達心理学者、ミランダ・ヒューズとコリーン・ハットは、2歳児の「探索」と「遊び」の間の行動の違いを立証しました。複雑な新しいおもちゃを最初に差し出されたときは、普通の子どもはそれを熱心に探索します。おもちゃにくぎづけになって、本気の顔と目を見せてくれます。子どもがおもちゃを操作して、その特徴を発見するにつれ、集中は続きます。新しい発見をしたときは、驚きの表情や、喜びを見せて、しばしの中断をする以外は。結構長い間おもちゃを探索した後、子どもはようやくそれで遊び始めます。すでに知っている効果を生み出すために、繰り返し同じことをしたり、空想のゲームをしたりして。探索から遊びへの転換は、集中して真面目な顔の表情から、リラックスして笑顔さえ見える表情への変化によって特徴づけられます。また、心拍数の変化によっても特徴づけられます。探索中の心拍数は、(張り詰めた集中を表す)ゆっくりで安定していたのに対し、遊びのときは(リラックス・モードを表す)変動が激しい結果が出ました。探索のときは、子どもは実験者や他の邪魔になるものを排除しようとしましたが、遊びのときは、実験者と触れ合うことをいとわず、他の者や周りで起こっていることを遊びに組み込もうとさえしました。

遊びは、探索ほど動物の間で広く行われているわけではありませんが、哺乳類のすべてと鳥の何種類かで見られます。生物学および進化の視点から、遊びは人間を含めて、哺乳類の子どもにとって環境の中で生存と成長のために必要なスキルを身につけるための自然な方法です。この遊びの実践的な理論は、1世紀以上前にドイツの哲学者で博物学者でもあるカール・グロースによって提案されました。彼は、『動物の遊び(The Play of Animals)』(1898年)と『人間の遊び(The Play of Man)』(1901年)の2冊の本を通して、その証拠を示しました。

グロースの進化と遊びに対する考え方は、時代に先駆けていました。彼はチャールズ・ダーウィンの著作を理解していましたし、同時に「本能」についての近代的で洗練された理解ももっていました。彼は、動物、特に哺乳類は、学ぶために様々な程度で本能を使うことを認識したのです。哺乳類は、特定のやり方で行動するように生物学的な欲求と特質(本能)をもって誕生します。しかしながら、効果的であるためには、それらの行動は練習し、洗練される必要があります。グロースによれば、動物にとっての遊びはまさに他の本能を練習するための本能なのです。グロースは次のように書きました。「動物は小さくて飛び回っているから遊んでいるのではありません。そうではなくて、遊ぶために青年期があるのです。遊ぶことによって、その後も生きて生存していくのに必要なスキルなどを身につけるために、遺伝的には不十分にしか受け継がなかった能力を自らの体験を通して補うことができるのです」。自らの理論に一致する形で、グロースは遊びが促進するスキルの種類に応じて動物の遊びを分類しました。それには、動きの遊び（走る、飛び跳ねる、登る、木でブランコをするなど）、狩りの遊び、ケンカの遊び、乳幼児の世話をする遊びなどが含まれました。

生物学的な遊びの目的に関するグロースの説明は、動物世界で見られる遊びのパターンを解説してくれます。第一に、小さい動物は大きい動物よりも、なぜたくさん遊ぶのかを説明してくれます。彼らがよりたくさん遊ぶのは、それだけ学ぶことがたくさんあるからです。なぜ哺乳類は他の動物よりも多く遊ぶのかも説明しています。虫、爬虫類、両生類、魚は、比較的「固定化した本能」をもって生まれてきます。彼らは与えられた生をまっとうするだけで、生存のために学ぶことが少ないのです。それに彼らが遊んでいるという証拠を見つけることも困難です。それに対して、哺乳類はより「柔軟な本能」をもっており、それは遊びによって提供される学びや練習によって補完され、身につける必要があるのです。

グロースの理論は、異なる動物で見ることができる異なる遊び方についても説明しています。生き方がもっとも「柔軟な本能」と学ぶことに依存している動物ほど、遊びが好きです。哺乳類の中では、霊長類（サルや類人猿）がもっとも学び、動物の中でもっとも遊ぶのが好きです。類人猿の中では、人間、チンパンジー、ボノボ（ピグミーチンパンジー）がもっとも学び、もっとも遊ぶのが好きです。哺乳類の中では、肉食動物（犬や猫に似たもの）は一般的に草食動物よりも遊び好きです。それは、草などを食むことで生きていくよりも、狩猟で成功を収める方がはるかに学ぶことが多いからです。哺乳類以外で、遊ぶのを頻繁に観察される動物は鳥です。もっとも遊び好きの鳥はカラス科の鳥（カラス、カササギ、ワタリガラス）、猛禽類（ワシやタカ）、そしてオウムです。これらはすべて寿命の長い鳥で、他の鳥に比べて脳の体重に占める割合も高めです。それが、社会的な暮らし方や食べ物を得る方法など、彼らの行動の柔軟性と頭のよさを表しています。

「遊ぶ目的はスキルを学ぶことを促進することである」という考えは、異なる動物がどうして異なる方法で遊ぶのかということも理解させてくれます。その動物が、どのようなスキルを生存と繁殖のために身につける必要があるのかを知ることで、どんな遊びをするかをかなりの程度予想することができるのです。ライオンの子や、他の捕食動物の子どもたちは、しつこく付け回したり、追いかけ回したりして遊びます。ゼブラの子馬、小さなガゼルたちなどの動物は捕食動物に食べられないように、逃げたり、身をかわしたりして遊びます。小さいサルは、木の枝から枝へ渡り歩いて遊びます。オスがメスの取り合いをする動物では、小さいオスたちは、メスたちよりも（多く）ケンカをして遊びます。霊長類の中には、小さいオスではなく、小さいメスたちが乳幼児の世話をする遊びをします。

『人間の遊び』の中で、グロースは自分が動物の遊びについて発見したことを人間に拡張適用しています。人間は他の動物よりも多くを学ばなければならないので、他の動物よりもたくさん遊ぶ必要があることを指摘しています。確かに、人間の子どもは、どこでも、放っておかれると、大人として生存し続けるための必要なスキルを身につけるために遊びます。グロースはまた、他のどんな動物よりも、人間の子どもは異なる文化に存在する特徴的なスキルを学ぶ必要があるとも指摘しています。従って、自然淘汰が、子どもたちに年長者がしていることを観察させ、観察したことを自分たちの遊びに取り入れる強い衝動につながったとグロースは指摘しています。すべての文化に属する子どもたちは、どこの人にとっても大切な一般的な分類の活動をして遊ぶと同時に、自分が所属する固有の文化に特有な活動を練習するためにも遊ぶのです。

6つの遊びのタイプ

グロースの理論を発展させるために、子どもの遊びを一般化した私のリストを紹介します。それぞれは、個々の人間の「生存のスキル」に対応しています。

・肉体的な遊び

他の動物と同じように、私たちも強固なからだと、十分に調整された形で動くことを学ばなければなりません。従って、私たちは他の動物たちの遊びと共通点がある、走ったり、飛び跳ねたり、追いかけたり、荒っぽいゲームなどの「肉体的な遊び」をします。からだを鍛えるために、子どもたちが自主的に、バーベルを上げたり、運動場のトラックを走ったりすることはありません。そんな退屈でおもしろくないことはしません。その代わり、心地よい疲れをもたらしてくれるので、機会さえ提供されれば日に何度でも、彼らはお互いを追いかけ回したり、取っ組み合いをしたり、チャンバラごっこをして遊びます。追いかけっこなどの肉体的な遊びはどの文化でも見られますが、チャンバラごっこや自転車に乗ることなどは、適当なものや見本となるものが存在する特定の文化固有のものである場合があります。

・**言葉遊び**

私たちは言葉をもつ動物なので、話せるようになるために「言葉遊び」もします。小さな子どもに言葉を教える必要はありません。彼らは遊ぶことを通して、自分で学んでしまいます。2か月ぐらいになると、乳児は「アー、アー、アー」や「オー、オー、オー」などの母音を引き延ばしたような発声を繰り返し言い始めます。4～5か月になると、伸ばしていた発声は、赤ちゃん言葉に変わります。「ババー」「ダダー」「ママー」など、母音と子音を一緒に言い始めます。そのような言葉らしきものは、赤ちゃんがハッピーなときだけつくり出されます。それには、それなりの構造があります。それは、自発的なものです。何かをほしくてしているのではなく、それだけのために行われています。それは、まさに遊びです。ときが経つにつれて、赤ちゃん言葉は徐々に子どもの母語の音に似ていきます。そして1歳ぐらいになると、子どもは最初の一言を発し、それを遊んでいるようなやり方で繰り返し言い続けます。その後の子どもの言葉遊びは、さらに複雑になり、子どもの母語の文化特有の発達形態をとることになります。フレーズ、語呂合わせ、韻を踏んだり、頭韻にしたり、あるいは多様な文法構造[9]を試したりなどはすべて、母語のすべての要素を理解するのに役立ちます。小さい子が1人で、あるいは他の誰かと話している振りをして言葉で遊んでいるところを聞いてみてください。あなたは、子どもにとって楽しい言葉を創出するための挑戦的な練習を見ることができるでしょう。言葉遊びが大人になるまで続くと、それは詩作と呼ばれます。

・**探索的な遊び**

私たちはホモサピエンス、つまり世界とはいったい何なのかを理解する賢い人です。そのために、私たちは理解を構築するために探究と遊びを結びつけた「探索的な遊び」をします。私は、前に探究と遊びを分けましたが、人間は2つを一緒にするので、今度は急いでくっつけます。子どもたちの遊びのほとんどは、遊びであると同時に探究です。遊びを通してスキルを磨きながら、遊びで見つけた新しい発見に対してオープンな意識をもち続けます。インドのミトラの実験で、コンピューター・プログラムのいずれかひとつで遊べるようになった子どもは、自分のコンピューターを使いこなせる能力を磨こうと新しい発見に挑戦し続けます。第7章で紹介するように、子どもか大人が何かを発見しようとして、想像力や創造力をもち込むことは、遊びと探究を結びつけていることなのです。大人はこれを「科学」と呼びます。

・建設的な遊び

私たちは物を作ることによって生存し続けている動物です。それには、住まい、様々なツール、コミュニケーションを助ける装置、場所から場所に移動するのを助ける道具などが含まれます。従って、私たちには「建設的な遊び」があります。それが、私たちに作ることを教えてくれます。建設的な遊びを通して、子どもは自分の頭の中にある何かを作り出そうと努力します。砂の城を作ったり、ブロックで宇宙船を作り出したり、キリンを描いたりするのに取り組むことはみんな、建設的な遊びです。建設的な遊びを通して作り出されるものは、その文化の大人たちが実際に作ったり、使ったりしているものの小型バージョンか本物らしく見せかけたバージョンです。狩猟採集民の子どもたちは、小屋、弓矢、吹き矢、網、ナイフ、パチンコ[10]、楽器、穴掘りの棒、いかだ、縄ばしご、臼と杵、籠などの小さいバージョンを作ります。そのような遊びを通して、子どもたちは作るのがうまくなり、大人になるころには本物を上手に作れるようになっています。建設的な遊びは、ものだけでなく、言葉や音でも行われます。人々はどこでも、大人も子どもも、物語、詩、メロディーなどを遊びの中で作り出します。今日、私たちの文化の中で建設的に作り出されたたくさんの遊びの産物の中には、コンピューター・プログラム、物語、仲間内だけの暗号が含まれます。建設的な遊びには、知的なものと手作業的なものの両方があります。

・空想的な遊び

私たちは想像力に富んだ動物です。存在しないものやいまここにないものを考えることができます。私たちは「空想的な遊び」ないし「ごっこ遊び」をします。それは私たちの想像力を鍛え、論理的な思考のベースも提供してくれます。このタイプの遊びでは、架空の世界に対して特定の前提を設定し、そしてそれらの前提を論理的に演じます。それをする過程で、子どもたちは、そこにはないものを、あたかもあるように装う想像力の練習をします。それは、私たちが将来の計画を立てたり、科学者が理論を打ち立てたり、本当に世界で起こることの予想を立てたりするときにすることです。これについては、第7章で詳しく述べます。

・社会的な遊び

私たちはとても社会的な動物です。生存し続けるためには他者と協力する必要があります。なので、私たちは様々な「社会的な遊び」をします。それが私たちに協力の仕方や、社会的に受け入れられるように、協調性や衝動の抑え方を教えてくれます。子どもたちは想像的なゲームを一緒にしているとき、想像力の練習をすること以上のことをしています。彼らは役割を演じるのです。そうすることで、一般的に受け入れられている枠組みの中で、行動する練習もしているのです。また、交渉の技も練習します。誰がどの役をするのか、誰が小道具を使うのか、どの場面を演じるのかなどを、演じ手たちは合意しなければなりません。うまく協力することや合意を得ることは、人間が生存するスキルとしてはとても価値のあるものです。子どもたちは、社会的な遊びの中で、これらのスキルを継続して練習し続けます。社会的な遊びについては、第8章でまた触れます。

以上の6つの遊びのタイプは、互いに相いれないというものではありません。それは、あくまでも遊びが果たす機能別のタイプとして分けました。遊びのいかなる場面も、それが1つ以上の機能を果たしていることは十分にあり得ます。たとえば、元気いっぱいの外で行われるゲームは、肉体的、言葉的、探索的、建設的、空想的、そして社会的の6つすべての遊びをカバーしていることもあり得ます。遊びの多様なタイプが一緒になることで、私たちを十分に機能する効果的な人間に育て上げるのです。

子どもはどこでも、自由と遊び仲間が提供されれば、これら6つのタイプで遊びます。遊び方は、各々の文化により様々です。グロースの理論と一致して、子どもは、自分の属する文化がもっとも価値を置く活動に関連する遊びを重点的にします。狩猟採集民の子どもたちは、狩猟採集の遊びをしますし、西洋の子どもたちは、読んだり数えたりするゲームをよくし、コンピューターや他のテクノロジーも使って遊びます。

グロースを超える形で、次の点を付け足したいと思います。それは、子どもは、身の回りにいる大人たちがもっとも大事にしているスキルに自然に惹かれて遊ぶだけでなく、子どもは大人より最先端な遊びを好みます。この結果、新しいテクノロジーを使いこなすのを学ぶのが、子どもは両親よりも早いのです。これは進化論的な視点でも、偶然ではありません。直感的に、遺伝的なレベルで、子どもは将来的にその重要性が増すスキルを認識できるかのようです。それは、両親の世代ではなく自分の世代にとって重要なスキルです。テクノロジーと、それをマスターするために必要なスキルの変化があまりにも早いとき、この新しさに惹きつけられる価値は、現代においては特に顕著です。

人間の社会性——情報や考えを共有したいという欲求

インドでミトラが実証したことは、「好奇心」が子どもたちをコンピューターに触れさせ、操作させ、「遊び心」がそれを使いこなすスキルを身につけさせたことです。そして「社会性」が新しい知識とスキルを急速に燃え広がる炎のように子どもから子どもに広めました。子どもたちが自然にもっている社会性と言葉の能力によって、あたかも彼らの脳は友だちの脳とネットワークでつながっているかのようです。ミトラの研究で1人の子どもがあること（たとえば、コンピューターからドキュメントをダウンロードする方法）を発見したとしたら、その発見はその子が属しているグループ全員にアッという間に広がります。そして、そのグループの誰かが他のグループの友だちに知らせ、その新しい情報はそのグループ中に広がります。そしてアッという間に、そのコンピューターにアクセスしていた約300人の子どもたち全員の知るところとなったのです。1人の子どものこのような発見は、ネットワーク内にいるすべての子どもの発見なのです。これを書いている現時点で、慈善家たちが世界中の子どもに読み・書きと豊富な知識を提供するために「すべての子どもに1台のラップトップを」というプロジェクトを始めています。しかしながら、ミトラによれば、私たちは1人ずつの子どもに1台のラップトップは必要ないのです。子どもたちは1つのコンピューターを共有でき、互いに学び合えたときの方がより多く学べるのです。

他の研究で、子どもは1人よりも一緒の方がよく学べる、というミトラが観察したことを裏づけているものもあります。本章の初めの方で、4歳児の探索に関するローラ・シュルツの2つの実験について、私は説明しました。他にもあります。シュルツと同僚たちは、4歳児に、おもちゃの隠された場所にあるスイッチを入れることで2つの明るい色の歯車が回る仕掛けになっているおもちゃを探索させました。子どもに、探索の興味を高めるために実験者が問いかけた質問は、次のようなものでした。「何がそれぞれの歯車を回したのでしょうか？　より具体的にはモーターが歯車Aを回し始め、歯車Aが歯車Bを回しましたか？　それとも反対ですか？　あるいは、モーターは2つの歯車を別々に回したと思いますか？」子どもたちは、この問題を解決するために、1つの歯車を順番に外すことで、スイッチを入れたときに、もう1つの歯車がどうなるかを見ることができます。しかし、子どもたちはこの方法を自分たちで見つけ出さなければなりません。シュルツと同僚たちは、1人で探索した子どもよりも、2人で探索した子どもたちの方が問題を解決する可能性は高かったことを発見しました。2人で取り組むときは、子どもたちは探索をする過程で知識を共有し合ったのです。その結果、1人の子どものアイディアは、両者のアイディアになっていったのです。

私たち人間は、たくさんの生物学的な適応を果たしてきました。そしてそれは、自然に、自動的に、自分の身の回りの人たちから学ぶことを可能にしました。そのうちの1つが、反射的に他人が観ているものを追う行動です。私たちが他の誰かに関心を向けると、自然に、反射的に、その人が注視しているのと同じところを注視します。この反射的な行動は、他の人が考えていることや話していることについて、理解を助けてくれます。たとえば、ある人が「それはとても美しい」と言ったとき、私たちの、その人が観ているものを追う行動は、瞬時に「それ」が何を指しているかを知る助けになっています。

観ているものを追う行動は、乳児や幼児でもっとも数多く行われています。6か月ぐらいから、赤ん坊は自分の世話をしてくれる人が見るものを見る傾向が表れます。この反射的な行動が、赤ん坊の世話をしてくれる人が関心を向けるのと同じものや出来事を見たり、注意を向けたりすることを可能にするのです。それらの多くは、赤ん坊が自分の文化の中で学ぶことを求められる大切なことです。注視しているものを追う行動は、乳児が言葉を学ぶのも助けます。赤ん坊が、母親が新しい言葉を明瞭に発音するのを聞いたとき（たとえば、キノコ）、赤ん坊が母親と同じものを見ていたなら、それが何かを学ぶチャンスは高まるわけです。

人間ほど、観ているものを追う行動を示す動物は他にいません。実のところ私たちの目の色がユニークなのは、互いに注視しているものを追い、その結果互いをよく理解するということを可能にする自然淘汰のプロセスを経た、特別な適応の結果かもしれません。人間の目の虹彩《こうさい》が紺青色か茶色をしている部分は、眼球の外側の白色の被膜の部分と対照的で、その結果、私たちがどこを見ているか他の人に分かりやすくしています。チンパンジーやボノボなどの他の類人猿は、眼球の外側の被膜の部分は黒い色で、虹彩と似た色です。チンパンジーとボノボも注視しているものを追う行動をし、それをすることで学べますが、人間に比べると彼らのそれは自動的ではありません。また、目の動きだけでは分かりづらく、頭全体の動きを見ないといけないので、正確でもありません。

もちろん、社会的な学びのために人間が生み出したもっとも偉大な適応の方法は「言語」です。私たちは、乳幼児段階の言葉遊びを通して言語を学びます。そして、それをそれ以降の社会的な学びで利用し続けます。言語は、「いまここ」のことについてのみならず、過去、未来、遠く、そして仮定のことまで相互に話し合うことを可能にしてくれます。そんなことができる動物は他にいません。哲学者のダニエル・デネットは次のように言っています。「人間の脳を、鳥の脳やイルカの脳と比較することはほとんど意味がありません。私たちの脳は、他の動物すべての脳をちっぽけなものにしてしまうような、実質的に1つの認知システムとしてつながっています。それは、イノベーションによってつながっているのです。それは、人間だけがもつ言語文化によってです」。

他の星から人間同士のやり取りを研究しているような切り離した感覚で、どの年齢層の日常会話でもいいので、聞いてみてください。そうすることで、言語のパワーと一瞬一瞬につくり出す情報の量の多さに驚くことでしょう。子どもたちは年齢を重ねるにつれて、言語の使い方はより洗練され、彼らが会話でやり取りしたり、つくり出したりする考えも洗練されます。サドベリー・バレー・スクールをモデルに作られた、イリノイ州にある学校の生徒たちがしていた自然な日常会話を、ロンダ・ゴーベルは教育学の修士論文として、記録し、分析しました。以下に紹介するのは、彼女がたくさん記録した会話の中のごく一部です。それは未編集です。そして多くの未編集の会話のように、発せられる言葉に付随したジェスチャーなどを見ないと、少し分かりにくいかもしれませんが、なんとか大丈夫でしょう。読みながら、若者たちが比較的少ない言葉で提示しているアイディアの複雑さについて、考えてみてください。そこには、彼らをガイドする教師も教科書もありませんでしたし、評価するテストもないのに、彼らはどれだけ学んでいたのでしょうか？　リトリース（16歳）、ピート（12歳）、ディーナ（14歳）、ベサニー（15歳）の4人が、毛皮産業を廃止したいというリトリースのアイディアについて話し合っていました（名前は仮名を使っています）。

ピート　もし、農場主は牧場で牛と豚を飼っているとして、それで生計を立てているとしたら（中略）それが農場主のすることなわけだ。それは彼が選択した仕事なわけだ。

リトリース　僕らは精肉産業について話してんじゃないよ。そうじゃなくて、毛皮産業についてだ。2つはまったく別物だ。

ディーナ　もしそうしたいなら、肉を食べることはできるでしょう。

リトリース　でも、「自分は特別なんだ」と言いたいがためにコートを着るんだよな。

ピート　そんなこと僕はしないね。

ベサニー　君たちが何を議論しているのかよく分からないよ。

リトリース　毛皮を着ることや、毛皮のための牧場をもったりするといったことは、その人たちの仕事で、それは彼らの自由だとピートが言ったことについて議論してるんだよ。動物の命を奪うことは彼らの選択じゃないから、まったく不条理だ。それは、選択なんかじゃないよ。

ピート　君はそうは思わないけど、それが事実だろう。

ベサニー　リトリースの意見だね。

リトリース　ピート、法律の下ではそれは、正しい。でもイリノイ州の法律ではいまや、動物虐待は重罪になっている。毛皮用の牧場を経営しながら、動物たちを毒ガスや電気、そして首を折ったりして殺すのはばかげていると思わない？　それらを残酷と言わないで何を残酷と言える？　すべては法律に従っていた。昔は、他の人間を奴隷、財産としてもつことも自由だった。選挙できたのは男だけだった。（中略）法律は、単にいまはそうであるということを言っているに過ぎない。それは、何が正しくて何は間違っているかは決められない。（中略）明らかに、君は自分の意見をもっているよ。でも、その主張を裏づけるようなものを聞かせてよ。

この会話は、その後、法律の目的、法律と道徳の違い、民主主義の中でどのような自由は認められ、どのような自由は認められないかといった領域についての話し合いに発展していきました。これは、友だちと話し合っている普通の子どもたちです。しかし、抽象的で、知的で、道徳的な概念について取り組んでおり、相互により鮮明に考え、そして表現するように、議論し合っています。互いを啓発し合ってもいます。子どもたちは、「単に話し合っているだけです」。それは、いつでも起こり得ることで、教育の強力な手段です。特に、4歳児が手でおもちゃを探索するように、「言語を使って互いの考えを探索する」ことにとても興味をもっている11〜12歳を過ぎた子どもたちにとっては。

学校はどうやって子どもたちの教育への本能を阻止しているのか

学校での授業は、なぜ子どもたちのやる気に火を点けられないのでしょうか？　ミトラが観察したインドの貧しい子どもたちが公共のコンピューターで遊ぶことを通して、野火のように発見したことが急速に広がるようなことを、なぜ起こせないのでしょうか？　もっともらしい答えを考え出すことは、難しいことではありません。学校の子どもたちには、自分の興味関心を追求する自由がありません。それらの興味関心を、自分が選んだ方法で追求する自由もありません。学校の子どもたちは、継続して評価されます。そして、評価を気にすることや教師を満足させること（少数の者にとっては、教師を満足させることへの反発）が、偽りのない興味関心をもつ可能性を覆し、阻止してしまいます。学校の子どもたちは、問題を解決する1つの方法しか示されず、他のすべての方法は間違いであると思わされます。

それは、興奮する発見の可能性を押しつぶしています。そしてミトラ自身も指摘していたように、学校での、年齢による隔離するやり方〟は、他者から学ぶことも含めた自主的な学習の鍵とも言える、多様な自前のスキルや知識を阻んでいます。

好奇心、遊び心、そして意味のある会話は、すべて学校で阻止されています。なぜなら、それらは「自由」を必要とするからです。心理学者のスーザン・エンゲルと同僚たちは、アメリカの幼稚園児と5年生を観察する研究を行い、両者は自分たちが学ばなければならないことについてほとんど好奇心を示さなかったことを発見しています。子どもたちが質問をするときは、ルールや要求されていることについてであって（どのぐらいの時間で終わらせないといけないか、など）、内容についてではありません。内容についての質問はほとんど教師によって行われ、生徒たちの役割は、教師が求めている答えを言い当てることでした。生徒がちょっとした興味を示したときも、教師がそれを断ち切ってしまいました。やるべきことから遅れることは許されないからです。

たとえば、ワークシートを使って文字をなぞっていたとき、2人の幼稚園児が、テーブルの上に置かれていた何本かのアイス・キャンディーの棒に短い「なぞなぞ」が書いてあるのを見つけました。純粋に女の子たちの興味をひいたので、彼女たちがそれらを読み始め、答えようとし始めました。すると、教師は棒を取り上げながら、「いまは、これらをしまって、文字の方を終わらせてしまいましょうね」と言ったのです。もうひとつの例として、古代エジプトで重いものを運ぶのに車輪を使っていたことを学ぶ5年生の授業で、教師は小グループに分かれている子どもたちに、厚板、板の上を運ぶレンガ、ひも、小さな木製の車輪、定規、そしてこれらのものを使って何をすればいいのかが書かれたワークシートを配りました。1つのグループがワークシートに書かれていない方法で実験を始めたとき、教師は、皮肉のつもりではまったくなく、「皆さん、実験は休み時間にさせてあげるから、いまは理科をしてください」と言ったのです。

これが、学校というところはどういうところなのかを物語っています。「好奇心」と「やる気」を抑えつけるところです。そうすることで、子どもたちはやるべきことを時間どおりに完成できるからです。学校に長くいればいるほど、教えられる教科に対する興味が薄れるのは、無理もありません。学年が上がるに従って興味関心が薄れることは、たくさんの研究が明らかにしています。特に理科について多いのですが、他の教科や勉強関連全般についても同じです。しかし、ある研究は、興味の低下は避けられないことではないとしています。その研究では、イスラエルのいくつかの公立学校の5～8年生の理科に対する関心について評価しました。伝統的な公立学校の生徒たちの関心は低下していましたが、民主的な学校運営をしている学校の生徒たちは低下していませんでした。実際のところ、後者では、生徒たちの関心は毎年上昇していました。8年生では、民主的な学校の生徒の理科への関心は、標準的な学校の生徒たちよりもかなり高くなっていました。イスラエルの「民主的」な学校は、サドベリー・バレー・スクールほどは民主的でも、自主的な学習に対して寛容でもありませんが、伝統的な学校に比べれば、はるかに「カリキュラムの自由度」はあります。イスラエルの民主的な学校で、教師たちは生徒に理科の授業中に、単にワークブックに書かれている手順に従うだけではなく、自分たちで考えた方法で実験をすることを許可しています。[12]

1　この写真や動画を「sugata mitra hole in the wall」で検索すると見られます。
2　パソコンで、マウスの代わりとして、カーソルを移動させる手段として用いられます。
3　Windowsなどにおけるファイルなどの収納場所のことです。

4　サイト内のどこに何があるのかを簡潔にまとめたリンク集やメニューなどのことです。

5　音声ファイルや動画ファイルを受信しながら、リアルタイムで再生できる機能のことです。

6　「からだにとって害のあること」を医学用語で侵襲《しんしゅう》と言います。特に治療に伴うからだへの害について言われることが多く、手術であればからだにメスを入れること、薬であれば副作用の可能性も含めて〝侵襲〟と言います。低侵襲治療とは、この侵襲の度合いをできるだけ低くする治療のことです。つまり、「副作用の少ない教育」ということになります。

7　このあたりの算数・数学を教えることの弊害や教え方の転換によって得られる効果について興味のある方は、『算数・数学はアートだ!――ワクワクする問題を子どもたちに』（ポール・ロックハート著、吉田新一郎訳、新評論）を参照してください。

8　訳者は（45年ぐらい前）、英文タイプが打てるようになるために、数週間タイピング教室へ通いましたが、あまりうまくなったとは言えません。楽しくもなく苦痛でした。それが20年ぐらい前、娘はパソコンに無料で入っていた「モグラたたき」ソフトを使って、遊び感覚でわずか数日（数時間?）で私よりも早くタイプできるようになってしまいました。ここにも、教えることの弊害と、遊び感覚で習得してしまうことの効用の大きな違いが見出せます!

9　具体例としては、能動態と受動態の文章を試してみたり、感情を込めた文章とまったく込めない文章を試してみたりなどです。

10　Y字形の構造物の2つの先端にゴムのバンドを取り付け、小石などを飛ばす武器のことです。

11　能力別のクラス編成をしているところは、同じ過ちを犯していることを意味します。

12　伝統的な学校で、「好奇心」「遊び心」「意味のある会話」を中心に据えた授業はチャールズ・ピアス著、門倉正美他訳『だれもが〈科学者〉になれる!――探究力を育む理科の授業』新評論、２０２０年。リンダ・トープ他著、伊藤通子他訳『ＰＢＬ 学びの可能性をひらく授業づくり――日常生活の問題から確かな学力を育成する』北大路書房、２０１７年。アレキシス・ウィギンズ著、吉田新一郎訳『最高の授業――スパイダー討論が教室を変える』新評論、２０１８年。を参照してください。

第7章

遊びのパワー――心理学が解き明かす、学び、問題解決、創造性

30年ほど前、バージニア工科大学のジェイムズ・マイケルズに率いられた研究専門の心理学者たちが、現実にある状況下で簡単な実験を行いました。大学の学生センターの中のビリヤード場付近に待機して、学生がビリヤードをするのを見守りました。最初は、目立たないように観察し、プレーヤーを熟達者と新米に分けるために、それぞれのプレーヤーの成功したショットの割合を数えました。その後、プレーヤーたちに近づき、プレーヤーたちが自分のパフォーマンスは評価されていると気づけるようにしました。これをたくさんのプレーヤーに対して何回も繰り返しました。彼らが得た結果は次のようなものでした。近くでの観察は、「熟達者には観察なしのときよりもいい結果をもたらしたが、新米の結果は逆だった」です。全体的に見ると、熟達者の成功したショットは71%から観察されたときの80%に上昇し、逆に新米は35%から25%に低下しました。

他の実験でも、似たような結果が出ました。実験の対象者が自分のパフォーマンスを観察され、評価されていると分かっていたとき、すでに高いスキルをもっていた人たちの結果はよくなり、そうでない人たちの結果は悪くなりました。観察され、評価されていることがパフォーマンスを低下させる効果は、

ビリヤードなどの肉体的な活動よりも、難しい数学の問題を解いたり、有名な哲学者たちの見解に対する効果的な反論を考えたりする、知的な課題でより一層顕著に表れました。課題が、創造的な思考や難しいスキルを学ぶことを伴う場合、観察者ないし評価者の存在は、ほとんどすべての参加者の妨げになります。また、評価者の地位が高いほど、そして評価の結果として生じるものが大きいほど、学びの抑制力は大きくなっています。

「評価が、すでにスキルをもっている者のパフォーマンスを高め、まだもっていない学習者のそれを阻害する」という、この原則は学校の生徒たちにも適応され得ると考えるのは至極当然なことです。学校は、熟達者が自分の出来を見せびらかすのではなく、学び、そして練習するところです。しかしながら、生徒のパフォーマンスの絶え間ないモニタリングと評価をすることで、学校はすでによくできる生徒のパフォーマンスをさらに高め、できない生徒たちの学びを妨害するようにつくられているようです。学校での課題を、たぶん家などで、すでに学んだ生徒は、学校ではいい成績を上げ、まだ学んでいない生徒はもがき苦しみます。評価は、すでにできる生徒とできない生徒の間に楔を打ち込み、前者を高みにあげ、そして後者を見下します。評価は、致命的な欠陥をもっているのです。それは、新しいスキルを学んだり、新しい問題解決の仕方を身につけたり、多くの創造的な活動に取り組んだりする際の、理想的な遊び心の状態とは正反対の心理状態をつくり出すからです。

本章のテーマは、遊びのパワーについてです。心理学的な研究から導き出された4つの一般的な結論について、考察していきます。私の解釈によれば、それらはすべて遊びの教育的なパワーを説明してくれています。その後で、遊びの定義を示し、その一つひとつの特徴がどのように遊びのパワーに貢献しているかを解説します。

遊びのパワー・4つの結論

ここで紹介する4つの結論（それぞれは多数の実験によって裏づけられています）は、学びとパフォーマンスを研究対象にしている研究専門の心理学者の間では広く知られていますが、教育者にはあまり知られていません。全体としてみると、それらの結論は、「学び、問題解決、創造性は、遊び心を妨げることによって悪化し、遊び心を促進することによって改善する」ことを示しています。

・いい結果を出すような圧力は、新しい学びを妨げる

この結論は、本章の初めで紹介したような研究によって立証されています。調査研究でいい結果を出すように圧力をかけることは簡単です。被験者に分かる形で、しているパフォーマンスを観察したり、評価したりすることです。たくさんの実験結果が、その課題をするスキルをまだもっておらず、それを学び始めた人にとっては、そのような圧力があるといい結果を出せないことを証明しています。ビリヤードや、数学や、論証への賢い反証を考えたりするのを「ただ遊んでいる」人の方が、評価者に好印象を与えようとする人よりもいい結果を出します。すでにその課題に必要な高いスキルをもっている場合は、別です。

・創造的になるように求める圧力は、創造性を妨げる

心理学者のテリーサ・アマビルは、主にブランダイス大学で、創造性を研究するのに専念してきました。典型的な実験で、彼女は子どもたちや大人たちに、特定の時間内で絵を描いたり、コラージュを作ったり、詩を書いたりするような創造的な課題をするように依頼します。それぞれの実験では、被験者

のモチベーションを高めることを意図したいくつかの「操作」をします。被験者の一部には、作品は評価され、創造性によって序列がつけられたり、コンテストに応募したり、あるいは創造的な作品に賞が贈られたりすることが告げられますが、残りの被験者には告げられません。

被験者たちが作品を作り上げると、審査委員たちに創造性の評価をしてもらいます。彼らには、実験で操作があったことは知らされません。創造性を定義することは難しいですが、審査委員たちの評価はかなり一貫したものでした。彼らがもっとも高く評価した作品は、オリジナルで驚きがありながら、同時に満足感が得られ、意味があり、そして分かりやすいものでもありました。

実験のもっとも重要な結果は次のようなものでした。「創造性を高めようとして提供された操作ないし介入はすべて、創造性を下げる結果をもたらした」。どんなにたくさんの実験を繰り返しても、もっとも創造的な作品は、常に創造性の動機づけが一切なされなかったグループから生まれました。つまり、評価もされないし、コンテストにも出品されないし、賞がもらえるとも知らされていなかった人たちです。彼らは、作品を楽しみのために作っていたと思っていました。本章での用語を使えば、彼らは「遊んでいた」だけでした。

もしあなたが、人々にロープを力いっぱい引っ張ったり、豆をむいたり、文章を書き写すといった退屈で、繰り返すだけの作業の質を上げたいのなら、よりよい出来を得るために何らかの動機づけを与えることはできます。コンテストに出場したり、目立つように観察したり、いい出来に対しては「お金を支払う」と言ったりしたら、彼らの「パフォーマンス」は向上することでしょう。しかしながら、「創造性」はそのようにはなりません。「目立つ動機づけ」は、過程を改善するのではなく台無しにしてしまいます。あなたは、単に一生懸命に努力するだけで創造的にはなれないのです。創造性は、心理状態がすべていいときに発生する火花のようなものです。目立つ動機づけはその状態を台無しにするだけです。

アマビル自身が指摘しているように、彼女の研究結果は、創造的であることを生活の糧にしている人たちにとっては驚くようなことではありません。たくさんの成功を収めている作家、劇作家、芸術家、音楽家、詩人は、「創造的に考えたり、何かを作り出したりするためには、読者や批評家を満足させることや、賞を取ることや、印税を得ることなどを忘れなければなりません」と言っています。そのような考えは、創造性を抑えてしまうからです。その代わりに、彼らは自らが作り出そうとしている作品に完全に集中しなければなりません。あたかも、作り出すことそれ自体が目的のように。たとえば、著名な作家のジョン・アーヴィングは、書くときに本が売れるかなどと不安にならないかと尋ねられたとき、次のように答えました。「いいえ、いいえ。そんなことはあり得ません！（中略）書いているときは、本のことしか考えませんから」。

・遊び心を誘導すると、創造性や洞察のある問題解決力が高まる

アマビルが実施したいまとなっては古典的な研究の後、ポール・ハワード-ジョーンズと同僚たちが、芸術的な創造性を高める方法を明らかにするための実験をしました。その実験では、小さい子どもたちはコラージュを作るように言われました。作品は、後で審査委員たちによって創造性が評価されました。実際コラージュを作り始める前に、子どもたちの一部は、パン生地を使った自由な遊びを25分間して遊び心を刺激されました。もう一方の子どもたちは、文章を書き写すという遊びではない活動を25分間しました。結果は、事前に遊ばなかったグループよりも、遊んだグループの方が、審査委員たちの評価で

創造性の高いコラージュを作成しました。

他の研究者たち、特にいまはコーネル大学にいる心理学者のアリス・アイセンは、心的状態が物事の本質を見抜く問題解決にどのように影響するかを調べました。洞察を必要とする問題は、何らかの「創造的な飛躍」が必要で、それがそれまでは見えなかったものを見えるようにしてくれます。そのような問題は、物事の真相を見抜く瞬間まで解くのが不可能と思われます。しかし、その後は解くのはとても簡単です。そのような問題の古典的な例は、1940年代に開発され、それ以降繰り返し使われてきた「ダンカンのろうそく」の問題です。

この課題では、被験者たちはみんな、小さなろうそくとマッチと画鋲《がびょう》の入った箱が与えられて、掲示板にろうそくをつけて、ろうそくに火を点《とも》しちゃんと燃えるようにすることを要求されます。彼らは、与えられたもの以外に何も利用することは許されません。この課題を解くカギは、画鋲をすべて箱から出して、その箱を掲示板に画鋲で止め、それを棚のように使って、その上にろうそくを取り付けるのです。典型的な実験の状況では、有名大学の学生を含めてほとんどの人が、時間内に課題を解決することができませんでした。それは、画鋲の箱を箱以外の方法で利用するということに気がつけないからです。アイセンの実験では、ろうそくの問題を提示される前に、学生の被験者の中に5分間ドタバタ喜劇の映画を見た者たちがいました。二番目のグループは、数学についての真面目な映画を5分間見ました。三番目のグループは何も見ませんでした。結果は、衝撃的でした。喜劇を見た学生たちの75％（他の2グループは、それぞれ20％と13％でした）が、問題を解くことができたのです。5分間、ろうそくの問題とは何の関係もない喜劇を見ることが、参加者のほとんどが問題を解けるようにするなんてあり得るでしょうか！

他の実験では、アイセンと同僚たちは、生死を分かつ深刻な状況を含めて他の状況においても、気分を変えることで視点を改善できることを証明しました。そのような実験の1つで、研究者たちは、診断が難しい肝疾患のケースを医者たちに提供しました。ケースにはいくつかの誤解を招く恐れのある情報も含まれており、それが必要な情報を明らかにして正しい解決法に至る妨げになり得るように設定されていました。ここでの気分の操作は、何人かの医者には問題を提示する前に、キャンディーが入った小さな袋を渡す形で行われました。アイセンの期待と一致する形で、キャンディーをもらった者たちはもらわなかった者よりも、正しい診断に早くたどり着いたのです。彼らは、キャンディーをもらわなかった者に比べて、より柔軟に考え、すべての情報をより容易に考慮し、誤った情報によって行き詰まる可能性が低くなったのです。

彼女の研究に言及するアイセン自身と他の研究者たちは、このような実験が示しているのは、「前向きな気分」が創造的かつ洞察力のある論理的思考を高めることだと述べています。私はより具体的に、どのような「前向きな気分」がもっとも効果的なのかを提案したいと思います。それは、「遊びの気分」です。私は、喜劇映画が学生たちに「この実験は、試験じゃなくて、楽しむことが目的なんじゃないか」と考えるように仕向けたと思います。そして、キャンディーが入った小さな袋が医者たちに同じ効果を生んだのだと思います。もちろん、医者にとっての真の技は、その気分を真面目な診療の中でも持続することなのですが。

・遊び心の心理状態が、年少者が論理的な問題を解くのを可能にする

イギリスで実施された実験で、M・G・ディアスとP・L・ハリスは、小さな子どもたちは真面目な

状況では解けなかったのに、遊びの状況だと論理的な問題を解くことができることを発見しました。問題は、アリストテレスによって最初に提示された古典的な論理的な問題の三段論法です。三段論法は、情報を2つの前提にまとめ、特定の結論が正しいか、間違いか、それとも前提からは判断不可能かを決める推論法です。三段論法は、前提が実際にあるものと一致している場合は容易で、前提が事実に反する場合はより困難と言われています。イギリスの研究者たちが実験を行った当時の支配的な考え方は、前提が事実に反する三段論法を解決する能力は特定の推論に依存するのですが、それは小さい子どもたちには完全に欠けている、というものでした。

以下に、研究者たちが使った、前提が事実に反する三段論法の例を示します。

すべての猫は吠えます（大前提）。マフィンは猫です（小前提）。マフィンは吠えますか？

有名なスイスの発達心理学者のジャン・ピアジェの研究を含めて、これまでの研究では、10〜11歳以下の子どもたちは頻繁に三段論法などの問題を間違えることが示されてきました。つまり、論理学者が正しいとする回答が提供できないということです。英国の研究者たちが上のような三段論法の問題を「真剣な口調」で言ったときには、ピアジェや他の研究者たちが予想したような回答をしました。彼らは、たとえば次のように答えます。「いいえ、猫は鳴きます。吠えません」。彼らは、自分がもっている具体的で現実の世界の体験に一致しない前提については、まったく考えることができないように答えます。しかしながら、研究者が同じ問題を「遊びの口調」で提示したときは、架空の世界の話をしていることが明らかになるので、4歳の小さい子どもでさえ頻繁に問題を解けるのです。彼らは、「はい、マフィンは吠えます」と答えたのです。

考えてみてください。遊びの中では4歳児も、これまでは10〜11歳もが答えられないと言われていた、論理的な問題を簡単に解けるのです。それどころか、それに続く研究は、はっきりと遊びの態度で提示したなら、2歳児でさえそのような問題を解いてしまったのです。後で、これらの結果は驚くべきものではないことを説明しますが、あなたはすでにその理由をご存知かもしれません。

これらの研究結果は、私たちに「遊びのパワー」について教えてくれています。学び、創造性、そして問題解決は、遊びの心理状態を促されるものが提供されると、促進されます。一方で、それらは評価、報酬の期待、そして遊びの心理状態を損なうものによって抑制されます。しかしながら、これは新しく、しかも大きな問いを呼び起こします。「遊びとはそもそも何か？　いったい何が遊びを、学び、創造性、問題解決のための強い力にしているのか？」

遊びについて深く考える

遊びは、それについて深く考えようとするとき、たくさんの矛盾した考えでいっぱいになる概念です。遊びは真面目であり、真面目でない。些細なものであり、奥深いものである。想像的で自発的なものであり、規則や実際にある世界に制約されている。子どもっぽくあり、大人の最高の業績に基礎を置いている、など。進化論的には、遊びは自然な方法です。子どもや若い哺乳類のメンバーが生存し、成功するために必要なことを学ばせるのを保証します。異なる視点からは、地球上での暮らしを意味のあるものにする神からの贈り物です。

遊びを定義することは容易ではありません。しかしながら、それを試みることは有意義です。遊びをよく表している特徴が、その教育的なパワーを説明する強力な手がかりになるからです。次に紹介するのは、遊びについて覚えておくといい3つの点です。

最初の点は、遊びの特徴は、実際の行為として見えることよりも、やる気や姿勢などに表れるということです。2人の人が、ボールを投げ合っていたり、釘をたたきつけたり、コンピューターで単語を打っています。1人は遊んでいて、もう1人は違うかもしれません。どちらが遊んでいて、どちらがそうでないかを知るには、表情や実際にしていることから、なぜそれをしているのかや、それをしている姿勢などについて、推測しなければなりません。

定義に関する2つ目の点は、遊びはすべてか無かの二者択一ではないということです。遊びは他の動機や姿勢と混じり合います。その割合は、0%～100%の間でとても幅が広いです。その意味で、形容詞の「遊び心/陽気な/楽しい」を使う方が、名詞の「遊び」よりも望ましいでしょう。前者は、多様な幅があるものとして理解されており、後者は、あるかないかで解釈されがちだからです。人は、様々な度合いで、「いたずらな態度」や「遊び心」を自分がしていることに持ち込むことができます。一般的に純粋な遊び（遊び心100%の活動）は、大人よりも子どもによって行われます。大人の場合、遊び心は他の姿勢や動機と一緒になることが多いです。それは、大人が抱えている「責任」に由来すると思われます。私たちはこれらを測定するための計測器をもっていませんが、私がこの本を書いている中での遊びのウェートは80%ぐらいだと見積もっています。もちろん、その割合は時間と共に変化します。締め切りや批評家がどう評価するかを心配すると下がりますし、いま書いていることとそれに必要な調査のことだけに集中するときは上がります。

3つ目の点は、遊びをひとつの特徴的な言葉で定義することはできないということです。もっと正確に言えば、遊びはいくつかの特徴が重なり合ったものとして定義できます。私の前に遊びについて研究し、執筆した人たちは、多様な特徴で説明してきましたが、それらは次の5つに要約できると思います。

（1）遊びは、自己選択的で、自主的である。
（2）遊びは、結果よりもその過程が大事にされる活動である。
（3）遊びの形や規則は、物理的に制約を受けるのではなく、参加者のアイディアとして生まれ出るものである。
（4）遊びは、想像的で、文字どおりにするのではなく、「本当の」ないし「真面目な」生活とはいくらか意識的に解放されたところで行われるものである。
（5）遊びは、能動的で、注意を怠らず、しかもストレスのない状態で行われるものである。

活動がこれらの特徴を伴っていればいるほど、より多くの人は、その活動を遊びと捉える傾向があります。「より多くの人」は、研究者のみを指しているのではありません。小さい子どもたちでさえ、これらの5つの特徴をもっている活動に対して遊びという言葉を使うことでしょう。5つの特徴は、遊びとは何かについての私たちの直観を捉えています。5つの特徴はすべて、人が何らかの活動をするときに必要な動機や姿勢を表していることに注目してください。これら5つの特徴について、それぞれを膨らませながら詳しく述べさせてください。その際に、「遊びの教育的な価値」について考える際の影響についても指摘します。

・遊びは自己選択的で、自主的

遊びは、まず何よりも、自由であることを表しています。それは、人が何をしなければならないのかではなく、何をしたいのか、ということです。この特徴こそが、ほとんどの人がもっている遊びの常識的な理解のもっとも基本的な要素と言えるでしょう。たとえば、ある研究で、幼稚園児は、休み時間にすることのような自発的に行う活動のみを「遊び」と捉えました。それに対して、楽しむことを目的にしたフィンガー・ペインティングや、リレー競争や、物語を聞いたりすることなどカリキュラムの一部として行われた活動はすべて「勉強」と捉えていたのです。

遊びによって得られる楽しみは、自由な中で我を忘れる感覚です。遊びは必ずしもほほ笑んだり、声を出して笑ったりすることを伴いませんし、笑いが常に遊びの表れでもありません。しかしながら、遊びは常に「そう、これこそいま自分がしていたいもの」という感覚を伴います。遊ぶ者は自由契約の選手のようなもので、誰かがしているゲームの駒ではありません。遊ぶ者は自分が参加するか否かを選択するだけでなく、遊んでいるときに何をするか自分で決めています。すぐに詳しく論じますが、遊びは何らかの「規則」が伴います。そして、すべての参加者は規則を自分の判断で受け入れなければなりません。もし規則が変わったときは、すべての参加者がそれに合意しなければなりません。これが、すべての活動の中で遊びがもっとも民主的なものである理由です。社会的な遊び（2人以上が参加している遊び）では、1人が一時的なリーダーになることはあり得ますが、それは残り全員の考えに基づいたものです。リーダーが提案するすべての規則は、すべての他の参加者によって（少なくとも暗に）承認されなければなりません。遊びにおける究極の自由は、「やめることの自由」です。参加者は遊び続けたいし、もし楽しくなければ、中にはやめたいと思う参加者も出て、そうなれば遊びが終わってしまうことを知っているので、遊びは自分を満足させると同時に他の参加者たちも満足させるにはどうしたらいいかを学ぶ最適の手段です。この点についてはすでに前の章でも触れましたが、第8章でさらに詳しく述べます。

この遊びの重要な特徴である自己選択と自主的である点は、子どもたちの遊びをコントロールしたいと思っている（そして、結果的に台無しにする）大人たちから無視されている、あるいは理解されない点です。大人も子どもと遊んでいいのです。ときには、子どもたちの遊びのリーダーを務めることもあるでしょう。しかしながら、それができるためには、少なくとも大人が、子どもたち自身が他のすべての参加者のニーズや望みに対して見せているのと同じレベルの感度を示す必要性があるのです。大人は一般的に権威的な存在と見られるので、子どもではなくて大人がリーダーをしているときに、子どもたちはやめたくてもやめられないと思ったり、提案された規則に反対したくてもできなかったりします。このような場合、多くの子どもにとって、遊びが遊びではなくなってしまう結果を招きます。子どもが強制されていると感じたら、遊びの精神も、それに伴う多くの利点も失われてしまいます。学校で行われる算数ゲームや、大人が指導者役を務める（規則も大人が決めている）スポーツは、自分が参加させられていると思っている子どもにとっては遊びではありません。大人が指導するゲームやスポーツは、自分がそれに参加する選択をした子どもにとってはいいかもしれませんが、選択をしていない子どもにとっては罰則とさえ思えるかもしれません。

子どもの遊びにとっての真実は、大人の遊びの意識にも当てはまります。調査研究が繰り返し明らかにしてきたことですが、自分がいつどのように仕事をしていいか決められる大人は、仕事を遊びとして経験しています。むしろ仕事の内容が困難なときはいっそうその傾向が顕著に見られます。対照的に、自分の創造的な考えを出すこともできない中で、誰か他人の指示を受けなければならない人は、自分の仕事を遊びとして体験することはほとんどありません。加えて、たくさんの調査研究が、自分が選択したことをしている人は、強制されてやらされていると感じている人に比べて、より完璧に、より効率的に仕事をやり遂げるという結果を示しています。強制されると、必要最低限しかやらなくなるようです。これらの研究結果は、あなたにとって何ら驚くべきことではないと思います。社会科学者は、分かりきったことをたくさんの時間を割いて証明したがるのです。[2] しかしながら、おもしろいことは（というよりも、悲劇的なことは）、子どものことになるとこうしたことを忘れてしまうのです。誰もが、年齢に関係なく、他の人の厳重な管理よりも、自由と自主的であることを望んでいます。私たちが子どもたちに学校で学ぶように強制すると、彼らは罰を受けないで済む必要最低限しかやらなくなります。彼らは、同じ状況に置かれた大人と同じことをしているだけなのに。

・遊びは結果よりも過程が大事

他の誰かが私たちにやらせているわけではないということでは、私たちの行為の多くは、「自由」のように見えます。しかし、別な観点では、それほど自由ではなく、少なくとも自由を体験しているとは思っていません。これらの行為には、何らかの必要な、ないし望ましい目標を達成するために自分がやらなければならないものが含まれます。かゆいところを治すために、かかなければなりません。トラに食べられないために、逃げなければなりません。テストでいい成績をとるために、おもしろくない本を勉強しなければなりません。収入を得るために退屈な仕事をしなければなりません。もしかゆいところや、トラから逃げる必要や、テストや、収入を得る必要がなかったら、私たちはかきませんし、逃げませんし、勉強もしませんし、退屈な仕事もしません。これらの場合、私たちは遊んでいるわけではありません。

活動そのものとは別に、純粋に何らかの結果や目標を達成しようとして、私たちは活動に取り組むことがあります。そういう活動を遊びとは言いません。遊んでいないときに私たちがもっとも大事にするものは、私たちの「行為の結果」です。行為は、結果を得るための手段に過ぎません。遊んでいないとき、私たちはもっとも短く、かつもっとも努力しないで目標を達成できる方法を選びます。たとえば、遊び心のない生徒は、自分がほしい「A」という成績を得るために必要最低限の勉強をします。彼女の勉強は、テストでいい点を得るという目標に焦点が合わせられています。彼女にとって、その目標に関係ない学習は無駄な努力です。

しかしながら、遊びでは、上で書いたことはすべて逆さまになります。遊びは、それをすること自体を目的に行われる活動です。遊び心のある生徒はその教科を勉強することを楽しみ、テストについてはほとんど関心がありません。遊びでは、焦点は「結果」ではなく、「方法（過程）」に合わせられています。参加者は、結果を得るためのもっとも簡単な方法は探しません。ネズミを生け捕りにしようとしているネコと、ネズミを生け捕りにするのを遊んでいるネコを比較してみてください。前者は、ネズミを殺すための最短の方法を選びます。それに対して、後者はネズミを生け捕りにするいくつかの方法を試します。それは、効率的ではまったくありません。さらに言えば、再度試せるように、ネズミを何回も放したりさえします。生け捕りにする猫は結果を楽しんでいますが、遊んでいる猫は方法／過程を楽しんでいます（もちろん、ネズミはどちらも頼んでいません!）。以上のことを別な言い方をすると、遊びは外発的な動機づけ（活動とは別の報酬などの動機づけ）ではなく、内発的な動機づけで（活動自体に動機づけられて）行われます。

遊びにも目標があるときはあります。しかしながら、その目標もゲームに取り組まなければならない唯一の理由としてではなく、ゲームをしている最中の内発的な動機づけとして体験されます。遊びの中で、目標は、それを達成するための方法に優先されます。たとえば、建設的な遊び（何かを作り出す遊び）は常に、遊び手が考えている何らかのものを作り出すことを目的にしています。しかしながら、そのような遊びをする目的は、実際にものを手にすることではなく、ものを作り出すプロセスにあることを理解してください。砂の城を作ろうとしている子どもたちのところに、大人が来て次のように言ったとしたらうれしくないでしょう。「皆さんはそこでやめてください。私がお城を作ってあげましょう」。それは完全に彼らの楽しみを台無しにしてしまいます。同じように、子どもか大人が、よりたくさんの点数を挙げて勝つことが目的の競争するゲームをしていたとします。もし彼らが本当に遊んでいたなら、点数を挙げるプロセス（過程）や勝とうと努力をするのが彼らの動機づけであって、点数そのものや勝ったという事実ではありません。もし、規則に従うのではなくて、ズルをして勝ったり、ゲームのプロセスを省いて賞や賞賛を獲得したりしたら、その人は遊んでいるのではありません。

大人は自分のしている仕事がどれだけ遊びなのかを知るために、次のような質問をしてみることができるでしょう。「もし自分が同じ給料、同じ将来にわたる給料の見込み、同じ他の人たちからの同意、同じ世界のために貢献しているという感覚をこの仕事をしないでも得られる他の何かがあったなら、私はすぐにやめるかな？」もしその人がはやる気持ちでやめるなら、その仕事は遊びではありません。もしある程度、その人がしぶしぶやめるか、やめない場合は、仕事は遊びです。そこには、それをするために得ている外発的な動機づけとは異なる「楽しみ」があるからです。

B・F・スキナーは有名な行動科学者で、20世紀の半ば、心理学の分野では彼の考え方が主流でした。彼は、すべての人間の行動は、望まれる結果、報酬、あるいは彼が「強化因子」と呼んだものを得るために行われると主張していたのです。心理学は、その後、その狭い見方を乗り越えて、前進しています。しかし、経済学ではまだ支配的です。経済学者たちは、人間を合理的な会計士として見がちで、そのため人間は最大限の資金や物資を得るために最小限の努力で達成しようとするというふうに捉えます。近代経済学の理論は、時代遅れのスキナーの心理学のように、自分のしたくないことをさせるのには都合よく説明できますが、焦点を遊びに当てた瞬間、粉々に崩壊してしまいます。遊びは、人間がすることのほとんどにある程度は浸透しているので、スキナーの心理学と近代経済学の理論は人間の行動を理解するには、かなり限定的なのです。

研究者は、報酬が人を活動に取り組ませる可能性を実際低下させていることを証明しています。それは、その活動は遊びではなく仕事なんだという考えを吹き込むことによって、です。もちろん、スキナーのような行動主義の科学者たちよりも人間の行動についてはるかに理解を示したマーク・トウェインが、その原則についてずっと前に語ってくれています。トム・ソーヤは友だちのベンに、塀に水しっくいを塗る作業をさせるために、彼にお金を払うのではなく、ベンこそがその特権を受け取るためにトムにお金を支払うように振る舞いました。1970年代の初めに実施された古典的な研究の中で、ミシガン大学の研究者たちはトム・ソーヤがしたことの逆を試してみました。つまり、幼稚園児たちに報酬を与えることによって、これまでは楽しかった活動をつまらない仕事に転換したのです。最初の観察では、すべての子どもは、多様な色のサインペンを使って絵を描くことを楽しんでいました。自分たちの自由時間のかなりの部分をそれに費やしていたのです。実験では、子どもたちは3つのグループに分けられました。予期された褒美がもらえるグループは、描いた絵に対して魅力的な「努力賞」をもらえることをあらかじめ伝えられました。予期しない褒美がもらえるグループは、絵を描くように求められ、後で賞を思いがけなくもらいました。褒美がもらえないグループは、絵を描くように求められ、そして実際何ももらいませんでした。実験は、各グループは他のグループに何が起こっているのか分からない形で行われました。

実験には、2つの意義深い発見がありました。1つは、予期された褒美がもらえるグループの子どもたちは、他のグループの子どもたちよりもかなり質の劣る絵を描いたということです。（絵の出来具合は、どのグループの子どもが描いたのかを知らされていない評価者によって鑑定されました。）2つ目は、予期された褒美がもらえるグループの子どもたちは、その後の自由時間に、他のグループの子どもたちよりも半分ぐらいの時間しか絵を描いて遊ばなくなってしまいました。予期しない褒美がもらえるグループと褒美がもらえないグループの間には、まったく違いがありませんでした。研究者たちは、予期された褒美が、そのグループに属していた子どもたちの絵を描くという行為に対する見方を転換する原因であると解釈しました。そのグループの子どもたちは、絵を描くことは褒美をもらうためにすることで、単に楽しむためにすることではなくなってしまったのです。従って、彼らが絵を描くときは、少ない努力しかしなくなってしまい（褒美をもらうのに十分なだけ！）、褒美をもらえないことが分かっているときは、描くことさえしなくなってしまったのです。予期しない褒美には、このような影響はありませんでした。それは、褒美が描く動機づけにはなっていなかったからです。彼らは褒美をもらえるなんて知りませんでしたから、「この絵を描いているのは褒美をもらうためなんだ」とは絶対に言えなかったでしょう。この後に実施された、対象を子どもだけでなく、大人も含めた実験では、多様な活動と褒美が使われましたが、似たような結果が得られました。

これらの研究結果が意味するところはかなり明らかです。褒美と結果に注意を向けすぎることによって、遊びを台無しにしてしまうことです。これは、競争的なゲームにおいてしばしば起こります。勝つ目的が、ゲームを楽しむことを上回ってしまうのです。ゲームが他の誰かよりもよくなるための、あるいはチームが勝つための手段になってしまうことで、それは遊び以外の何かにすり替わってしまいます。褒美をもらうことがその活動に取り組む主要な理由になってしまうと、すべてのタイプの遊びは台無しになってしまいます。もし学校が報酬や処罰を導入することで、楽しい活動を退屈な作業にさえしていなければ、歴史、数学、理科、外国語等の教科で遊ぶことが可能だと私は思っています。

・遊びの規則は、参加者のアイディアに導かれる

遊びは自由に選択された活動ですが、まったく自由な形態の活動ということではありません。遊びには常に、参加者の頭の中にある「規則」によって導かれた枠組みがあります。この点は、遊びの手段に注目したことの延長と捉えることもできます。遊びの規則は手段ですから。遊ぶことは、自分が選択した規則に従って行動することです。ここでの規則は、自動的に従う物理の原則や生物学的な本能とは違います。むしろ、遊びの規則は心の中の概念で、それを覚えておいたり、従ったりする意識的な努力が必要なものです。

たとえば、建設的な遊びの基本的な規則は、特定のものを作り出したり、表現したりするために、あらかじめ決められた道具を特定の方法で使わなければならないということです。単にブロックをバラバラに積み上げません。何を作りたいかという事前にあなたがもっているイメージに従って、意図的に積

み上げます。荒っぽい格闘や追いかけごっこでさえも、規則に従っています。たとえば、格闘ごっこに常に存在する規則は、本当の格闘のときにすることを真似しても、絶対に相手を傷つけないということです。（もしあなたが強い者であったときは）力いっぱいにたたいたり、蹴ったり、噛んだり、傷つけたりしません。格闘ごっこは、本当の格闘よりもはるかに規制されているのです。それは常に、抑制された中での練習なのです。

規則の観点から、もっとも複雑な遊びは、研究者が「役割ごっこ」[3]と呼ぶものです。役割ごっこでは、役割や場面を遊び心をもって演じます。「ままごと」がその典型で、スーパーヒーローを演じたりすることも含まれます。その際の基本的な規則は、自分と他のメンバーが、それぞれの役割に対して共通にもっている理解に従うということです。もしあなたがままごとでペットの犬になったとしたら、あなたは四つ足で歩き、話す代わりに吠えなければならないということです。もしあなたがワンダーウーマン[4]になったとしたら、あなたも他のメンバーもワンダーウーマンは絶対に泣かないと思わなければならず、たとえあなたが転んでけがをしたときも、泣くのをこらえなければなりません。

役割ごっこの規則に基づいた特質の好例として、ロシアの心理学者のレフ・ヴィゴツキーは、2人の本当の姉妹（7歳と5歳）について書いています。彼女たちは時々「姉妹ごっこ」をして遊んだのです。本当の姉妹なので、彼女たちは自分たちの姉妹関係について考えたこともありませんし、互いに対して一貫した接し方ももっていませんでした。ときには一緒に遊ぶことを楽しみましたし、ときにはケンカをしましたし、ときには互いを無視することもありました。しかしながら、2人が姉妹ごっこをしていたときは常に、姉妹はどのように行動するのかという共有された固定観念を元に行動したのです。彼女たちはそろいの服を着、同じような話し方をし、腕を組んで歩き、どれだけ自分たちが似ているか、そして他の人たちとはどれだけ違うかなどと話したのです。実の姉妹のときよりも、姉妹ごっこをしているときの方がはるかに自制的で、精神的な努力もしていて、規則にもしっかり従っていたのです。

　もっとも明確な規則に従って行われる遊びは、「公式なゲーム」と呼ばれています。この中にはチェッカー[5]や野球などが含まれます。「公式」の意味は、解釈の曖昧さを最低限にする形で規則が文章化されて特定されているということです。これらのゲームの規則は１つの世代のプレーヤーから次の世代へと渡されます。公式なゲームの多くは競合的で、正式な規則の目的の１つは参加するすべてのプレーヤーに同じ制限が適用されることです。プレーヤーが真の参加者であれば、彼らはゲームをしている間、規則を守らなければなりません。もちろん、それらのゲームの公式なバージョン以外は、プレーヤーたちは自分たちのニーズや望みに合うように規則をしばしば修正します。しかしながら、それぞれの修正はすべてのプレーヤーにとって合意されなければなりません。

　ここでの重要な点は、どんな形態の遊びもかなりの「自制心」を伴うということです。遊んでいないときは、子ども（大人も）は間近な生物学的なニーズ、感情、あるいは気まぐれによって行動するかもしれません。しかし遊んでいるときは、自分と他の仲間が適切と見なすように行動しなければならないのです。遊びがプレーヤーを引きつけ、魅了するのは、プレーヤー自身が考え出したか、受け入れた規則に基づいて行われるからです。

　遊びの研究者の中で、もっとも強くその規則に基づく部分を強調したのは、先に紹介したヴィゴツキーでした。発達の中で遊びが果たす役割について１９３３年に書かれた論文の中で、ヴィゴツキーは、遊びは自発的で自由であるという考えと、プレーヤーたちは規則に従わなければならないという考えの間にある明白な矛盾を指摘しています。

矛盾は、遊びにおいて、［子どもは］もっとも楽な方法を選ぶ。遊びは楽しみなので、彼女は自分がもっともしたいと思うことをする。しかしながら一方では、規則に従属することによって、彼女はもっとももつらい方法に従うことも学ぶ。その結果、自分が欲しいものを断念する。それは、規則に服従し、衝動的な行為を自制することが、遊びにおける最大の喜びをもたらしてくれるからである。遊びは、子どもに対して即時の衝動に耐える形で行動することを絶えず求める。すべての段階で、子どもは遊びの規則と、もし自分が瞬時に行動するならどうするかの間の矛盾に直面し続ける。（中略）結果として、遊びの本質的な特性は、動機の水準を上げる規則にある。（中略）規則が勝つのは、それが強烈な衝動だからである。そのような規則は内面的な規則で、自制ないし自己決定と言い換えられる。（中略）このようにして、遊びの中での子どもは大きく成長し、今日遊びで成し遂げたことは、次に、彼女の行動や道徳規範の一部に加わるのである。

もちろん、ヴィゴツキーの指摘は、子どもの遊びたいという思いは強いので、それが自制を学ぶ動機づけになっているということです。子どもはゲームより大きな喜びを得たいので、衝動や誘惑など規則に反するものに抵抗することができるのです。以上のヴィゴツキーの分析に、もし規則が重荷になったら、子どもはいつでもやめる自由があるので、子どもは遊びの規則を受け入れ、求めることさえあると付け足したいと思います。この点を考慮に入れたら、矛盾も実体のないものと捉えることができるでしょう。子どもが実際にもっている自由はゲームの規則によって制約されるものではありません。なぜなら、子どもはいつの段階でもその遊びから抜けることができるからです。それが、「やめられる自由」が遊びの定義の中で重要な特徴である理由です。抜ける自由なしでは、遊びの規則は耐えられないものになりかねません。現実の生活でワンダーウーマンのように行動することを要求されることは恐ろしいことです。しかし、遊びの中で演じることは、いつでも抜けていいという範囲なら、極めて楽しいことです。

・遊びは想像的

遊びのもうひとつの明白な矛盾は、真面目なのに真面目でない、本当なのに本当でない、という点です。遊びでは、現実世界にある物理的な場所で、現実にある小道具を使い、現実にある世界のことを扱い、現実にあることをプレーヤーたちによって言われるにもかかわらず、頭の中では現実の世界とかなり違うことをしています。

「想像性」ないし「ファンタジー（空想）」は「役割ごっこ」においてもっとも顕著です。そこでは、プレーヤーたちが登場人物や筋書きを自分たちで作り出します。しかし、想像性や空想は、人間が演じるどんな劇にも程度の違いはあっても存在します。荒っぽい格闘ごっこでは、争いは見せかけで、本当ではありません。建設的な遊びでは、プレーヤーたちは城を作っていると言いますが、彼らはそれが見せかけの城で、本物ではないことを知っています。明快な規則を伴った正式のゲームでは、プレーヤーたちは規則の基盤になっている、現実にはない架空の設定を受け入れなければなりません。たとえば、現実の世界の司教（ビショップ）はどの方向にも動くことができます。しかしながら、架空の世界のチェス盤の上では、斜め方向にしか動けません。

遊びの空想的な要素は、遊びの規則を基盤にした特徴とつながっています。遊びは空想の世界で起こるので、自然の法則ではなく、プレーヤーたちの頭の中にある規則によって支配されなければなりません。現実には、本物の馬がいない限りは、馬に乗ることはできません。しかしながら、遊びの中では規則が許し、指示する限りは、乗れてしまうのです。現実では、ほうきは単にほうきにすぎません。しかし、遊びの中では馬になるのです。現実では、チェスの駒は彫刻された木ですが、チェスのゲームの中では、ビショップやナイトは動きに関して明快に定義された力と制約をもっています。しかも、それらは彫刻を施された木には書いてありません。架空の状況がゲームの規則を決定づけています。ゲームが行われている実際にある物理的な世界は、二の次です。遊びを通して、子どもたちは、責任のもち方を学びます。それは、単に受動的に反応するのとはだいぶ違います。遊びでは、子どもが頭の中でイメージしている考えが支配しており、その考えを実現するために、身の回りにある役立つものは何でも使って、ぴったり合うものを作り出すのです。

遊びにはすべて、「集中している時間」と「休憩の時間」があります。両者が明確に分かれている遊びも、そうでない遊びもあります。集中している時間は、架空の時間です。休憩の時間は、たとえば、靴のひもを縛り直したり、トイレに行ったり、規則に従っていないプレーヤーを正したりすることを含めて、一時的に現実に戻ることを意味します。集中している時間中に、「自分は遊んでいるだけ」などという人はいません。それは、シェイクスピアのハムレットを演じている人がステージの上で「私は単に義父を暗殺しようと見せかけているだけです」とは言わないのと同じです。

大人は時々、子どもたちの遊びの真剣さと、自分が遊んでいるにもかかわらず遊んでいるという事実を認めないことの2点で困惑することがあります。大人は、子どもたちが架空なものと現実を分けられないことについて、むやみに心配するのです。私の息子が4歳のとき、彼は1日中スーパーマンになることがありました。そういうとき、彼はスーパーマンの真似をしていることをきっぱりと否定したのです。これは、保育園の先生を心配させました。彼が高い建物から飛び降りることも、本当の汽車を止めるようなこともせず、マントを脱いで休憩の時間になったときは、自分が遊んでいたことを認めますと私が伝えたので、彼女の懸念は部分的には和らぎました。遊びを遊びと認めることは、魔法の呪文を取り除いてしまうことなのです。それは、自動的に「集中している時間」を「休憩の時間」に転じることなのです。

人間性の驚くべき事実は、たった2歳児でさえ、本当のことと見せかけの違いを認識していることです。想像上の水が入ったカップを人形にこぼした2歳児が「あら、人形ちゃん、濡れてしまったのね」と言ったとしても、彼女は人形が本当は濡れていないことを知っています。そんな小さい子に「見せかけの行為」という微妙な概念を教えることは不可能ですが、彼女たちはすでにちゃんと理解しているのです。架空の思考様式と、その思考様式を事実に即した思考様式と区別できる能力は、どうも、人間が生まれながらにもった能力のようです。この生まれながらの能力が、遊びを可能にする先天的な能力の一部なのです。

遊びの空想の要素は、大人の遊びにおいては、子どもの遊びほど、明らかでも、成熟してもいません。それが、大人の遊びは一般的に100%のレベルではないことの理由です。けれども、空想は大人がしている多くのことで、大きな役割を占めていると私は思っています。つまり、大人がする活動の多くにも、仕事よりも遊びの要素と言えるものが含まれているのです。たとえば、家の設計をしている建築家は、本物の家の設計をしています。しかしながら建築家は、自分が設計を任されている家、それを住人が使っているところ、そして自分がもっている美的なコンセプトなどを念頭に置いて、大量の想像力を常に使いながら設計をしていきます。建築家は、自分が設計したものが本当の家になる前に、自分の頭の中にある架空の家を紙の上に描き出していると言っても間違いではないと思うのです。すでに知られている事実を説明するために仮説を立てている科学者も、その事実を乗り越えるために想像力を使います。アインシュタインは、自分の数学と理論物理学における創造的な業績を説明するのに「組み合わせの遊び」という言葉を使いました。[6] そして彼の相対性理論の理解は、自分が光を追いかけ、追いつく結果を想像したことによる産物であったというのは有名な話です。天才は、大人になっても小さい子どもがもっている想像力をどういうわけか維持している人たちのようです。私たちすべてにとって、抽象的で仮説的な思考力は、自分が体験していない状況を想像できる能力と、その想像した状況から論理的に推論する能力にかかっています。このスキルは、普通の子どもが遊びの中で頻繁にしていることなのです。

私がこの章を書くことの80%ぐらいは遊びだと言ったのは、次のようなことが含まれているからです。

- 書くことに関して自分がもっている自由の意識
- 書くことを通して味わっている楽しみ
- 自分が受け入れた書くことについての規則に従っているという事実
- かなりの量の想像力を使っているという事実

私は事実をでっちあげているわけではありませんが、いろいろな事実を結びつける作業はしています。[7] 同時に、私は常に、まだはっきりした現実のものとしては存在していない全体の構成にうまく収まるのかも想像しています。つまり、空想が私を前進させてくれているということです。子どもが砂の城を作ったり、スーパーマンになったりしているときと同じように。

従って、遊びは想像力を促進する心理状態です。遊びの気分の中で、アイセンの実験で大学生たちが画鋲の箱を、ろうそくを乗せる棚として使えることを想像できました。遊びの気分の中で、ディアスとハリスの実験で4歳児たちは猫が吠える世界があり得ることを想像できました。遊びの気分の中で、外発的な動機づけに頼らずに、アマビルの実験の参加者たちは絵、コラージュ、詩、物語を創造的に作り出す方法を想像することができました。遊びの気分の中で、アインシュタインは動きと時間の相対性を想像することができました。学校で遊びを子どもたちから奪い取っておいて、彼らに仮説的に思考し、創造的であれというのは罪なことではないでしょうか。

・遊びは、能動的で、注意を怠らず、しかもストレスのない状態で行われる

遊びの最後の特徴は、他の特徴から必然的に得られるものです。遊びはプロセス（過程）と規則に注意しながら、自分の行動を意識的にコントロールすることを伴うので、能動的で、注意深い姿勢が不可欠です。プレーヤーたちは、ただ受動的に情報を環境から吸収したり、刺激に反射的に反応したり、習慣に従って無意識に行動したりするのではありません。彼らは、自分のしていることを能動的に考えなければなりません。しかしながら、遊びは外的な要求や間近の生物学的なニーズに反応することではないので、遊んでいる人は比較的自由です。圧力として体験する強い衝動や感情からは比較的自由です。また、プレーヤーの焦点は結果ではなくてプロセスに合っており、遊びの範疇は結果が重要な現実の世界からは距離を置いているので、プレーヤーは失敗の不安に気を取られることもありません。遊び中の

状態は、注意を怠らない状態ですが、ストレスを感じる状態ではありません。

遊びの心理状態は、一部の研究者たちが「フロー」と呼ぶ状態にあります。活動自体を注目しています。同時に、自分と時間への意識が低下している状態です。ゲームの目的、規則、動きに心が奪われているので、外からの動揺に対してかなり鈍感な状態になっています。自分たちが遊びについて研究しているのではないと思っている研究者たちは、この状態こそが学びと創造性を発揮するのには最適な状態であると指摘しています。私に言わせれば、彼らは遊びを研究しているのです。

数年前に、本章の前半部分で紹介した研究をベースにして、心理学者のバーバラ・フレドリクソンは「ポジティブな感情の拡張―形成理論」[8]を提唱しています。彼女の理論によれば、ポジティブな感情は私たちの見方と思考を広げます。それは、以前は見ることができなかったものを見られるようにしたり、いくつかのアイディアを1つの新しいアイディアに統合したり、新しい振る舞い方を試してみたりすることを通して、私たちの知識、アイディア（概念）、スキルのレパートリーを広げることができるのです。対照的に、恐ろしいトラ、嫌いな敵、評価者、失敗することによるマイナスの結果など、もっとも目立った悩みの種にほとんど独占的に焦点を当てることによって、ネガティブな感情は私たちの見方や考えを狭めます。それらの苦痛の種は、自動的に覚醒系を起動させてしまいます。それは、たくさんの肉体的エネルギーと結果に焦点を合わせる形で、している課題を進めることになります。しかしながら、それは創造性、学び、振り返ることの邪魔になります。進化論的な観点からは、ネガティブな感情（特に、恐れと怒り）は緊急なことに対処することで起こります。そして、緊急時は新しい考えや行動を試してみるためのふさわしい場ではありません。緊急時には、新しいことを試すのではなく、すでに習慣になっている方法を使って対処したいものです。

フレドリクソンの理論は、私が本章で言ってきたことをとてもよく捉えています。でも、私なら「遊び心の拡張―形成理論」と言います。より完全なものにするためには、「遊び心と好奇心の拡張―形成理論」の方がいいでしょう。フレドリクソンが紹介してくれている事例のすべてでなければ、そのほとんどがポジティブな心理状態を広げたり、つくり出したりしています。そしてそれは、まさに、遊びと探究をつくり出す状態です。

遊びのパワーは些細なことにある

人は遊びを取るに足らないもの、ないし些細なものと考えます。そして、それは正しい、です。すでに説明したように、遊びはそれ自体のために行われる活動です。食料、お金、報償、トラから逃げること、自分の経歴に何かを付け足すこと（＝業績を上げること）などの真面目で現実的な社会の目標を達成するためのものではありません。それは、部分的には架空の世界で起こる活動のことです。しかしながら、ここにもっともおもしろい遊びの逆説があります。遊びの強力な教育的なパワーは、その些細さに潜んでいるのです。

遊びは、教育の真面目な目的に貢献します。しかしながら、プレーヤーは意図的に自分自身を教育しているわけではありません。プレーヤーは楽しむために遊んでいます。教育は副産物です。もしプレーヤーが真面目な目的のために遊んでいるとしたら、それはもう遊びとは言わず、多くの教育的なパワーは失ってしまいます。

遊んでいる子どもは、自分の未来についてなど心配していないし、失敗することで現実的な世界での結果にも苦しまないので、失敗することを恐れません。遊んでいる子どもは、真面目な世界では試すことが危険すぎたり、不可能だったりすることが、架空の世界でいろいろなことを自由に試せると思っています。遊んでいる子どもは評価者としての大人の承認を求めておらず、評価的なことから一切制約を受けていません。恐れと評価に対する心配は、心もからだも縛りつけます。それは、すでによく身につけ習慣的に対処する活動にはいいかもしれませんが、何か新しいことを学んだり考えたりするのには向いていません。失敗や誰かに評価されることに対する心配がない中でこそ、遊んでいる子どもたちは遊びを通して身につけるスキルに焦点を合わせることができます。彼らはうまくやろうとします。それは、うまく取り組むことは、遊びの内発的な動機づけだからです。しかも、彼らがたとえ失敗したとしても、真面目で、現実的な影響は何もないことを知っています。

遊びは些細なことですが、簡単ではありません。遊びの楽しみの多くは、「挑戦すること」にあります。あまりにも簡単すぎる遊びは、その魅力が失われ、遊びではなくなってしまいます。そうなるとプレーヤー自身が遊びを難しくするか、次の何かより魅力的なものに移っていきます。歩き始めた子どもは、走ったり、ぴょんぴょん飛び跳ねたり、登ったりといったより運動量の多い遊びに挑戦していきます。小さい動物たちも同じように、自分が成長するに従ってスキルの難度を上げることで、より挑戦的な遊びをしていきます。ある研究では、すでに平らなところで走れる野生のヤギの子どもが、走ることが難しい急な坂で走る遊びに集中して取り組んでいたのを観察しました。同様に、枝から枝へ渡る遊びをしていた小さなサルが、自分のスキルを伸ばすために、枝と枝の間がより広いところを渡ることに挑戦していました。でも、練習していた場所は、もし落ちてもひどいけがはしないように、地面に近いところだったのです。ビデオゲームで遊んでいる10代の子どもは、難度の低いものから始まって、次第に上げていきます。同じレベルでずっとやっていても、何のおもしろみもないことでしょう。アインシュタインの「組み合わせの遊び」は、彼の思考に継続的に挑戦し、新しい高みまで押し上げました。子どもたちが遊ぶ自由を与えられたなら、彼らは自然に自分の思考と体力の最先端で遊び続けるのです。

遊びがもつ教育的な機能として、もうひとつ指摘しなければならないのは、その「反復性」です。遊びのほとんどは、繰り返しがベースになっています。ネズミを追い詰めて遊んでいるネコは、また追い詰めたいがためにネズミを放します。赤ちゃん言葉を話している赤ん坊は、同じ音節を繰り返し言います。ときには、新しい発音の仕方を意図的に練習するかのようにその順番を変えます。歩き始めた幼児は、同じところを行ったり来たりして練習し続けます。文字を読み始めたばかりの子どもは、覚えた本を繰り返し「読み」ます。鬼ごっこ、野球、20の質問などの形式が決まった遊びも、同じ行動やプロセスが繰り返されます。遊びを決定づける特徴のひとつは、結果ではなくて方法に焦点が当てられることです。その当然の帰結が「繰り返し」なのです。プレーヤーが同じ行動を繰り返し行うのは、自分のしていることを正しく行うためです。

しかしながら、繰り返しは暗記でも、機械的に繰り返すことでもありません。プレーヤーの自発的な意思で繰り返しは行われるので、それぞれの繰り返しは創造的な行為なのです。それぞれの行為は、その前の行動にそっくりに見えますが、それはプレーヤーが意図的にそのように努力しているからです。ところが、ほとんどの繰り返しは体系的な形で前のとは違うのです。プレーヤーがゲームにふさわしくするためか、同じことを新しい方法で実験するためか、意図的に前のとは変えているのです。そのような繰り返しの副次効果は、新しく学びつつあるスキルの完成度の高さと強化です。遊びの中の繰り返しは、親や他の観察者に新しいことは何も学んでいないのではないかと思わせますが、もしそうなら、子どもはそれをすることをやめて、他のことに移るでしょう。

まとめ

あなたは全能の力をもっていて、小さい人間や他の動物たちが、いまいる環境で生き延びて、健康に育つためのスキルを身につけさせたらいいのかという問題を抱えていたとします。あなたはどうやって問題を解決しますか？　それらのスキルを練習したいと思わせ、練習自体を楽しい体験として捉えられるような仕組みを頭の中に埋め込むこと以外の効果的な方法は考えられません。それこそがまさに、自然選択がつくり出した仕組みで、それを私たちは遊びと呼んでいるのです。もし遊びを「ライフスキルを身につけるための自発的な練習」とでも呼んだなら、いまよりははるかに尊敬をもたれるかもしれません。しかしながら、それでは気楽さのようなものが取り除かれてしまい、結果的に効果も減少してしまいます。結果的に、私たちは逆説を手放せないのです。私たちは、深さを認識するために、些細さを受け入れなければならないのです。

およそ300年前に、英国の詩人であるトーマス・グレイは「無知が無常の喜びなら、楽しむことは賢い」と書きました。私は彼の言葉を反対にして、「知識とスキルをもつことが無常の喜びなら、賢いことは楽しむことである」[9]と言います。

1　「遊びの定義」で検索すると、日本語で出回っている定義を何種類か目にすることができます。ここで紹介されている5つとの比較のためにも含めて、ぜひ覗いてみてください。

2　こういうのを、「研究のための研究」と言います。常識的に多くの人が知っていることも、仮説を立てて研究計画を立てれば、予算がついて、業績にはなってしまうのです。公費の無駄遣い以外の何物でもないのですが……。

3　ロールプレイングやソシオドラマとも呼ばれます。後者は、サイコドラマの技法のひとつで、集団の抱える問題を即興劇で演じさせ、相互の対応の仕方を学び、関係改善に役立てる方法です。

4　アメリカのコミックに登場する架空のスーパーヒロイン＝怪力や飛行能力などを有した屈強な美女で、2017

年に映画化もされています。

5 2人で互いの12個の黒と赤のコマを取り合うボード・ゲームです。

6 有名な$E = mc^2$は、それまで誰も考えたことがなかった、エネルギー保存の法則と質量保存の法則を組み合わせたものです。

7 まさにアインシュタインが言っていた「組み合わせの遊び」です!!

8 詳しくは、『ポジティブな人だけがうまくいく3:1の法則』(バーバラ・フレドリクソン著、高橋由紀子訳、日本実業出版社)を参照してください。

9 要するに、知識とスキルと楽しむことは同時にできる。楽しむことは、愚かな者/無知な者に任せておく必要はない、という解釈になるでしょうか?

第8章　社会的・感情的な発達に果たす遊びの役割

大人たちから離れて、他の子どもたちと遊ぶことで、子どもは自分で判断し、自分の感情や衝動をコントロールし、他者の視点で見られ、他者との違いを乗り越え、そして友だちになることを学びます。要するに、遊びによって子どもたちは自分の人生をコントロールすることを学ぶのです。

遊びとしてするスポーツからの教訓

昔はよくやっていた草野球を思い描いてください。誰か一緒に遊べる仲間がいることを期待して、多様な年齢の子どもたちが空き地に集まってきます。歩いてくる子、自転車でくる子、1人でくる子、何人かと誘い合ってくる子といろいろです。そして、バットを持ってくる子、ボール（それも、本物の硬球ではありません！）を持ってくる子、そして野手用のグローブを持ってくる子もいます。そして、遊ぶのに十分な人数になったので、始めることになるのです。信頼のあるもっともいいプレーヤー2人が双方のチームのキャプテンになり、自分のチームのメンバーを順番に指名します。その後に、帽子、フリスビー、サイズが合いそうなものなら何でも使って、ベースを配置します。もしすべてのポジションを埋めるには人数が足りない場合は、なんとかやりくりします。子どもたちに何をどうしたらいいのかを教えてくれたり、問題が起こったときに解決してくれたりする大人はいません。自分たちですべてをやらなければなりません。このような野球の仕方は、まさに「本物の遊び」です。何をどうするかはすべて子どもたち自身によって決められ、運営され、そして何かの報酬のために行われるのではなく、野球を楽しむためだけに行われます。

今度は、リトルリーグの野球を思い描いてください。手入れが行き届いたグラウンドで行われます。それは、プロの選手たちがプレーするグラウンドのミニ・バージョンです。遠くからくる子もいたり、親たちがサポートをしたりしているので、子どもたちの多くは親に車で送ってもらっています。自分の子どもを見守り、チームに声援を送るために、多くの親が練習や試合を見るのにとどまります。継続して行われるリーグなので、誰がレギュラーで誰が控えかは事前に決まっています。それぞれのチームには、大人のコーチや主審がいます。公式な成績がつけられ、勝ち負けの記録によってシーズンの優勝チームが決まります。本当にそこでプレーしたい子どもたちもいますが、中には親におだてられたり、押しつけられたりした子どももいます。

遊びとして行われる非公式で自主的な草野球やその他のスポーツは、公式で大人によって指導されるスポーツでは得られない貴重な教訓があります。以下に紹介するのは、どんな人でも得られる大事な5つの教訓です。

教訓1　試合を続けたければ、全員を満足させ続けなければならない

どんな遊びでももっとも大切な自由は、「やめる自由」です。非公式なスポーツでは、誰も引き留める人はいません。誰かがやめたからといって、コーチも、親も、他の大人もがっかりする人はいません。

ゲームは、最低限の人数がいる限りは続けることができます。従って、続けるためには、相手チームのメンバーを含めて、他のプレーヤーが続けられるような満足を誰もが提供しなければなりません。

遊びにおけるルールは、各プレーヤーのニーズに基づいていると一般的に理解されていますが、その明記されたルールで決まっている以外は自制することが求められます。たとえ、2塁に全力で滑り込むことを求められる場合でも（実際、もしそうしなかったら、コーチはあなたを叱るでしょう！）、2塁手があなたよりも小さければ、けがをさせないために、2塁に滑り込むようなことはしません。親たちは大人によって指導されているスポーツの方が安全だと思い込んでいますが、このような姿勢が、公式に行われているスポーツよりも、遊びで行われているときの方がけがが少ない理由です。もしあなたがピッチャーで、バッターがからだが小さく、速い球を打てないジョニーだったら、あなたは緩い球を投げるでしょう。もし速い球を投げようものなら、あなたのチームの者までがあなたは意地悪だと言って非難することも知っています。しかし、大きくて経験もあるジェロームが打席に入ったときは、あなたの持ち球で一番いいのを投げることでしょう。それは、あなたが彼をアウトにしたいからだけではなく、もしそうしないとジェロームに失礼だからです。遊びの大切なルールは「あなたが人にしてもらいたいように、あなたも人にしなさい」[2]ではなく、「人があなたにしてもらいたいように、あなたは人にしなさい」です。遊びでの平等は、同じことをみんなにすることではありません。すべてのプレーヤーの異なるニーズや思いを踏まえて対処する結果レベルの平等です。[3]

遊びでいいプレーヤーであるためには、やみくもに規則に従うことはしません。そうではなく、他者の視点から見ることが必要です。他者が何を望んでいるのかを理解して、その一部でも提供することが。もしそれができないと、仲間外れにされます。遊びのゲームでは、勝つことよりも、遊び仲間を満足させることがはるかに重要なのです。子どもの中にはこのことを学ぶのに苦労する者もいますが、仲間と一緒に遊びたいという衝動はとても強いので、機会さえ十分に提供されれば（その中には、繰り返しの失敗や結果で苦しむこともありますが）、繰り返し取り組むことでみんなが学ぶことができます。

教訓2　ルールは修正可能で、プレーヤーたちによってつくられる

遊びのゲームでは何も標準化されていないので、異なる条件に対処するために、プレーヤーたちがルールをつくったり、修正したりする必要があります。もし空き地が狭く、使えるボールがゴム製で飛びすぎる場合などは、空き地を越えてしまった場合は自動的にアウトになるとみんなで決めることもあります。そうなると、強く打ってボールを外に出してしまうことではなく、どこにボールを打てばアウトにならずにヒットになるかの方にプレーヤーたちは集中します。あるいは、ボールを遠くに飛ばせるプレーヤーは、自分の利き腕ではない方の片腕で打つか、バットではなく、ほうきの柄で打つ選択肢が提供される、といった具合です。ゲームが続き、（たとえば、何人かが家に帰らなければならなくなったりして）条件が変わることで、ルールも変わっていく可能性があります。こんなことはリトルリーグでは起こり得ません。公式なルールは破ることは許されず、大人の権威によって解釈されています。公式なゲームでは、条件はルールに合わねばならず、その逆というのはあり得ません。

有名な発達心理学者のジャン・ピアジェは、おはじきで遊ぶ子どもたちの古典的な研究を通して、子どもたちは自分たちが主体的に遊んでいたときの方が、大人の指導下にあるときよりも、ルールに対して高いレベルの理解を得ると指摘しています。大人による指導は、ルールは外部の権威によって決められ、従って変えることなど考えられないという前提を招くのです。それに対して、子どもたちが自分た

ちで遊んでいるときは、ルールは一時的な決め事であって、ゲームをよりおもしろく、そしてより平等にするためには、変化する条件に応じてルールも変えられると捉えています。民主的な生き方において、これほど価値のある教訓はありません。

教訓3　対立は、話し合い、交渉、妥協で解決する

遊びのゲームでは、プレーヤーは自分たちのルールをつくったり、修正したりするだけでなく、審判も務めます。打たれたボールがフェアーかファウルか、ランナーがセーフかアウトか、ピッチャーが小さなジョニーに意地悪かどうか、フリオは自分の新しいグローブを相手チームのグローブをもっていないプレーヤーに貸すべきかどうかをみんなで判断します。人気のあるプレーヤーはより強い発言権をもっているかもしれませんが、誰にも発言権はあります。考えのある人は誰でも、できるだけ説得力をもたせる形で主張でき、最終的には総意を形成します。

総意は、完全な合意を意味しません。単に、みんなが承諾したということです。ゲームを進めるために、その判断にそのときは賛同したというだけです。総意は、ゲームを続けたければとても重要です。遊びのゲームにおける総意のニーズは、仰々しい道徳哲学からくるのではありません。極めて現実的なニーズによります。もし、ある判断が何人かを満足させなければ、その人たちはやめるかもしれません。そしてもし、やめる人が多いと、ゲームはそこで終わりになります（教訓1で触れました）。遊びのゲームでは、遊び続けたければ、妥協しなければならないことを学びます。あなたたちのために決めてくれる「君主」がいなければ、自分たちで運営する方法を学ばなければならないのです。

以前、少年たちが遊びでバスケットボールをしているところを見たことがあります。彼らは、実際に

ゲームをしているよりも、ルールを決めたり、特定のプレーがファウルだったかどうかを言い争ったりするのにより多くの時間を費やしていました。そして、近くにいた大人が次のように言ったのも小耳に挟みました。「これらのことを判断してくれるレフェリーがいないのでかわいそうだ。もし、いたら、こんなに口論ばかりしなくて済むのに」。本当にかわいそうでしょうか？　彼らの人生の中で、どちらのスキルの方がより重要でしょうか？　バスケットボールをシュートする能力でしょうか、それとも効果的に討論し、妥協の仕方を学ぶことでしょうか？　遊びで運動している子どもたちは、たくさんのことを同時に練習しています。その中でもっとも重要でないものが、しているスポーツそのものかもしれません。

教訓4　あなたのチームと相手チームの違いは一切ない

遊びのゲームでは、2つのチームに分かれるのは無作為で、ゲームをするためにしていることをみんな知っています。常に新しいチームがその都度選ばれます。ビリーは昨日「敵」のチームにいたかもしれませんが、今日はあなたのチームにいます。むしろ、ゲームが進む中でチームの構成が変わるかもしれません。ビリーは、相手チームのメンバーとしてゲームを始めたかもしれませんが、あなたのチームのメンバーが夕食のために帰ったので、バランスを取るためにあなたのチームにくるかもしれません。さらには、両方のチームが人数不足になったら、ビリーは両方のチームのキャッチャー役をするかもしれません。遊びのスポーツの「敵」や「相手」の概念は、実際には存在せず、そのときに遊びの中の出来事でしかないのです。それは、あくまでも一時的で、遊びの中だけです。その意味では、遊びのスポーツは、怪獣役のビリーがあなたを捕らえて食べてしまう、といった空想の戦いごっこと同じです。

それとは対照的に、公式のリーグで行うスポーツは、それが行われている間中、チームのメンバーはかなり固定されており、トロフィーを獲得したり、大人たちから褒められたりといった具体的な結果もついてきます。その結果得られるのは、「自分のチームは他のチームよりも強い」という、長く続くチームへのアイデンティティーです。しかも、それはしているスポーツとは関係ない状況にまで広がることがしばしばあります。社会心理学と政治学の中心的な研究テーマは、内集団・外集団（身内とよそ者）の対立に関するものです。派閥、仲間、民族優越主義、愛国心、戦争――これらはすべて自分たちの集団に価値を見出し、他の集団を低く評価することによって起こる産物と言えます。公式のスポーツは、集団の違いを誘発する方向に寄与します。遊びのスポーツには、そういう機能は一切ありません。もちろん、公式スポーツの見識あるコーチは、よいスポーツマン精神と、相手チームに敬意を示すことについて講義をするかもしれません。が、そんなことはまったく意味のないことです。よい講義が子どもたちに（そして、大人にも）、どれだけ価値がないかは、みんなよく知っています。

教訓5　よいプレーをして、楽しむことの方が、勝つことよりもはるかに重要

「よいプレーをして、楽しむことの方が、勝つことよりもはるかに重要」は、試合に負けた後でリトルリーグのコーチによってよく使われる決まり文句です。勝った後に使われることはありません。でも、たくさんのお客さんが見ており、授与されるトロフィーが並び、そしてみんなが得点結果を気にする中で、この文句を信じられるプレーヤーは何人いるでしょうか？　ビンス・ロンバルディ[4]こそが正しかったと思う人はどれだけいるでしょうか？　ロンバルディが言った「勝つことがすべて」という考え方は、高校、大学スポーツと階段を上るに従ってより重要性が増します。フットボールやバスケットボールな

ど、アメリカの学校や大学でもっとも注目されているスポーツでは、特にです。リトルリーグから高校、大学、そしてプロのリーグと階段を上るに従って、チームに入れる選手はどんどん少なくなります。残りは、遊びでプレーすることを学ばない限り、スタンドとソファーに座ったままでどんどん太りながら、余生を観客として過ごすことになるのです。

遊びのスポーツでは、よいプレーをし、楽しむことこそが勝つことよりもはるかに大事です。誰もが、そのことを知っているので、講義をして説得する必要などありません。そしてよいことは、あなたのプレーのレベルに関係なく楽しめることです。遊びのスポーツをする目的は、楽しむことと自分のスキルを伸ばすことです。ときには新しく創造的な方法でそれをやろうとさえします。しかし、そんなことは公式のスポーツでは許されませんし、もしやったらあざ笑われます。たとえば、自分の動体視力を上げるために、幅の狭い棒を使ってボールを打ってみたり、簡単な外野フライをあえて肩越しにキャッチしたりするかもしれません。もし、あなたが他のメンバーよりも上手なプレーヤーだったら、これらは自分自身にハンディキャップを負わせる方法で、それによって誰にとってもゲームをおもしろくします。勝つことが目的の公式の試合では、そんなことは許されません。自分たちのチームへの裏切り行為として訴えられてしまいます。もちろん、これらの創造的な方法をいつ、どこでやるかは、たとえ遊びのゲームでもしっかり見極める必要があります。他の人の気分を害さず、あるいは目立ちたがり屋と思われないように、それらをやれなければなりません。遊びをしているときは、自分の「内なる人間関係のコンサルタント」に相談する必要があります。

私自身のプレーヤーと観察者の両方の体験から、遊びのスポーツのプレーヤーは勝つことよりも、素晴らしいプレーをすることに熱中しています。素晴らしさは新しい動き方や創造的な動き方の中にあり、他のプレーヤーたちとのバランスは保ちながらも、そうした動きを通して自分自身を表現し、自分の運動能力を伸ばすことを可能にします。ベストの状態で行われる遊びの試合は、とても創造的な集団による踊りにたとえられます。約束されたルールの中で各プレーヤーは独自に動きながら、他のメンバーを不快にしません。私自身、代表チームの優勝がかかった公式の試合の体験もありますが、そこにはまったく創造性は感じられませんでした。もし相手を不快にさせることで勝てるなら、それを続けるだけなのです。

遊びの試合と公式の試合のどちらが現実の世界のための準備に役立つと思われますか？　その答えは明白なように私には思えます。現実の世界は遊びの試合の方です。ルールは際限なく修正可能で、あなたはその過程に参加することが求められます。そして最後は、勝者も敗者もありません。私たちは同じところで終わるのです。相手を打ち負かすよりも、よい関係を築く方がはるかに重要です。人生で大切なことは、どのようにプレーするのか、その過程でどれだけ楽しむのか、そしてどれだけ相手と楽しみを分かち合えるのか、です。これらが非公式の遊びから得られる教訓です。そして、これらはコーチの言うとおりにカーブを投げたり、盗塁ができるようになったりするよりも、はるかに重要です。公式なスポーツを本心からやりたいと望む子どもたちが、それをすることに私は反対しません。しかし、満足のいく暮らしを送るために学ぶ必要があるときに、それは非公式の遊びの代わりにはなり得ないのです。

サドベリー・バレー・スクールで行われる遊びのスポーツについて、ある卒業生（マイケル・グリーンバーグ）が書いたエッセイには、私が右に書いたようなことがより詩的に書かれてあるので、その一部を紹介します。

サドベリー・バレーでは長年、肉体的なスポーツのフットボール、サッカー、バスケットボールなどが行われてきましたが、これまで軽い切り傷や打撲以上のけがはありません。学校では、みんな普段着でプレーします。フットボールをするときも、保護具などは一切使いません。しっかり保護パッドを身につけてプレーしている選手たちが、なぜ頻繁に（かつかなり大きなダメージを）互いに与え合っているのかを、どのように説明できるでしょうか？　厳格に勝つことを優先しているスポーツでは（あるいは人生全般において）、相手にけがをさせないということは重要ではなくなってしまうのです。そんな中で、どれだけ「スポーツマンシップ」の話をしようが、どれだけの保護パッドを身につけようが、選手たちはけがする運命にあるのです。それに対して、スポーツ（や人生）をおもしろい興奮するプロセスとして捉えるなら（つまり、それをすること自体に楽しさと素晴らしさを見出そうというなら）、誰かを傷つけないことや、同じプロセスを楽しむことは優先順位の高いものになります。（中略）不揃いな肉体がぶつかり合う活動に参加することは、チームワークと、自分のベストを尽くそうとすることと、責任、そして意味のある経験を追求する同じ思いをもった者たちの自制によって、私の人生におけるもっとも感慨深い体験のひとつになっています。一緒にプレーした他の者にとっても、同じようなインパクトがあったと私は確信しています。

ごっこ遊びからの教訓

子どもたちは、遊びで行うスポーツだけでなく、あらゆる種類の人とのやり取りがある自由な遊びから貴重な教訓を得ています。具体例として、研究者たちが「ごっこ遊び」と呼んでいる、子どもたちがそれぞれの役割になりきり、特定の物語を演じる想像上の遊びを紹介しましょう。世界中で、そのような遊びは3〜6歳の子どもたちがよくやっています。

アニー（5歳11か月）とベス（5歳2か月）は2人の研究者によって、放課後の児童館の着せ替え遊びで想像上の遊びをしているところが録画されました。アニーが「明日の夜に舞踏会があるので、私たちはそのための準備をしなくちゃならないことにしましょう」と言って遊びを始めました。ベスは服を選び、「じゃ、これが私のドレスね」と言って、それに反応することで、アニーの提案を暗に受け入れ、自分が欲しい衣装を選ぶことによって遊びに対する熱心さを表しています。次の20分間、2人は衣装やアクセサリーを取り上げながら、舞踏会でどんなことが起こるかを話し合っていました。その間、2人は誰がどの役を演じたり、豪華な衣装、電話、双眼鏡を使ったり、舞踏会の前の晩にどこで寝たりするのかといったことについてもめていたのです。話し合いの中では、それぞれが、それらの役割や小道具を、なぜ「必要なのか」あるいは「持つべきなのか」を、相手の気分を害さないように巧妙に説明していました。

そして、アニーとベスの2人がこれらの点について満足のいく合意に達したとき、それまで外で遊んでいたもう1人の女の子のシーリア（4歳9か月）が着せ替え遊びのコーナーにやってきて、仲間に入れるか尋ねたのです。彼女たちはシーリアが遊びに加わることを受け入れ、今度は3人でどんな役を演じたり、誰が小道具を使ったりするのか新たな交渉を始めました。3人とも、誰がどんな服を着るのか、舞踏会でどんなことが起こるのか、誰が年上でより高い地位にあるのかといったことなどについては強い思い入れがありました。遊び続けるためには、3人はあらゆる問題点について合意する必要があるのです。

たとえば、アニーとベスは両方とも、3人の中でもっとも小さいシーリアが「一番下の妹」になるべきだと考えましたが、シーリアは断固として拒否しました。そこで、2人は自分たちの相対的な地位を維持するために、ともにシーリアの母親役になりました。その後、「実際には人は1人のお母さんしかもてない」ので、シーリアに2人の母親がいるのはおかしいのではないかという話し合いをしましたが、そのうちの1人は義母であるということで解決しました。3人ともがグローリアという名前を名乗りたかったのですが、それでいいことにしました。また3人とも王子様と結婚して、王妃になりたいと思いました。現実的には王子は1人としか結婚できないことを認めながら、ベスとアニーは今回だけは2人の母親と結婚できることにしました。でも、たとえ遊びでも、シーリアまでが結婚することは受け入れられませんでした。その求めを拒んだ代わりに、シーリアを「一番上のお姫様」に格上げしました。

これら3人の女の子たちは、すでに巧みな社会的なプレーヤーです。そして、ここで紹介したようなやり取りを通して、さらに巧みさを増していきます。このような遊びによって得られる最大の学びは、自己主張、交渉、妥協などです。それぞれの女の子は自分が欲しいものを得るために、自分の主張を巧みに述べなければなりません。しかも、他のプレーヤーたちの気を悪くすることなく、です。彼女たちの話し方から、合意を得る必要性をしっかりと理解していることがうかがえました。たとえば、どのように遊んだらいいのかという案は、「要求」の形ではなく、「提案」の形で行われていました。ほとんどの提案は、最後に「それでいい?」や「納得できる?」などで終わっていました。

彼女たちのやり取り（交渉）の中で、この児童館の子どもたちにとって伝統的に遊ぶときのルールになっていることが、しばしば言及されていました。そのうちのひとつは、「見つけた者のルール」です。それは、最初に道具を見つけたり、主張したりした者が、それを使うことができる、というものです。

しかしながら、見つけた者のルールに勝る、より優先順位が高いルールもあります。それは、「公平のルール」です。1人の子が自分の欲しい道具を使い続けることはできないのです。それを使いたい者みんなである程度公平に分けて使わなければなりません。どんな遊びをしていようが、公平へのこだわりをみんな態度で示します。それがどのような状態か、そしてどのようにその状態を得るかという点については、意見の食い違いがあるかもしれませんが。

もうひとつ頻繁に使われるルールは（必ずしも、その名称が使われるわけではありませんが）、「一貫性のルール」です。遊びは、内面的に一貫していなければなりません。たとえば、舞踏会を早く始めたいと思うアニーが突然始めようとしたとしても、ベスはそれが次の日まで始まらないとすでに決めたことを思い出させたのです。彼女たちは、舞踏会が始まる前に一晩寝ないといけなかったのです。アニーはすぐにそれを受け入れました。そしてある程度は、女の子たちが現実の世界で起こっていると理解していることとの一貫性もあります。アニーとベスの両者が王子様と結婚できるようにしたときのように、ときにはそのルールが曲げられることもありますが、それには話し合い、合意、そしてそんなことは現実の世界では起こらないという共通認識を得る必要があります。彼女たちは遊びながら、現実世界の慣習やルールについての理解を確認し、そしてより強固にしていました。このビデオを撮って分析した2人の研究者によれば、「ごっこ遊び」は小さい子どもたちが自分たちの生きている社会の思考モデルを形成し、練習する手段だということになります。研究者たちの言葉では、子どもたちは遊びを通して「社会をつくり出している」のです。

3人の女の子は、自分たちのしたいことをして遊んでいただけです。しかしながら、彼女たちがしたかったのは入念なごっこ遊びだったので、わがままは許されません。彼女たちは他の子たちと妥協し、合意しなければなりませんでした。そして、自分たちが合意した役割や物語の展開と一貫させるために、自分の衝動も自制しなければならなかったのです。これこそが、社会的な遊びの魅力です。他の子たちと遊ぶという自分たちのしたいことをしながら、子どもたちは妥協することと自分がしたいことをそのままにはしないことを学ぶのです。シーリアも王妃になりたかったのですが、「一番上のお姫様」でがまんしたのです。3人とも一番きれいな衣装が欲しかったのですが、みんなに公平になるように、それを分けることに納得したのです。ある時点で、アニーは舞踏会をすぐに始めたいと主張しました。王子様に求婚してほしかったのかもしれません。でも、すでに合意した物語の展開の一貫性を保つために、その衝動を自制しなければなりませんでした。これらの自制と妥協はすべて、大人の介入なしで行われました。もっとはっきり言えば、大人の介入は子どもたちの努力を台無しにしたことでしょう。子どもたちは、大人の手助けなしで、他の子たちと交渉しながら、自分のパワー、知性、そして自制する能力を使うのを明らかに楽しんでいました。

私がこの事例を使ったのは、それが記録されて誰でも見られる状態にあるからというだけでなく、それが珍しいものではないからでした。このような遊びをやり慣れた小さな子どもたちを観察してみてください。あなたは驚くほどの「社会的な知性」が機能しているのを見ることでしょう。でも、目立たないように遠くから見てください。もし男の子たちを観察すると、アニー、ベス、シーリアほどは交渉の際に機転が利かないと思います。でも、それでも、遊びを続けるためにお互いのニーズを満たす方法をなんとか見つけ出していきます。

右で紹介したような遊びをよりたくさん体験できる子どもたちが、体験しない子たちと比べて、より豊富な社会的スキルをもてるか否かという長期的な実験を行うことは不可能ですが、相関的な研究、短期的な実験、そして常識は、その仮定を強く裏づけています。よりたくさんのごっこ遊びをして遊ぶ子どもたちは、少ししか遊ぶ機会がなかった子どもたちと比較して、いろいろな基準で、より多くの共感と、他の子が考えていること、知っていること、望んでいることを理解できる能力を多くもっていることが示されています。また、保育園でごっこ遊びに、より多く取り組める子どもと、そうでない子どもを意図的につくり出す短期的な実験を行った結果、より多くの機会があった子どもたちが少なかった子どもたちに比べて、実験後、社会的な視点の取得や他の子たちと仲良くなれる能力などで高いパフォーマンスを示していました。

ホロコーストにおける子どもの遊び

今度は、3人の女の子が着せ替え遊びをする微笑ましいシーンから、ナチスの強制収容所内の子どもたちの悲惨なシーンに移ります。もし遊ぶことが贅沢なものであったなら、ここで子どもたちが遊ぶことはなかったでしょう。しかしながら、遊びは贅沢なものではありません。遊びは、子どもたちが自分の環境の意味をつくり出し、そして、それがたとえどんな環境であってもその環境に適応するための手段です。注目すべき本『ホロコーストの子どもたち——死の影で遊んだ』の中で、歴史学者のジョージ・アイゼンは、日記と生き残りの人たちへのインタビューを使って、ナチスの強制居住区と強制収容所に入れられたユダヤ人の子どもたちの遊びについて、紹介してくれています。[5]

拘束された人が労働収容所や絶滅収容所に送られる第一段階としてのユダヤ人強制居住区では、自分たちの周りにある恐怖から子どもたちの注意をそらし、子どもたちが知っていた無邪気な遊びをうわべだけでも維持しようと、親たちは必死に努力しました。彼らはその場しのぎの遊び場を作り、伝統的な遊びを子どもたちにさせようとしました。もし大人たちも一緒に遊んだなら、それは厳しい状況から心理的に逃れようとしたためでした。たとえば、ある男はパンの皮をチェスボードと交換しました。それは、夢中でチェスをすれば、お腹が空いていることを忘れられるからです。しかしながら、子どもたちはそんなことはしませんでした。子どもたちは、恐怖を回避するためではなく、それに直面するように考案された遊びをしたのです。子どもたちは「掩体壕《えんたいごう》を爆破」したり、「大量殺戮」をしたり、「死人の服を強奪」したり、ナチスへの抵抗ゲームをしたりの戦争ごっこをしました。リトアニア共和国の首都のヴィリニュスにあった強制居住区では、ユダヤ人の子どもたちは「ユダヤ人とゲシュタポ（ナチの公安部隊）」という、ユダヤ人が自分たちを苦しめる者たちを圧倒し、自分たちのライフル（棒）で殴る遊びをしていました。

絶滅収容所でさえ、まだ動ける元気があった子どもたちは遊びました。ある収容所では「死体をくぐる」という遊びが行われていました。アウシュヴィッツ＝ビルケナウ強制絶滅収容所では、あえて電気柵にさわる遊びをしていました。また、「ガス室」という、穴の中に石を投げ入れ、死に行く人たちの叫び声をあげるという遊びもしていました。子どもたちが考え出した遊びのひとつは、収容所で行われる日々の点呼と盗みを真似たものでした。1人が目隠しをされ、残りの者の1人が前に出て、目隠しされた子の顔を殴ります。その後で、目隠しを取り、誰が自分のことを殴ったのか、顔の表情や他の兆候から当てるのです。アウシュヴィッツで生き抜くには、ごまかしがうまくなければなりませんでした。この遊びは、たとえば、パンを盗んだり、誰かの脱走計画や抵抗計画を知っていたりするといったことです。このようなスキルを磨くためのものでした。

私たちが思い浮かべる素朴な遊びであろうと、アイゼンが本の中で紹介していたような遊びであろうと、子どもたちは彼らを取り巻く世界の現実を遊びの中に持ち込みます。いずれの遊びの場も、現実に直面し、現実を体験し、そして現実に対処する方法を練習できる安全な場なのです。暴力的な遊びは暴力的な大人をつくり出してしまうと不安がる人もいますが、現実はその反対です。大人の世界の暴力は、ほぼ確実に、子どもたちに暴力的な遊びをさせることになります。他のどんな方法で、精神的、知性的、肉体的にその現実（大人の世界の暴力）に対して準備することができるでしょうか？　子どもたちの遊びをコントロールし、子どもたちが学ぶこともコントロールすることによって、なんとか未来を変えられると思うのは間違いです。もし、私たちが未来の世界をよくしたければ、いまある世界をよくすることが先決です。そうすれば、子どもたちは後に着いてきます。子どもたちは、自分が生きるために適応しなければならない現実的な世界のために準備をするのです。

トラウマ（心的外傷）に順応するために子どもたちが遊びを使う事例は、身近に見つけることができます。たとえば、不幸にも約6メートルの高さから落ちてしまい、大けがをしてしまった人を保育園の窓から見てしまった子どもたちは、この体験によって心を痛めました。しばらくたってから、この子どもたちは自発的に、落ちること、けがすること、病院、そして死などをテーマにした遊びを行いました。自分たちや自分たちの親がテロリストによる攻撃を受けた体験をもっている子どもたちは、それの再現シーンとそこからの回復に関連するテーマで遊ぶことも観察されています。回復する部分の遊びには、受けたダメージの修復、後に残された者への保護や世話、悪に対する善の最終的な勝利などが含まれていました。

大きなトラウマを体験したことのない子どもたちも、感情が高ぶるトラウマ的なシーンで遊ぶことがあります。そうすることで、子どもたちは、自らが遭遇するかもしれない悲しくて痛みを伴う出来事に対処する用意をしているのかもしれません。研究者のギーゼラ・ウィゲナスボインは、いたって普通の精神的に安定している幼稚園児が遊んでいる場面を説明してくれています。たとえば、彼女は「むち打ちの遊び」を紹介してくれています。人気のある男の子が椅子に縛りつけられて、彼の遊び友だちによって、革のひもで結構強く打たれているのです。打たれたのを癒すために、2人の女の子はバナナの代わりの積み木を食べるように彼に与えていました。彼をむち打ちしていた男の子たちは、たたく手を時折休めて、水をやる振りをしていました。これは、痛みと、それをどう癒したらいいのかという人生における大切なテーマを扱いながらも、参加しているすべての子どもたちにとってかなり楽しめている遊びのように見受けられました。この記録を取った研究者によれば、この遊びに関する唯一の暴力的な行為は、幼稚園の教師がやってきて、その遊びをやめさせたときに起こりました。彼女は、それがあまりにも乱暴と捉えたのです。いい遊びをやめさせるよい理由が何もないにもかかわらず、それをやめさせることは常に乱暴な行為であり、新たな乱暴な行為を生み出す原因になり得ると、この研究者は強く主張しています。「むち打ちの遊び」を強制的にやめさせられたとき、子どもたちは怒りを表しました。椅子を倒し、してはいけない行動をすることで、明らかに反抗したのです。

「危ない」遊びの価値

動物たちの遊びについて調査する研究者たちは、遊びの目的が進化してきた理由は、緊急時にどう対応したらいいのかを学ぶ助けであると主張しています。すべての種の幼い哺乳類は、意図的に、そして繰り返し、遊びの中で居心地の悪い、ほどほどに危険を伴い、ほどほどに恐ろしいと思う状況に自分の身を置きます。全力で駆け抜けたり、飛び跳ねたり、追いかけたりを遊びでする中で、自分のからだの動きをコントロールしたり、笑ったりする状態を交互に入れ替え続けます。たとえば、ヤギの子どもが飛び跳ねるとき、着地するのが難しいように、あえて空中で身もだえします。サルや類人猿の子どもは、木から木へ飛び移るとき、恐怖の度合いを上げるために、枝同士がある程度離れていて、大けがになるような高さは避けながらも地面からある程度高いところを選びます。チンパンジーの子どもは、高い枝から飛び降りるゲームを特に楽しみます。地面に落ちる寸前に低いところにある枝をつかむのです。

ほとんどの種の幼い哺乳類は、追いかけっこ遊びをします。互いに競争し、追いかける側と追いかけられる側を交換しながら遊びます。多くの種にとって、どうやら好まれるのは追いかけられる側のようです。たとえば2匹の幼いサル、ヒツジ、リスが遊んでいるとき、そのうちの1匹が他方をじゃれ合うように攻撃し、そして追いかけてきているのを確認しながら逃げます。サルの遊びを観察している研究者は、（サルが笑っていることを示す）明らかに遊んでいる顔を見せることによって、追いかけられる方が追いかける者よりも楽しげだと指摘しています。しかし、一見して分かるように、追いかけることの報酬は、追いかけられる側になれることなのです。追いかける側が追いついて、もう一方をふざけて嚙むと、追いかける側は追いかけられる側に喜んでなるのです。繰り返しますが、好まれる状態はもっとも脆弱な状態なのです。逃げる者は何が起こるかをコントロールできず、止まって休んだりすることもできず、追いかける者よりも転んだり、けがをしたりという意味では脆弱性が高いのです。この脆弱性こそが、スリルを味わう本質的な部分なのです。

追いかけっこに加えて、幼い哺乳類、特に幼いオスは、たくさんの遊びでケンカをします。どんな種類かにもよりますが、角を突き合せたり、互いに地面に投げ飛ばしたり、相手を抑え込もうとしたり、特定の場所を遊び半分で噛んだりします。本当のケンカと違い、遊びのケンカでは大きい、より強い方が意図的に自分でハンディキャップを負って、あえて相手に勝ってしまわないようにしています。子ネズミの遊びのケンカを研究した結果から、従属的な立場が好まれていることが明らかになっています。その方がより大きな肉体的、精神的なチャレンジを提供されるからです。1匹のネズミがあえて自分を不利な状況に置いて、相手に攻撃させ、そこから正常な状態に戻る努力をしていました。時間をかけて、両者は立場を換え、両者が脆弱なポジションから回復する練習をし続けます。

思いつきレベルの観察でさえ、他の幼い哺乳類と同じように、人間の子どもも遊びの中で意図的に恐怖を引き起こす、脆弱なポジションに自らを置くことがあります。それは、高い木に登ったり、高い塔や崖から飛び降りたり、岩と岩の間を飛び越えたり、公園の遊具で技を披露したり、手すりをスケートボードで下り降りたりといった形で行われます。遊びのケンカでも、他の哺乳類の子どもと同じように、人間の子どもは脆弱なポジションを交換します。強い方が自らハンディキャップを負って、弱い者を逃し、攻撃の側にさせます。そうすることで、両方が脆弱なポジションを体験することができ、その状態から逃れる練習もできるのです。以上から、人間の子どもは他の哺乳類の子どもと同じで、極めて重要な学びを得ているのです。

どこでも行われている追いかけっこの楽しさについて考えてみてください。3歳の女の子は、怖い怪獣から、キャーキャー叫びながら自分が楽しんでいることを表現しつつ逃げ回ります。怪獣は、お父さんかお兄さんの場合がほとんどで、彼女を朝食のために捕まえて、食べてしまうと脅しながら追いかけます。人間がするどんな追いかけっこも、好まれている役回りは追いかけられる側です。悪夢の中でも、現実でも、犯罪者や怪獣に追いかけられるのは恐ろしいものです。しかしながら遊びにおいては、これほど楽しいことはないのです。

人間がするもっとも普遍的かつ基本的な追いかけっこは、鬼ごっこです。世界中の子どもがそれをして遊んでいます。その狙いは常に、できるだけ長い間追いかけられることであり、少ない時間追いかけることです。捕まったときの罰は、鬼になることです。鬼になると、他の誰かを捕まえるまでは、追いかけ役を担います。鬼でなくなると、また追われる楽しみを味わうことができるのです。子どもは年をとるにつれて、ルールにも新たな構造が加えられた、鬼ごっこのより複雑なバージョンをして遊ぶようになります。その典型的なひとつが、「キツネとガチョウ」です。これを、私は友だちとアイススケートをはいて、ミネソタ州の凍った池の上でやりました。好まれたのは常にガチョウで、キツネではありませんでした。捕まってしまうと、またガチョウを捕まえるまでは、キツネにならなければなりません。かくれんぼとドッジボールは、追いかけっこではありませんが、似た側面があります。両方とも、好まれているのは追いかけられる方です。見つかったり、ボールを当てられたりした際の罰は、追いかける側やボールを当てる側になります。

サッカー、アメリカン・フットボール、バスケットボール、ホッケーなどの公式のチームスポーツも、追いかけっこの複雑なバージョンとみることができます。楽しみは、ゴールに向かって、蹴ったり、ボールを持って走ったり、ドリブルをしたり、パックを運んだりして、ピッチやコートの上を走り回ることにあります。その間、多数の敵があなたを追いかけ回します。野球ですら、追いかけっこの一種と捉えることができます。ボールを打ったバッターは、特定の方向に回ろうとします。その際、セーフであることが大事になり、敵のチームはアウトにしようと努力します。これらすべてのゲームでは、オフェンスとディフェンス（攻めと守り）は交互に行われます。その際、好まれるのは攻める側で、あなたは敵の中で追いかけられるのです。

こうした激しい運動の中で、子どもたちは自分の不安や肉体的な優れた能力を試しています。恐れと喜びを同時にもつことを興奮と呼びます。そのような遊びでは、子ども自身が活動をコントロールしている必要があります。それは、彼らこそがどれだけの恐れや不安が適切な量かを知っているからです。ブランコで遊んでいる子や、木やロープを登っている子は、どれだけ登れば興奮するのに（怖がることなく）適切な不安をつくり出せるのか知っています。どの親も、コーチも、体操の先生も、子どもたちのために判断することはできません。先の「むち打ちの遊び」では、あまりに痛すぎた場合には、たたかれていた男の子はそういうサインを発していたはずです。どのような遊びで行われるケンカや追いかけっこでも、精神的ないし肉体的なチャレンジが大きすぎる場合には、すべての子どもにタイムを取ったり、途中でやめたりする権利があります。その権利なしに、活動を遊びと言うことはできません。

今日、私たちの社会では、親や他の大人が遊びに含まれる危険から子どもたちを必要以上に守ろうとしています。私たちは、子どもが自分で自分のことをコントロールし、適切な判断ができる能力を過小評価しています。この点において、今日の社会は、第2章で説明した狩猟採集民の社会とも、子どもたちが自由に遊べた伝統的な社会[6]とも違っています。私たちが子どもたちを過小評価することは、自己実現的予言をもたらします。つまり、子どもたちに自由を与えないことで、子どもたちに自らの行動や感情をコントロールするための方法を学ぶ機会を取り上げているのです。

共感能力の低下と自己中心主義の増大

第1章で述べたように、１９５５年ぐらい以降の子どもたちの自由な遊びの低下は、不安、落ち込み、無力感の継続的な上昇をもたらしています。これらの結果と同時に、自己中心主義の増大と共感能力の低下も明らかになっています。

自己中心主義[7]（ナルシシズム）は、「自己陶酔」「うぬぼれ」とも言われ、自分を拡大して見ることを意味します。自分と他者を隔てる傾向が強く、意味のある双方向の関係が築けない状態を指します。１９７０年代の後半以降、「自己愛人格尺度」を使って測られてきました。それは、自分自身に関心があるのか、それとも他者に対して関心があるのかの程度を割り出すためのアンケートです。共感能力は、おおよそ自己中心主義の反対概念です。それは、他者と感情的につながれ、物事を他者の視点で見られ、他者の不幸に同情を感じられる能力です。これも同じく、１９７０年代の後半以降、「対人反応性指標」で測られてきました。これらのアンケートの結果は、年を追って、自己中心主義の著しい上昇と、共感能力の著しい低下を明らかにしています。アンケートの結果は多様な側面を測ったもので、現実の世界の行動と相関関係があります。たとえば、自己中心主義で高い点数を表示する回答者は、他者に比べて自分の能力を過大評価し、批判的な反応に怒って食ってかかる傾向があり、一般的な人々よりも知能的な犯罪の割合も高くなっています。共感能力で低い点数だった者は、平均的な人よりもいじめをする率が高く、他者を助けるボランティアになりたがらない傾向があります。

この章で述べてきたことから、遊びの減少が感情的・社会的な疾患を増加させていることは明らかです。遊びは、子どもたちに自分の問題を解決させ、衝動を抑え、感情を調整し、他者の視点から物事を見、違いを交渉によって妥協に導き、他者と同じレベルでつながる方法を教えるための自然な方法です。

これらの大切なスキルを学べる遊び以上の方法はありません。それらを学校で教えることはできません。現実の世界で生きていくのに、自分の役割や責任、自己コントロール、他者との関係を築くことについて学ぶことは、学校で教えられるどんなことよりもはるかに重要です。

遊びの減少を感情的・社会的な発達を阻害することに結びつける、相関関係から導き出された証拠と論理的な議論に付け加えて、実験による証拠もあります。人間の子どもを対象にして、意図的に長期にわたって遊ばせないような実験をすることは不可能です。しかしながら、動物に対してはそのような実験が実際に行われました。たとえば、ある実験で赤毛猿が母親とだけで育てられました。そして、より普通の（つまり、母親以外に、同年齢の子どもたちと遊べる）状態で育った赤毛猿と比較されたのです。猿の母親は子どもと多様な形で接触しますが、遊ぶことはしません。つまり、前者のグループの子どもたちはその成長期間の間、遊ぶことを奪われたのです。予想どおり、若い大人になってテストされたとき、それらの猿はいろいろな点で正常ではないと判断されました。彼らは、必要以上の不安と攻撃性を示しました。新しい環境に置かれると、通常の猿の場合はある程度の不安を生じさせますが、遊べないで育った猿たちは大きな恐怖で反応したのです。そして、通常の猿たちは徐々にその新しい環境に慣れるところを、それらの猿は新しい環境に馴染むことができませんでした。仲間の中に入れられたときは、他の猿の社会的なサインや招きにうまく反応することができませんでした。たとえば、仲間の猿が毛づくろいをしようとしたとき、その友好的な申し出を受け入れず、攻撃的に食ってかかったのです。彼らは他の猿がいる場面で適切な防御のサインも出すことができないので、通常に育った猿に比べて、より頻繁に攻撃されました。

同じような実験はネズミでも行われ、同じような結果が出ています。遊び仲間なしで育ったネズミは、いくつかの行動テストで、異常に高い不安と攻撃性の両方を示しました。ある実験では、ネズミの子どもたちは2つのグループに分けられ毎日1時間ずつもう1匹のネズミと触れ合うことを許されました。1つのグループは遊び好きのネズミと、もう1つのグループはアンフェタミンの注射をされた遊ぶことのできないネズミとです。アンフェタミンはネズミの他の社会的な行動を失わせることなく、遊ぶ衝動のみを失わせます。結果は、仲間と遊んだネズミは大人になってからより普通に行動していましたが、仲間と遊ぶことができなかったネズミはそうではありませんでした。このことからも、通常の感情的・社会的な成長に必要な子どものネズミ同士の大切な交わりは、遊びの中で獲得されるようなのです。他の実験でも、遊びを限定されたネズミの脳の発達は、異常な結果を示していました。遊びなしでは、脳の前頭野（ここは衝動や感情をコントロールするのに重要な領域とされています）から延びる神経経路が、通常に発達することができないのです。

たとえ科学のためとはいえ、幼いサルやネズミを、仲間と自由に遊べない状態で育てるのは残酷と思われるかもしれません。しかしながら、それを残酷と言うなら、人間の子どもを守ったり、教育したりするためとはいえ、他の子どもたちと自由に遊ぶことを奪い去っている状態が普通になってしまっているのを、何と言ったらいいのでしょうか？　これはとても残酷で、危険ですらあります。

ビデオゲームはどうでしょうか？

近年、その使用率がいっこうに下がらない遊びの形態のひとつが、ビデオゲームです。外での遊びの減少をテレビと並んでビデオゲームのせいにする人たちもいます。その人たちは、テレビとビデオゲームはあまりにも誘惑的で、子どもたちをスクリーンの前から離さず、他の活動をする妨げになっていると主張しています。その議論は理解できますし、それがなぜ抵抗し難いのかも分かりますが、私自身の観察とも、研究者たちが発見した系統的な調査ともうまく合いません。

サドベリー・バレー・スクールでは、生徒たちは自分が好きなら、どんな方法で遊んでも、探究してもかまいません。全員にコンピューターもテレビも制限なく利用できる権利があります。そして、ほとんどの生徒はビデオゲームで遊ぶのを楽しんでいます。しかしながら、ほとんどが運動場や林の中で遊んだり、探究したりするのにもたくさんの時間を費やしています。一般的なゲーム・プレーヤーを対象にした調査は、外で遊ぶのも、ビデオゲームで遊ぶのも自由に選べる場合は、プレーヤー自身が時間と共に両者のバランスを図ることを明らかにしていました。ビデオゲームに夢中になってしまう者は、他の形態の遊びが提供されていないことが多いとのことです。一般的には、ビデオゲームをする時間は、子どもたちが自由に外で遊ぶ時間よりも、テレビを見る時間と競合関係にあります。調査によれば、全体的に見てビデオゲームをする者はしない者に比べて、外で遊ぶ時間が少ないということはありません。しかし、確実にテレビを見る時間は少ないという結果が出ていました。それどころか、オランダで行われた子どもたちに外での遊びを推進する要素に関する大規模な調査で、自分の部屋にコンピューターかテレビのある子どもは、両方とも自分の部屋にもっていない子どもに比べて、少ない時間ではなく、より多くの時間を外で遊んでいるという結果が出ました。

以上を総合すると、子どもたちの外での遊びの減少は、親の不安が増大したこと、および他の社会的な変化（これらについては、第10章で詳しく述べます）が主要な理由であると言えそうです。ビデオゲームをする時間が増えたのは、2つの理由によります。1つは、ゲームは本当におもしろいですし、それらを作り出すためのテクノロジーとアイディアが進化するので、常にさらにおもしろくなっているからです。２つ目は、現実の世界で子どもたちは大人によってより管理され、よりモニターされるようになっているので、バーチャルな世界は自分たちが自由でいられるスペースであると子どもたちが考えるようになっていることです。９歳の男の子は、歩いて数分のところにある店に自分ひとりで行くことを許されませんが、彼は危険や喜びがいっぱいの興奮するバーチャルな世界にいつでも入り込んで探究することは許されています。

　ビデオゲームの何が好きかとアンケートやインタビューで尋ねられたとき、子どもたちは「自由」「自分で決められること」「遂行能力」などをあげます。ゲームをしているときは、子どもたちは自分で判断し、自分が選んだチャレンジを達成すべく努力します。学校や他の大人がリードする場においては、子どもたちは常に指示されないと何もできない者として扱われます。でも、ゲームでは、自らが責任を負っており、難しい問題を解決し、並外れたスキルを見せてくれます。また、ゲームでは、年齢は関係ありません。関係あるのはスキルだけです。この点で、ビデオゲームは他の「本当の遊び」と同じです。不安、落ち込み、無力感の年代を追った増加傾向に貢献しているのではなく、ビデオゲームはそうした苦痛を和らげるのに役立っているのです。それは近年いっそう顕著になっています。ワールド・オブ・ウォークラフト[8]などの多人数同時参加型オンラインロールプレイングゲーム（ＲＰＧ）の普及によって拍車がかかっているのです。この種のビデオゲームは、これまでのものに比べてはるかに社会的で、終わりのない創造性と問題解決の機会を提供してくれています。

　こうしたオンラインゲームでは、プレーヤーたちはユニークな身体的・心理的な特徴や利点をもったキャラクター（化身）を作り出し、そのキャラクターとして、他にたくさんの同じようなキャラクターとして参加しているプレーヤーたちと複雑で興奮するバーチャルな世界に入ります。他のプレーヤーたちは、地球上のどこにいるか分かりません。各プレーヤーはバーチャルな世界で冒険の旅に出かけ、その途上で友だちにも敵にもなり得る他のプレーヤーたちに出会います。プレーヤーはひとりでゲームを楽しむこともできますが、より高度なレベルでプレーするには友だちをつくり、協力して旅をする必要があります。ゲームの中で友だちをつくるには、現実の世界で友だちをつくるのと同じスキルが求められます。失礼な態度をとってはいけません。自分たちが所属する文化の礼儀作法を理解して、それに従わなければなりません。潜在的な友だちの目標について学び、それらを達成できるように助けなければなりません。あなたの振る舞い方次第で、他のプレーヤーはあなたを友だちのリストにも、無視するリストにも載せることができます。さらに、彼らはあなたについて肯定的な情報か否定的な情報を他のプレーヤーたちと共有します。ゲームは、現実的なレベルで失敗することのない仮想の世界の中で、プレーヤーに異なる性格や振る舞い方を試す際限ないチャンスを提供しています。

これらのゲームのプレーヤーたちは、共通の興味関心をもったグループである「ギルド（同業者組合）」を形成することができます。それに参加するには、求人への応募書類に似た応募用紙に記入する必要があります。自分がどれだけ価値のあるメンバーかを示すのです。ギルドは、現実の世界の会社に似た構造をもっています。経営陣、理事会、そして求人担当などもいます。これらのゲームは、多くの点で幼稚園児がしていた想像上のごっこ遊びに似ています。年齢の高い子どもや大人の興味と能力に合った複雑性を加味しながら、オンライン・コミュニケーションを使って、バーチャルな世界で行われているだけです。他のごっこ遊びと同じように、現実の世界の理解を踏まえています。ビデオゲームも、現実の世界で意味がある概念や社会的スキルを活用します。ＩＢＭによって委託された研究は、これらのゲームで使われているリーダーシップ・スキルは本当にある実業界の企業を経営するのに必要なスキルと同じである、と結論づけていました。

ビデオゲームに関する初期の研究は、暴力的な内容が実際の世界での暴力的な行為に子どもたちを駆り立てるのではないか、という不安に動機づけられて行われていました。それを分析した研究者たちは、その当初の不安を取り除きました。スクリーン上でアニメのキャラクターたちを殺すことが、現実の世界で人に危害を加えることになるという証拠はありませんでした。実のところ、研究者の中には、ビデオゲームの仮想の暴力は、「危険」な屋外の遊びと同じように、子どもたちに感情をコントロールすることを学ばせると指摘する人たちさえいます。たとえば、ある研究は、暴力的なビデオゲームを頻繁にプレーする大学生は、そのようなゲームをほとんどしないか、まったくしない学生と比べて、イライラする知的な作業をした後に、敵意や落ち込みを感じることが少ないという結果を指摘していました。極めて不快なので、私はビデオゲームをしませんし、暴力的な映画も見ないことを認めなければなりません。しかしながら、どの研究論文からも、私がビデオゲームや映画を避けることが道徳的に正しいという根拠を見つけることはできませんでした。私は、見せかけの暴力を見ることを子どもたちに禁止したことはありませんが、彼らは完全に非暴力で、道徳的な美徳をもった市民に育ちました。

近年は、研究者たちもビデオゲームの肯定的な側面に注意を向け始めています。いくつかの実験が、動きの速いビデオゲームをすると、ＩＱテストの一要素に含まれている視空間能力を高めることを明らかにしています。また、他の研究は、ゲームの種類にもよりますが、ビデオゲームは作業記憶（いくつかの情報を同時に覚える能力）、クリティカル・シンキング、問題解決能力を高めると報告しています。加えて、それまで読むことや書くことにほとんど興味を示さなかった子どもが、オンラインのビデオゲームでテキストを介したコミュニケーションをとることで、かなり高い読み書き能力を得ていることが証明されています。そして先にも述べたように、アクションが豊富で、感情的に興奮させるゲームをプレーすることは、子どもたちにストレスが多い状況の中で自分の感情を自己調整させるのを学ぶ手助けになるという証明もあります。今日まで、ビデオゲームの社会的な効果を示す研究は少ないですが、そのような効果を裏づける事例報告は数多く提示されています。実施された研究は、頻繁にビデオゲームを行うプレーヤーの方が、一切しない者よりも、社会的により適応できるという結果を出しています。

私たちの子どもを外で遊ばせるための方法は、家にある本を捨て去ることではないのと同じように、コンピューターやテレビを投げ捨てることではありません。これらはすべて、学びと楽しみとして素晴らしいものです。それらと競合するのではなく、他の子どもたちと一緒に、大人の介入なしで、子どもが外で遊ぶ機会を確保することです。狩猟採集民の子どもが弓矢や掘り棒の使い方で高いスキルをもっている必要があったのと同じように、いまの世界で、子どもたちはコンピューターを使いこなす高いスキルを身につける必要があります。そのようなスキルを身につけるためには、子どもたちは今日の主要なツールであるコンピューターで自由に遊べる機会が欠かせません。しかしながら、健全な成長の視点からは、子どもたちは家から離れて、他の子どもたちと一緒に外で遊ぶ自由と機会も必要です。ここでのキーワードは、「強制」ではなく、「自由」と「機会」です。

1　あるいは、週末に小学校の運動場で行われている少年野球やサッカーの練習風景を思い描いてください。体育館で行われている柔道や剣道等も同じです。
2　マタイによる福音書の7章12節とルカによる福音書の6章31節。
3　これは、教室の中の授業で教師が心にとどめて実践すべきことではないでしょうか？『ようこそ、一人ひとりをいかす教室へ――「違い」を力に変える学び方・教え方』（キャロル・トムリンソン著、山崎敬人・山元隆春・吉田新一郎訳、北大路書房）が具体的に参考になりますので、ご覧ください。

4 米国の有名なフットボールの監督（1913-70）です。

5 『ホロコーストの子どもたち——死の影で遊んだ』（ジョージ・アイゼン著、下野博訳、立風書房）。

6 日本においても、この「子どもたちが自由に遊べた」時代は、１９６０年代の前半ぐらいまでは間違いなくあったと思います。それは、訳者の実体験から確実に言えます。もっと遅くまで存在したという方は、ぜひご一報ください（私の娘は「90年代まであった」と言っています）。

7 ナルシシズムは、自己への陶酔と執着が他者の排除に至る思考パターンであり、自分の満足と周囲の注目を得ようとすること、自慢、他人の感情に鈍感で感情移入が少ないことなどで特徴づけられます。

8 世界的には大ヒットしていますが、日本語版がないので日本での知名度は極めて低いです。

第9章 なぜ異年齢の混合が子どもの自己教育力を飛躍的に伸ばすのか

異年齢混合――教育機関の秘密兵器

サドベリー・バレー・スクールのある朝、プレールームで私が目にしたのはとても素晴らしい光景でした。13歳の男の子と、2人の7歳の男の子たちが、自分たちの楽しみのために、英雄的なキャラクター、怪物、戦争などを含む空想的なストーリーを作り出していたのです。2人の7歳児たちが嬉々として次に展開するアイディアを叫ぶと、傑出したアーティストの13歳の男の子が、彼らのアイディアを分かりやすいストーリーに転換し、(2人がアイディアを出しているのとほとんど同じスピードで)黒板にたくさんのシーンを描き出していたのです。(学校内の他の場所で起こっていることも観察したかったので、私が移動するまでの間)この状態は、少なくとも30分は続きました。この素晴らしい芸術的な作品を見られたのは私だけだったので、とても光栄だと思っています。それは、2人の7歳児たちだけでは作れませんでしたし、13歳の男の子だけでも作れなかったと思います。無制限の熱烈な興味関心と、7歳児たちの想像力と、13歳の男の子のストーリーとイラストを作り上げる能力が一緒になって、この想像性が爆発する最適な化学反応を起こしたのです。

第5章で紹介したサドベリー・バレー・スクールのビジョンをもったリーダーのダニエル・グリーンバーグは、「異年齢の混合」こそが学校という教育機関が成功するための「秘密兵器」だと長年主張し続けています。同じように（第6章参照）、スガタ・ミトラは、自分がインドで行っている教育への侵襲性（大人の介入）を最低限にするための実験の中で、異年齢の混合こそが、誰もが使えるコンピューターをすばやく学ぶための鍵だと述べていました。そして第2章ですでに紹介したように、狩猟採集民の社会を調査している文化人類学者たちは、子どもたちの自己教育に欠かせないのが異年齢の混合だと主張していました。

年齢の大きな違いがある子どもたちが自由に混ざり合うことが、子どもたちが主体的に自分を教育するのに欠かせない大切な鍵です。子どもたちは、自分よりも年上ないし年下の多様な子どもを観察し、そして接することを通して学びます。しかしながら、教育が専門の教授たちは、自由な異年齢の混合がもつ教育的な価値に目をつぶったままです。同時に彼らは、教育は教師の管理下で行われるもので、生徒たちが同じレベルにあるときにもっとも効率的に行われるという考え方に病みつきになっています。そして、年齢、スキル、理解のレベルが「多様な状況」で、子どもたちが互いから学び合えるという考えを彼らがもつことは、仮にあったとしても極めて稀です。

歴史的な観点、および進化論的な観点から見ると、子どもたちを年齢によって分けるのは、異常なことです。私は、悲劇的な異常とさえ言います。狩猟採集民の子どもたちは、他の子どもたちとの遊びと探究を通して自らを教育しました。第2章で論じたように、彼らはその必要性から広い異年齢の集団で遊びました。狩猟採集民の集団は小さかったし、出産は間隔が開いていたので、子どもたちは、自分の年齢に近い遊び友だちは1人か2人ぐらいしかいませんでした。このような集団で一緒に遊んだり、探検したりしていた典型的なグループは、4～12歳まで、あるいは7歳から17歳までの5～7人です。これは、人類の長い歴史の99％の期間で少人数の異年齢混合の遊び方をしていたことを意味しています。

進化の歴史をさらにさかのぼると、人類出現以前の先祖たちにとって、子どもたちの異年齢の混合は当たり前のことでした。チンパンジー、ボノボ、ゴリラなど、私たちの類人猿の親戚たちは、すべて小さな集団で暮らしています。そしてメスは子どもを1匹ずつ産みます。従って、類人猿の子どもたちの遊びは、年齢のかなり差がある者たちによって行われます。こうした観察は、類人猿と共通する、私たちの最後の共通の先祖も、同年齢の仲間が少ない状態で暮らしていたと思われます。そういうことから、私たちの遊びの本能と自己教育の本能は、数百万年のときを超えて進化してきたと思えます。少なくとも、他の類人猿と枝分かれするときぐらいまでは。そのような状態では、ほとんどの子どもたちの社会的な交流は異年齢で行われていました。

およそ1万年前、農業の発展以降は、人々はより大きな集団で暮らし始めるようになりました。同時に、より多くの食料供給が、子どもを産む間隔を短くしました。この変化が、近い年齢の子ども同士の交流の機会を増大させました（以後、「同年齢の交流」と言います）。異年齢の混合は伝統的、非西洋の、学校化されていない社会では、まだ残っていました（いまでも残っています）。そのような社会においては、小さい子たちの面倒を見るのが当たり前で、それは遊ぶときに彼らも仲間に入れることを意味していました。西洋社会ではおよそ１００年前に、義務的で、学年で分けられた学校が広範囲に普及すると、多くの子どもたちは、年齢によって分離された状態で多くの時間を過ごさなければならないようになりました。

過去30～40年の間に、米国と他の西欧および西欧化しつつある国々では、子どもたちを年齢で分離する度合いは驚くほど増しました。いま、多くの子どもたちは学校にいる時間だけでなく、学校以外にいるときの時間も、自分と1歳か2歳以上違う子と遊ぶ機会は著しく少なくなっています。

◉核家族化で、一家族あたりの人数の減少
◉近親者を含む拡大家族の関係の弱まり
◉年齢の上の子どもの下の子どもに対する悪影響の懸念
◉近所レベルでの自由な遊びの減少
◉学校で過ごす時間の増大
◉学校終了後の各種活動や大人の指導による年齢を分けた活動の普及

が同時に重なって、子どもたちに自分よりも数年上下の子たちを知る機会を大幅に削減しました。学校の学年モデルが、私たちの社会の子ども時代に対する考え方を支配するまでになってしまったのです。子どもの発達を研究する多くの心理学者を含めて、ほとんどの人が、子どもたちは2つのタイプの人間と交わることが当然と思うようになっています。同年齢の友だちと、子どもの世話をしてくれる人ないし教師です。

サドベリー・バレー・スクールは、現代の北米において、狩猟採集社会や、その他の伝統的な社会がもっていた異年齢の混合を実現している数少ないところです。生徒たち（4歳から10代後半までの130人から180人）は、自分が交わりたい誰とでも過ごすことができ、実際、自分よりもかなり年上や年下の生徒と過ごしています。サドベリー・バレーの異年齢混合の度合いを立証するために、私の同僚のジェイ・フェルドマンは数週間、学校の建物と外を14回歩き回り、2〜7人で何らかの活動をしていたグループについて記録しました。その結果を分析したとき、半分以上のグループが2歳より大きい幅の生徒で、4分の1は4歳以上の幅の生徒で構成されていたことを発見しました。また、異年齢の混合は、特に遊んでいるときに顕著であることも発見しました。そして、真剣な会話ではあまり起こっていませんでした。その後に行った長期的で定性的な調査で、フェルドマンと私は、若者（12歳以上の生徒）と子どもたち（12歳未満か、交わっていたもっとも年上の若者よりも4歳以上年下）とが交わっている200近くの場面を記録し、分析しました。

子どもは、自身と、年齢的に異なる他者と自由に交わることで何を得ているのでしょうか？　それが、この章の論点です。まず、異年齢の混合グループの中で年少の子どもたちにとっての効果について検証します。その後で、年長の者にとっての効果について考えます。ほとんどの事例はサドベリー・バレーでの観察から来ていますが、いくつかの学校で特別の実験的な状況で異年齢混合グループを観察したものも使います。後者の例では、異学年の生徒たちが交わる限定的な機会が提供されていました。

年少の子どもたちにとっての異年齢混合の価値

異年齢混合のグループで、年少の子どもたちは、自分だけでやったり、他の同じ年齢の子たちだけでは複雑すぎたり、難しすぎたり、危なすぎたりする活動に取り組み、そこから学ぶことができます。また、年長の子たちの複雑な活動を見たり、話しているところを聞いたりすることだけでも学べます。さらには、同年齢の子が提供してくれるもの以上の感情的なサポートや配慮も受けることができます。これらの効果は疑う余地のないもののように見えますが、子どもたちの肉体的、社会的、精神的、知的な発展にとって、それらの機会がどれだけ価値のあることなのかを以下で詳細に述べていきます。

・「今日誰かの助けがあってできたことは、明日1人でできるようになる」を遊びで練習し続ける

2人の4歳児がキャッチボールをしようとしているところを想像してみてください。彼らはうまくできないでしょう。2人ともボールをまっすぐ投げることができませんし、ボールを受けることもできません。ボールを拾う方に忙しくて、すぐに続けることをあきらめてしまいます。今度は、4歳児が8歳児と同じことをしているところを想像してみてください。年長の子どもは緩やかにボールを投げて、年少者が受けやすいようにしてあげられますし、年少者が投げる悪い球をなんとかして取ることもできます。投げるスキルと受けるスキルの両方を伸ばすことができるので、2人ともがこのキャッチボールを楽しみ、かつ学ぶこともできます。4歳児だけだとキャッチボールはできませんが、4歳児と8歳児の組み合わせの場合はキャッチボールができるようになるだけでなく、両者が楽しめます。同じことは、他の多くの活動でも言えるのです。

1930年代、第7章で紹介したロシアの心理学者のレフ・ヴィゴツキーは「誰かの助けでできるようになる領域[2]」という言葉をつくりました。それは、子ども1人ではできない活動や同年齢の他の子たちともできないことを、自分よりスキルのある他の人の協力でできる、という意味です。子どもが新しいスキルや理解をもてるようになるのは、自分の「誰かの助けでできるようになる領域」で他者の協力を得ることが多いことを、彼は提起したのです[3]。このヴィゴツキーの考えを拡大解釈して、ハーヴァード大学の心理学者のジェローム・ブルーナーと同僚たちは、「足場[4]」という言葉を導入しました。それは、よりスキルをもった参加者が新米の参加者に一緒に活動をすることのたとえとして使いました。足場には、思い出させるための投げかけ、ヒント、励まし、そしてその他の子どもをより高いレベルでの取り組みに持ち上げるための助けが含まれます。先ほどの例では、4歳児にとってキャッチボールは「誰か

の助けでできるようになる領域」で行われました。8歳児は、緩やかにボールを投げてあげたり、とれそうもないボールをうまくとったりすることで、4歳児に対して足場を築いてあげていたのです。

教育関連の書籍では、ヴィゴツキーとブルーナーの概念は、子どもと親ないし教師との間のやり取りを説明するのにもっともよく使われています。しかしながら、同僚のフェルドマンと私の観察によれば、「誰かの助けでできるようになる領域」と「足場」という概念は、異年齢の子ども同士のやり取りの方により適切に言えるのではないかと思います。そこでは、誰もが公式な教師と生徒ではなく、みんながただ楽しんでいるという状態です。年長の子どもは、大人よりも年少の子どものエネルギーのレベル、理解のレベル、そしてどんな活動をしたいのかということに関してははるかに近い立場にあります。従って、結果的に年少者の「誰かの助けでできるようになる領域」で振る舞うことがより自然にできるのです。さらに、年長者は自分が年少者の長期的な教育の責任をもっているとは考えていないので、年少者が欲しい、あるいは必要とするもの以上の情報を提供することもありません。彼らは退屈したり、見下したりすることもありません。

異年齢混合で行われる遊びは、能力の幅がかなり大きく、足場の提供は継続的に、しかも自然に、そして無意識に行われます。年少者のレベルを少しでも上げないと、みんなでゲームを楽しむことが難しくなるからです。

次に紹介するのが、サドベリー・バレーで行われていた肉体的な遊びの領域で、フェルドマンと私が観察したことです。「がんばこ」という遊びでは、10代の子たちは年長者に対してはボールを強く打っても、アーニー（4歳）が入っている正方形（陣）へは柔らかく打ちます。さらに、ルールまで変えて、アーニーだけはボールを打つ代わりに、キャッチして投げることができるようにしていました。レスリングの遊びでは、3人の男の子（8歳から11歳）が、ハンク（18歳）に攻めかかりました。それに対して、ハンクは3人の能力や大きさに応じて調整しながら投げ飛ばしていたのです。一番年長のクリントを一番遠くまで投げ飛ばし、一番年少のジェフは短い距離しか投げ飛ばしませんでした。ハンクは、それぞれの相手をどれだけ投げられるかを正確に分かっているかのようでした。そうすることによって、誰も怖がらせたり、けがをさせたりせずに、最大の興奮を味わえるようできるからです。手作りの剣でするフェンシングの熱狂的な試合[5]では、サム（17歳）が、彼を攻める6歳から10歳までの相手のそれぞれのスキルやスタイルに応じて自分のフェンシングの動きを調整していました。そうすることによって、相手を圧倒することなく、適度のチャレンジ感をもたらしていたのです。バスケットボールでは、エド（運動神経のいい15歳）はほとんどシュートを放ちませんでしたが、相手チームの8〜10歳の男の子たちがボールを取ろうとする中をあえてドリブルして回り、彼の唯一のチームメイトであるダリル（8歳）にパスをして、彼がシュートを打つようにしていました。

これらすべての事例で、年長者たちは年少者がゲームに取り組め、楽しみ、そして学べるように、自分のプレーを調整していました。たとえば、バスケットボールのコートでは、エドは自分のチームメイトのダリルがより高いレベルでプレーできるように、彼がシュートできるようにお膳立てをして、いつシュートしたらいいかも伝えていました。でも、年長者たちは我慢して年少者たちに合わせていた訳ではありません。年長者も年少者たちとプレーするのを明らかに楽しんでいました。彼らはみな、年少者たちのスキルだけでなく、自分のスキルも伸ばす形でプレーしていました。ハンクのレスリングの優れた能力と、サムのフェンシングの能力は、ある程度はそれらの力を抑制していましたが、複数の年少の相手の攻撃をかわすために最大限に使われていました。エドにとっては、シュートして点を挙げるのは簡単すぎて、誰にとってもおもしろくないので、たくさんの背の低い、向こう気の強い相手の中をドリブルし、自分の唯一のチームメイトにシュートをさせることは最高でした。またそれは、自分のドリブルやパスやゲームをつくり出すためのスキルアップになったのです。

私たちは、学校で知的能力の足場を築いているところもたくさん見ました。もっともよく見かけたのはトランプに代表されるカードゲームと盤を使ってするボードゲームでした。9歳ぐらいから下のほとんどの子たちは、この手の複雑なゲームを同年齢の子たちとすることはできません（もちろん、例外もありますが）。ルールを忘れたり、他のことに気を取られたり、始まったとしても、ゲームがうまくいかないことがあるのです。でも、サドベリー・バレーでは、この年齢よりも下の子たちが年長の子たちと頻繁にプレーしています。年長者は、年少者とプレーするのが楽しいからか、あるいは彼らがいないとゲームができないので、年少者も受け入れています。年少者たちは、年長者たちが何をしなければいけないのか思い出させてくれるので、一緒にプレーすることができます。「今度は君の番だよ」「他の人が見えないように、ちゃんとカードは上げておいて」「どのカードがすでに使われたのか覚えておかなくちゃだめだよ」「それを捨てる前に、テーブルの上にどんなカードが出ているかよく見ないとだめだよ」言われた者が注意していれば済んだ場合は特に、これらの言葉はイライラした調子で発せられたり、「ばか」という言葉が前につけられたりすることもありますが、いずれにしてもそれらの言葉掛けは助けになります。手助けをしないと、ゲームがうまくいかないので、年長者は手助けをします。このようなゲームをしているときに、年少者は「注意をする」「覚える」「先回りして考える」などの基本的な知的な能力の練習をしています。これらは、私たちが知性と呼んでいる基盤となるスキルです。

サドベリー・バレーの年少の子どもたちは、読み・書き・算数は正式な授業なしで学ぶのですが、私たちの異年齢混合のやり取りの観察は、それがどうして可能なのかを理解する助けになりました。学校ではいつでも、年長の子たちと年少の子たちが、数字や読むことや書くことを伴う活動を協力して取り組んでいるのを見ます。カードゲーム、ボードゲーム、コンピューター・ゲームでは点数を記録しますが、年長の子たちが年少の子たちにどうやって点数を計算するのか教えます。それには、足し算はもちろんのこと、たまには引き算やその他の複雑な計算を伴います。書き言葉を伴うゲームをするときは、年長の子がまだ読めない子たちのために読み聞かせます。もし年少の子が文字を書きたいときは、スペルを言ってあげます。その過程で、年少者はもっとも頻繁に使う言葉を認識することを学びます。そしてそれは、自分たちが読むときの役に立つのです。

学校のスタッフによると、フェルドマンと私が観察調査をしたときよりも早い段階で、生徒たちは読み・書き（いまは、手書きではなく、キーボードで打つこと）を学べているそうです。その理由は、コンピューター・ゲーム、Eメール、ソーシャル・ネットワーキング・サービスやテキスト・メッセージの送受信の利用が考えられないぐらい増加しているからです。いまは、どの年齢の子どもにとっても文字を入力したり、読めたりしないことには、ほとんどの遊びや探究ができないのです。従って、子どもたちが話せるようになったのと同じように、文字を読んで、打ち出すのを学んでいるのです。

より従来型の学校における実験的な異年齢混合の試みも、読み・書きのスキルを促進する証拠を提供してくれています。ジャイムズ・クリスティーとサンドラ・ストーンが行った研究では、2年間にわたって教室の中の幼稚園児の行動を比較しました。最初の年は、幼稚園児と小学校1年生と2年生の異学年の混合で行われました。2年目は、同じ教室と同じ教師で、幼稚園児だけを教えました。教室には2年間同じ遊び道具が置かれて、研究者たちは自由な遊びの時間に子どもたちがどんな活動をしていたのか動画で記録しました。異学年混合のとき、幼稚園児は少なくとも1人、ほとんどの場合は2人以上の1年生や2年生と遊んでいました。結果的に、年長の子どもたちに促される形で読み・書きが必要な遊びをしていました。一人ひとりの生徒の結果は、同学年だけで遊んでいたときと比べて、異学年の子どもと遊んでいたときは、4倍の読む活動、6倍の書く活動に取り組んでいました。これらの活動のほとんどは、ごっこ遊びとして行われていました。たとえば、料理を伴う遊びでは、子どもたちはレシピを読んでいました。赤ちゃんを寝かせる遊びでは、子どもたちは読み聞かせをしていました。誕生会の遊びでは、プレゼントにラベルを書いていました。

もうひとつ別の研究で、ケイ・エムフィンガーは、夏休みの間に行われる習い事に参加している4歳から10歳までの子どもたちが自由に遊んでいるところを動画に撮りました。彼女は、年長の子どもが、年少の子どもが自分だけでは理解できないし、使えない計算に触れさせているたくさんのケースを見つけました。たとえば、ある場面では年長の子が年少の子に、1から7まで数えて、きっかり7錠の薬を病気の人形にあげるにはどうしたらいいかを説明していました。別の場面では、お店屋さんごっこで、1つが10ドルで、もうひとつが5ドルの品を購入したときの合計はいくらで、20ドル紙幣にはお釣りをいくら渡す必要があるかを、年長の子が年少の子に説明していました。このような場面で（自分が率先して行うごっこ遊びの状況で）計算を学んだり、応用したりする方が、教室の中で抽象的に、自分の意思に反して学ぶよりも、はるかに意味があります。

サドベリー・バレーの最年少児は4歳ですが、それよりも年少の子たちも異年齢混合の遊びの恩恵を受けることが研究の結果分かっています。2～3歳児は、同年齢の子たちと協力して遊ぶことはまだなかなかできません。その代わり、彼らは、私たちが「平行遊び」と呼ぶ状態で遊びます。複数の幼児が同じ場所にいて、同じ遊びをしながらも、少しは互いに意識はするのですが、相互に関わりをもたない状況のことを言います。しかしながら、異年齢混合の環境では、年長の子が足場を作ってあげることで、幼児も相互に関わりをもった遊びが実現するのです。4歳児でさえ、3歳児の遊びのレベルを向上させる能力をもっています。2つの異なる幼稚園で行われた2つの異なる実験が、3歳児だけで遊ぶよりも、4歳児との異年齢混合の環境で遊んだ方が、3歳児たちは相互に関わり合い、平行遊びも少ないことを証明しています。

　メキシコの村でマヤの人々の36世帯を対象に実施した研究の中で、アシリー・メイナードは、年長の子が年少の子たちを見守る責任があるという状況の中で、2人の姉妹が遊んでいるところを目立たないように動画に撮りました。メイナードは年少の子が2歳で、年長の子は3～11歳の間という2人のペアが遊んでいるところに焦点を絞りました。子どもたちは見せかけのトルティーヤ[6]を作ったり、赤ちゃん人形の世話をしたり、ごっこ遊びのお店で製品を売ったりして遊んでいました。メイナードによると、「すべての遊びの場面は、教えたり学んだりする場面だ」と言います。年長の子は、年少の子が自分だけで遊ぶよりもはるかに高いレベルで遊べるように常に助けていたのです。3歳児でさえ、より洗練されたやり方を見本として示すことで2歳児を助けることができるのです。2歳児は、それを観察し、真似していました。一般的に、2歳児の相手の年齢が高いほど、複雑度や交わり度を上げることもできていることが分かりました。8歳ぐらいまでには、子どもたちは年少の姉妹に対するとても有能で洗練されたガイドになっています。彼女たちは、特定の役割をどうやって演じることができるのか説明できます。年少者に、適切な小道具を提供できます。難しい身体的な動きについて助けることができます。2歳児がうまく反応できるように、自分たちの活動を変更することもできるのです。

1つの場面では、8歳のトニックと2歳のカタルが赤ちゃんの人形をお風呂に入れる遊びを一緒にしていました。カタルは自分がそれをすると主張したので、トニックはやり方を実演して見せました。人形にかける1杯の水を提供し、そして赤ちゃんを洗う適切な方法を段階的に分かりやすく教えたのです。

・年長者のすることを観察することで学ぶ

異年齢混合の環境では、たとえ両者が直接的にやり取りをしていなくても、年少者は年長者がしていることを見たり、話していることを聞いたりすることで学びます。年長者がしている活動を観察することで、年少者は、その活動がどのように行われるのかの感触を得ることができ、それを試してみたくなります。年長者のより洗練された言葉や考えを聞くことで、年少者は自分の語彙を増やし、自分の考えを向上させることができます。

成長していく際の自然のプロセスの1つは、「見本」を見るということです。特に、自分よりも前を行く見本ですが、届かないほど前ではない見本です。5歳児はあまりにも違いすぎる世界の住人である大人を真似することには興味がありません。でも、5歳児は自分の周りにいるカッコいい8歳児や9歳児のようになりたいとは思います。もし、その8歳児や9歳児が本を読んでいたり、本について話し合っていたり、コンピューター・ゲームをしていたり、木登りをしていたり、『マジック：ザ・ギャザリング』のカードを集めたりしていたら、5歳児もそれらをしたがります。同じように、8〜9歳児は10代前半を見、10代前半は10代後半を見、そして10代後半は大人を見ます。これは、サドベリー・バレーのような異年齢混合の環境では自然に起こることです。年長者は意図しなくともすでに年少者の見本になっています。

何年か前に私と学部の学生2人が、サドベリー・バレーの子どもたちがなぜ、どのように読むことを学ぶのかを調査した中で、何人かは年長者が読んでいたり、読んだものについて話したりしているところを観察したことが自分を読みたい気持ちにした、と何人かの子どもたちが答えていました。1人は「同じような魔法が欲しかったんだ。彼らのクラブの仲間入りがしたくて」と語っていました。フェルドマンと私のより公式の研究は、観察ではなく参加に焦点を当てていたのですが、何人かの生徒がおもしろいことをしていたら、他の子（多くの場合は、年少者）たちは熱心に見ているということに気づかないわけにはいきませんでした。ほとんどの場合、見ることはその見たことをその後に真似することにつながるものです。次に紹介するのは、私が取っていた観察ノートからです。

私は学校の運動場に近いところに座って、滑り台を立って降りるのを簡単に、けろりとやってのけた2人の10歳児を見ていました。近くで6歳児が、私よりも熱心に観察していて、階段を上り、高くて勾配の急な滑り台を恐る恐る立って降り始めました。これは、年少者にとっては明らかに大きな挑戦でした。彼女は、ひざを曲げ、バランスを失ったときはいつでも手すりをつかめるように手は下においていました。2人の年長者は滑り台の脇にとどまって、不安を見せながら、もし落ちたときにはいつでも年少者を捕まえてあげられるように（しかし、そのことをあまりあからさまには出さずに）見ていました。そのうちの1人は、「うまくやる必要はないのよ。普通に滑りおりていいんだから」と言いました。しかし、年少者はゆっくり下り、最後まで下りきったときには、顔を

輝かせました。しばらくしてから、2人の年長者は近くの木を登り始めました。6歳児の女の子はそれも真似し始めました。年長者が容易にやっていたことを、年少者は努力をしてやりきることに興味をもったのです。

年長者たちと年少者たちとの異年齢混合のやり取りの研究を通して、一緒に遊ぶ前に、年少者が年長者を観察する時間があることに気づきました。「観察することが、その後に一緒にする活動の動機づけになっている」のです。たとえば、ブリジット（7歳）はマージー（12歳）が1人で遊ぶトランプゲームのソリティアをしているところを見ていました。マージーがし終わったとき、ブリジットがどのように遊ぶのか教えてほしいと尋ねました。マージーは、カードを用意して、ルールを説明し、たまにカードがどこに行くべきかを指摘しながら、ブリジットが最後までプレーするのを助けました。もうひとつの事例では、スコット（13歳）が楽しいラップの音楽を作りながら、ゴルフのクラブをマイクに見立てて歌っていました。ノア（7歳）はそれを見ながらクスクス笑っていました。ついには、スコットがノアに「ビートをちょうだい」と言いながら、招き入れました。ノアはそれがどういう意味か分からないという仕草をしたので、スコットはそれを説明し、実際にして見せました。ノアはスコットのビートを真似ているとき、スコットは別のラップを作りました。

卒業発表会、公式のインタビュー、非公式の会話の中などで、多くの生徒や卒業生が学校で年長者を見ることで自分の興味関心が芽生えたことを語っていました。その中には、楽器の演奏、粘土から小さな作品を作ること、料理、映像作品の制作、コンピューター・プログラム、劇のシナリオ書き、学校の校舎の外壁を手や足をかけられるところだけを使って、地面に降りることなく1周するという軽業的なことが含まれています。人類学者イレネウス・アイブル＝アイベスフェルトは、世界中で行った自分の観察に基づいて、「長い期間を通した異年齢混合が子どもの文化を形成する」と指摘しています。それぞれの新しい世代は、年長の子どもたちから特定のスキルや知識を受け継ぎ、次の世代に受け渡していきます。サドベリー・バレーの学校の外壁を地面に足をつけることなく1周した最初の生徒は、新しい文化をつくり出しました。それは、何十年後も新しい生徒たちに大きなチャレンジを提供し続けています。

年少者は、むやみに年長者の真似をするわけではありません。そうではなく、彼らはよく観察し、見たことをよく考え、そして学んだことを自分ができることに意味のある形で統合していきます。そういうプロセスを踏んでいるので、年長者の失敗や反面教師のような行動すら、年少者には貴重な学びとなります。学校がまだ喫煙室をもっていた1970年代に、サドベリー・バレーですべての初等教育と中等教育を受けた最初の生徒の1人は、父親に、自分が年少のときに喫煙室で10代後半の生徒たちと一緒にいたことがよかったと言ったそうです。それらの年長者を観察し、話を聞くことによって、タバコは中毒性が強いこと、自分の健康や寿命を危険にさらしたくないことを含めて、彼はたくさんのことを学びました。彼がティーンエージャーになって煙草を吸いたい年頃になったとき、彼にはタバコを吸うことはカッコいいことという意識はすっかりなくなっていました。

文化人類学者のデイヴィッド・ランシーは、世界中で（リベリア、パプア・ニューギニア、トリニダード・トバゴなどでの伝統的な社会も含めて）子どもの遊びと学びについて観察してきました。彼は『子ども時代の文化人類学（The Anthropology of Childhood）』の著者で、『子ども時代の学びの文化人類学（The Anthropology of Learning in Childhood）』の共著者です。後者で、「学びの形態でもっとも重要なものの1つは観察することだ」と書いています。伝統的な社会において、明確に教えるという行為はほとんど存在しません。そうした社会の子どもたちは、よりスキルをもった他者の中に自分が主体的に参加する形でスキルを練習します。それをする過程で、言葉による説明があるかもしれません。でも、子どもたちは自分たちの社会で大切な活動やスキルを、最初は年長者を観察したり、話をしたりするのを聞くことによって学びます。

ランシーや他の多数の文化人類学者は、西洋の学校はあたかも観察をしないで学ぶべきだと子どもたちに教えているようだ、と指摘しています。西洋の学校では、生徒たちに対して、学びは教師からの言葉による指導でなされるもので、他の誰かを真似することは不正行為だという考えを植えつけられています。実例として、ランシーは彼がユタでスキーをしているときの体験を話してくれました。ポマリフトをこれまで一度も使ったことがないように見えた10～11歳ぐらいに見える少年が、他の人がどのように使いこなしているかを見ることとなしに、この風変わりなリフトに乗ろうとしたのです。当然のごとく、彼は彼の後ろにいるスキーヤーたちを待たせ、どう乗ったらいいのかを教えてくれるように頼んでいました。ランシーによれば、非西洋社会では、似たような状況にある子どもは自分の番になるのを遠慮して、他の人たちがどう使っているのかを観察して学ぶというのです。ポマリフトに乗るような課題は、言葉による説明を聞くよりも、実際に観察した方がはるかに効率的です。

まさに、米国の子どもたちは自分の周りで起こっていることに少しの関心しか示せないという実験の結果が出ています。その結果、古い文明社会の子どもたちに比べて、観察から学べることも少なくなっています。そのような実験の1つは、バーバラ・ロゴフらの研究者によって行われた、グアテマラの伝統的なマヤの文化を継承する子どもたちと、カリフォルニア州の中流階級のヨーロッパ系アメリカ人の子どもたちの観察による学びの違いを比較するものでした。やり方は、2人の兄弟・姉妹を実験室に招いて、そのうちの1人におもしろいおもちゃ（動くネズミや飛ぶカエルなど）の作り方を教えます。その間、もう1人には近くに座って他のおもちゃで遊んでいてもらいます。その後、（実験の大切な部分ですが）おもちゃの作り方を教えてもらわなかった子どもに、おもちゃを作ってもらうのです。実験の結果は、教えてもらわなかったグアテマラの子どもたちの方が、教えてもらわなかったアメリカの子どもたちよりも、どのようにおもちゃを作ればよいかよく理解できていました。それだけでなく、グアテマラの子どもたちの中でも、もっとも伝統的な家族から来た子どもたちの方が、より西洋化された家族の子どもたちよりも、観察から多くのことを学べていました。

・ケア（気づかい）と精神的なサポートを受ける

著名な教育哲学者のネル・ノディングスは、教育における「ケア（気づかい）」の重要性を長年主張してきました。子どもたちは、探究と学びに完全に打ち込むためには、安心安全で、ケアされていると思えなければなりません。そして、子どもたちはケアを示され、信頼関係が築けた相手から一番よく学べます。ケアと教育の関係についてのノディングスの考えに賛成するか否かの如何にかかわらず、一般的に、自分を大切にしてくれる人たちに囲まれていた方が、そうでないときよりも、よりよいパフォーマンスを示すことができるのです。

サドベリー・バレーでは、学校の民主的な物事の進め方によって形づくられている道徳的な環境という枠組みの中で、年少の子たちをよく知っていて、ケアする年長者の存在が、年少者の安心安全を約束しています。私たちが校内を観察して回っているときも、年長の生徒たちが年少の子たちに対してケアと好意を示しています。たとえば、1日のどんなときでも、年少の子が10代の子の膝の上に座っているか、ソファーに寄り添って座っています。ある場面では、10代の若者は年少の子に本を読んだり、話をしたり、一緒に遊んだりしていますが、他の場面では、10代の若者は自分自身の活動に取り組んでおり、年少の子はそこにいるだけで安心安全と一緒にいることを楽しんでいるようでした。年少の子たちが年長の者に助けやアドバイスや承認を求めている場面も、私たちはたくさん見ました。そうしたときは、年長者は年少者のニーズや求めを満たす形で対応していたのです。私たちは、10代の若者たちが年少者に

- なくした物を探すのを手伝ったり
- 遊び終わったおもちゃをちゃんとしまわせたり
- 一緒に遊びながら、スキルを教えたり
- 作り出したものを褒めたり
- 自分たちでいざこざを解決させたり

しているのを見かけました。研究の一環として、フェルドマンは年少者が年長者にアドバイス、指導、あるいは他の形の助けを求めた30の場面を明らかにして分析したところ、26の場面で年長者は喜んで応じていました。これらはすべて、10代の若者たちには学校で年少者たちのケアをする公式の責任はない中で行われていたのです。彼らはそうしたいから、していました。彼らは、年少者の依頼はとても魅力的だと思っています。

1人の幼稚園の教師や小学校の教師が、あるいは2人の教師が、1クラス30人ぐらいの生徒たち全員に、サドベリー・バレーで年長の生徒が年少者にしているような、直接的なケアと安心安全を提供する

ことは不可能です。年長者が年少者をケアするのは、彼らがそうせざるを得ないのではなくて、そうしたいからという事実が、ケアを真の意味のあるものにしています。

従来型の学校で、年長者が年少者にどんなケアやサポートを提供することが可能かという調査はこれまで実施されたことがありません。唯一の例外は、ジェフリー・ゴレルとリンダ・キールによって行われた大学付属の実験校での個別指導プログラムです。その中では、8年生が1年生を対象に1回20分の個別指導を週に3回行っていました。最初の方では、8年生たちは年少者が課題に集中させることに20分間のほとんどを費やしていたのですが、最初の月の終わりのころには両者の関係がより遊び心をもった、愛情のこもったものになり出したと、研究者たちは述べています。1年生たちは年長者の膝の上に乗り、手を握ったり、キスをしたり、頭を軽くたたいたり、優しい冷やかしを言ったりといった愛情のサインが多く見られるようになったのです。研究者たちによれば、1年生の感情的なニーズと欲求を満たすのにもっとも効果のあった両者の関係は、個別指導の目的を達成するのにも、もっとも貢献したそうです。1年生たちは、8年生たちと感情的にいい関係を築けてからの方が、その前よりもよく学べるようになりました。ゴレルとキールの研究は30年以上前に行われたものです。今日、それらの愛情のサインは、従来型の学校では禁止されてしまうことでしょう。

年長の子どもたちにとっての自由な異年齢混合の価値

異年齢混合の利点は、年少者だけでなく、年長者にもあります。年少の子どもたちと交わることで、年長の者はリーダーシップや愛情を込めた世話などを練習し、（弟や妹のいない者にとっては特に重要な）関係の中で、成熟した者の役割を体験する機会を得ます。年長者は、年少者に教えることで、より深い概念の理解も得られます。それは、自分が知っていることと、知らないことを考えることにもなります。年長者が年少者に、年少者だけで取り組むときよりもはるかに複雑で洗練された活動に取り組むことを促したように、年少者は年長者に、自分だけでするときよりもはるかに創造的に課題に取り組むことを促します。以下で、年長の子どもにとっての3つの利点を検討します。それら3つは、年少の子どもにとっての利点の裏返しと捉えることができます。

・育てたり、リードしたりすることを学ぶ

サドベリー・バレーでは、年長の子どもたちが年少者にゲームを教えます。年少者を含めて試合ができるようにルールやプレーの仕方を順応させます。ときには、年少者のファンタジーゲームをより構成的にします。芸術的な作品や他のプロジェクトに取り組むように促します。読んであげます。慰めます。膝の上にのせてあげます。落としたものを探すのを手伝います。仲たがいを解決するのを助けます。危険な場合は警告します。これらをすることで、よい親や世話をする人やリーダーに必要なスキルを練習します。彼らはこれらをすべて熱心に、自ら進んでします。自分がやらなければならないからではなくて、それが大切なことだと思い、人間的であることの大事な部分だからです。そして、学校の民主的でケアリングな（気づかいの）精神が、それらをすることは年少者に接するときにもっとも適切な方法であると言っているからでもあります。

年長の子どもが、年少者に対してより適切に行動することを説いたり、年少者に対して、さらに年少の者に優しく接しなかったことを叱ったりする場面を学校で何度となく観察しました。たとえば1つの場面で、3人の女の子（6〜8歳）が手荒に、一緒に折り紙を折るのに加わりたがった4歳のリンダを

排除しました。そのそばで本を読んでいたナンシー（10歳）はそれを見たので、本を置いて、３人の女の子たちのところへ行って、次のように言いました。「もしあなたがあんなふうに突き放されたら、どんな気持ちがする？」その結果、３人の女の子はリンダに折り紙を渡して、どんなふうに折ったらいいのか教え始めました。別の場面では、サブリナ（17歳）がメリンダ（11歳）と一緒に遊んでいた年少者たちが衣装を元の場所に戻さなかったので、メリンダを叱っていました。メリンダの反応は、自分には責任がない、でした。彼女ではなくて、他の子たちがそれらを持ち出してきて、着ていたからです。しかし、サブリナはそれでも彼女（メリンダ）の責任であることを告げました。その理由はメリンダが学校の規則を知っているからであり、年少の子どもたちは彼女に見本を見出すからです。こうした叱責は、大人によってなされるよりも、年長者によって行われたときの方がはるかに効果的です。

フェルドマンは、10代の若者と年少者の間にあったいくつかの長期的な友だち関係を記録していました。そうしたケースにおいて、10代の若者たちは特別なプライドをもつものです。あたかも年少者を自分の子どもか姪か甥のように捉えて、気づいているか否かは別にして、親になる練習をしているかのようです。たとえば、ショーン（19歳）はかなりの時間をレックス（5歳）とジョーダン（6歳）と過ごしていました。ショーンは、年少者たちが賞賛している、特別で巨大な構造物を作れるレゴのブロックをもっていました。彼は、他の子たちが遊べるようにこれをプレールームに置いておきました。そして、そのようなときは、レゴがちゃんと使われ、使い終わったらちゃんと戻されるように、レックスとジョーダンを「責任者」として指名していました。レックスとジョーダンは、この役割を真剣に受け止め、ショーンが自分たちをこのような形で信頼してくれていることに誇りをもっていました。ショーンが卒業した次の年に彼は学校を３回訪問したのですが、毎回、レックスとジョーダンがやるべきことをしてくれているか確認していました。

サドベリー・バレーでの私たちの観察と一致していますが、かなり小さい子どもの存在が年長の子どもの世話をする本能を引き出し、それを成長させることを異文化間研究が指摘しています。子どもたちのやり取りについて異文化間観察のレビューの中で、文化人類学者のビアトリス・ウィティングは、世界中の男の子も女の子も、自分と同じ年齢の子たちよりも、少なくとも3歳以上小さい子たちに対しての方が親切さや思いやりを示すようだと結論づけています。必要最低限の生活を成り立たせているケニアの農村地域で調査を行った研究者は、(伝統的に女の子の役割と思われている)家でお母さんの手伝いをして年少者や幼児の世話をしている男の子(8〜16歳)たちは、子守りの経験のない男の子たちと比較して、概して、優しく、より役立ち、自分の仲間たちとのやり取りの際に攻撃的でないことを発見しました。

年長者が、年少者とのやり取りを通して親切になったり、より気づかいができるようになったりすることを学ぶというさらなる証拠は、従来の学校での研究によってもたらされます。異年齢間の個別指導プログラムの調査で、年少者の個別指導を通して、指導する側が責任、共感、他者の助けになることなどで高いスコアをとるようになることが明らかにされています。

さらに感銘を受ける結果が、カナダのトロントのメアリー・ゴードンが設立した「共感の根(Roots of Empathy)」というプログラムから分かっています。ゴードンは長年、虐待する親と虐待された子どもを対象に仕事をし、愛されず、暴力の中で育った子どもは愛することができず、暴力的な親になることを観察してきたことが、このプログラムを開始するきっかけになっています。このプログラムは、本物の赤ちゃんと母親(ときには、父親)を教室に招いて、すべての子どもが赤ちゃんを見、赤ちゃんについて話し合い、そして赤ちゃんであるということはどんなことかを考える体験をもつことがベースになっています。これらの体験を通して、ゴードンは参加した教室の生徒たちに、注目に値する、より直接的な影響があったことを発見しました。赤ちゃんと母親の毎月1回の訪問を体験した子どもたちが、お互いに対してより親切に、より思いやりのある態度で接することができるようになったのです。いじめも減りました。「違う」ことでからかわれたり、あざけられたりした子たちが、いまはその「違い」によって称賛を受けるようになったのです。幼児と触れることと、幼児が呼び起こした考えや感情を話し合ったことが、教室中に思いやりを広げる引き金になったのです。この効果は、次に赤ちゃんが訪問するまでの1か月間続きました。

以下に、ゴードンのプログラムについて彼女の本から紹介しましょう。8年生のクラスでもっとも手ごわくて、意地悪に見えるダレンという男子生徒についてです。彼は、留年しているので、クラスメイトよりも2歳年上です。彼はすでにひげを生やしており、部分的に刈り上げた頭部には入れ墨もしており、周囲のみんなをおじけづかせていました。ダレンの母親は、彼が4歳のときに、彼の目の前で殺されました。その後、彼はいくつかの児童養護施設で暮らしました。痛みや孤独に耐えるための彼の方法は、周囲の人にあなどられないように見せたり、乱暴に振る舞ったりすることです。しかしながら、教室にやってきた6か月の赤ちゃんと、赤ちゃんについての話し合いが、固く閉ざされたダレンの心を開きました。母親は抱っこひも（スナグリ）を持ってきていました。クラスが約40分間、赤ちゃんのことを観察し、そして話し合った後の教室訪問の最後の方で、母親が抱っこひもを使って抱っこしたい人がいるか尋ねました。みんなが驚いたことに、ダレンが手をあげたのです。抱っこひもをつけた後、実際に赤ちゃんを入れて抱っこしてもいいかと母親に尋ねたのです。私が思うに、母親はかなりの不安をもちながらも、ダレンに抱かせました。ダレンは数分間、心地よく抱っこされた赤ちゃんの体を揺らしながらあやしました。赤ちゃんと母親が教室を出ようとしたとき、ダレンは母親と指導者に尋ねました。「一度も愛された経験のない者も、いい父親になれますか？」

「共感の根」のプログラムは、いまやカナダ中に普及し、他の数か国にも上陸しています。[8] ブリティッシュコロンビア大学の心理学教授のキンバリー・ショナート-レイチェルは制御された調査[9]を実施し、このプログラムは赤ちゃんが訪問したその日だけでなく、年間を通して攻撃性を低下させ、親切さを向上させることを明らかにしました。もし、私たちが子どもの「共感」と「思いやり」の能力を伸ばしたければ、従来型の学校で年齢によって分けられた環境では、計画的に年齢の異なる子どもたちが出会えるようにすることは極めて重要な気がします。

・教えることを通して学ぶ

教えることとは、それが教室の中で正式に行われようが、他者とのやり取りの中で非公式に行われようが、私たちの知性を大きく刺激します。誰かにある概念について説明しようとするとき、私たちはときには曖昧にしかもっていない理解を言葉にすることで、その概念についてまったく知らなかった人がとてもよく理解できるようになることがあります。そのためには、私たちはその概念について深く考え、ときには前にもっていた理解を変えなければなりません。教えることと学ぶことは、教師と生徒が相互に学び合う、双方向の活動と説明されてきました。[10] このような双方向性は、教師と生徒の立場や権限の違いがあまり大きくないときに起こります。つまり、後者が前者に質問したり、異議を申し立てたりすることを抵抗感なくできるようなときです。従来型の学校での異年齢間の個人指導プログラムについていくつかの調査は、指導された概念について、指導する側と指導された側の双方の理解が高まったことを明らかにしています。

年長の子が年少者にある概念を説明するとき、それは、自分の理解の曖昧な部分（や、あまり考えないでしていたこと）を明らかにすることに役立ちます。たとえば、人形ごっこをしている最中に、8歳の女の子が2歳の妹に、赤ちゃんのお風呂の入れ方を順を追って説明するとき、各ステップを言葉にすることで、はじめて順を追って考えるということをしていたかもしれません。同じように、遊びの中で読むことや計算の仕方について説明しようとするとき、まずは音声的、ないし数値的な概念を自分自身で明らかにした上で、年少者の質問に答えることになるでしょう。

サドベリー・バレーでは、年長の子と年少の子の間で行われていた、両者の理解を高めていると思われるやり取りをたくさん見ました。たとえば、年長の子がチェスのような極めて戦略的なゲームを年少者に教えているとき、年少者からの質問は、年長者によく考えた上で答えることを求めます。答える前に、なぜある特定の動きが他の動きよりもいいのかという個々の理解を促進することを求めるからです。いままでもっていた経験を通して得た直観的な理解を、意識的ではっきり言葉で表せるものに変換しなければならないのです。そのような「振り返り」は、自分が知っていることや知らないことを意識させることになり、ゲームをよりよく理解することにもつながります。

年少の子が年長の子に遊び以外の状況でアドバイスを求めた場面などでも、この教えることと学ぶことの双方向性を観察しました。たとえば、こういうケースがありました。エリック（8歳）はアーサー（14歳）に、何人かの友だちが自分に嫌がらせをしていることを訴えました。アーサーは学校の規律委員会に訴えるように提案しました。エリックは、その提案に対して、「彼らには表現の自由がある」と言って反応しました。しばらく考えてから、表現の自由は、もちろん彼らにそういう権利がある一方で、エリックにはそれらを聞かなくていいという権利があると、アーサーは答えました。このケースは、両者のやり取りがアーサーとエリックの両者に対して、これまで以上に個人の権利や自由についての学校の見解を深く考えるきっかけをつくったのです〟。

・年少の子たちの創造性が喚起する影響

年少の子たちにとって、年長の子を見ることでより発展的な活動に取り組む気にさせられるように、年長の子たちは、年少の子たちを見ることでより創造的／想像的な活動に取り組む気にさせられます。サドベリー・バレーでの私たちの公式の調査で、どちらが先にアプローチしたのかが分かっているケースに限って、10代の子と年少者の間のやり取りの半分以上は10代の子たちによって始められたことを、明らかにしました。彼らの方から、年少者がしている絵を描いたり、粘土やブロックで何かを作ったり、ごっこ遊びをしたり、熱狂的で創造的な追いかけっこに加わっていたのです。私たちの社会では、10代の子たちはすでにこうした遊びから卒業しています。しかし、サドベリー・バレーでは、（たとえ直接的に一緒に遊んでいなくても）年少者やその遊び道具が身近に存在することが、年長の子たちにより創造的に遊ぶ気にさせているのだと思われます。それらの遊びを継続的にすることで、多くの生徒は素晴らしい芸術家、建築者、物語の語り手、創造的な思考者になっています。多くの卒業生は、旺盛な創造性が必要な職業に進んでいます。異年齢混合での遊びの体験が、その理由の1つだと私は思っています。

トランプやボードゲームなどの、名目上は競争的なゲームも、年齢差が大きいときの方が、年齢差がないときに比べて、より創造的に、楽しくプレーされることも観察しています。年長の、よりスキルのあるプレーヤーが年少者を負かしても自慢になりませんし、年少者は年長者を負かせるとも思っていません。そのような状況では、相手に勝つのではなく、楽しむこと、スキルを伸ばすこと、創造的な動きを試してみることに重きが置かれます。たとえば、異年齢間のチェスのゲームでは、年長のスキルをもったプレーヤーが、自分自身をより困難な状況に置くために、新しい動きや、より冒険的な動きを試すことがあります。あるいは、ゲームをよりおもしろく、楽しくするために、プレーのスピードを早めることもあります。第8章ですでに述べたように、競争や自分の価値を認めさせるような、真面目な態度よりも、楽しく、遊び心のある態度は、新しいスキルを学んだり、創造的に考えたりするのにより適しています。

自由な異年齢混合が、小さな子どもたちに、自分だけでは難しすぎる活動に取り組ませ、学べること、年長者を見たり、聞いたりすることによって学び、触発されること、より多くのケア（気づかい）と感情的なサポートを受けることなどを、どのように可能にするのかを見てきました。一方で、自由な異年齢混合が、年長の子どもたちに、世話をしたり、リーダーシップのスキルや能力を練習したり、身につけること、教えることを通して学ぶこと、自分だけではできないより遊び心をもって、創造的かつ芸術的な活動に取り組むことなどを、どのように可能にするのかも見てきました。学校やその他の場で、子どもたちを年齢によって分けてしまうと、私たちはこうしたすべてのパワフルな学びの機会を彼らから奪ってしまうのです。

私は、異年齢混合のやり取りの価値を強調することで、同じ年齢のやり取りの価値を見くびるつもりはありません。いろいろな目的で、似た能力をもった者同士の方が、違った能力をもった者同士より、よりよい遊び仲間や話し相手になります。彼らは、より多くの共通点やよりたくさん話せることをもっているからです。また、比較的真剣で、ときには競争的なやり取りが、彼らの意欲を高め、よりよいパフォーマンスに導きます。子どもたちは制度上年齢で分けられないときは、自分の年齢とはかなり違う者たちと多くの時間を過ごしますが、より多くの時間は自分の年齢と近い者と過ごすのです。サドベリー・バレーであろうと、他のどこであろうと、一番親しい友人たちが自分に近い年齢の者であることは驚くにはあたりません。

私のここでの焦点は、「能力の異なる多様な者を一緒にする」という異年齢混合の価値に置かれていました。しかしながら、本章を閉じる前に、異年齢混合のもうひとつの価値は「能力の似た者を一緒にする」ということについても触れておきたいと思います。それは、ある領域で同年齢の子たちよりも前に進みすぎたり、遅れていたりするとき、自分と同じレベルのパートナーを年長者や年少者の中で見出せるということです。木登りがうまくできない子どもでも、年少の子たちとジャングルジムで遊べます。そうすることで、登るスキルは確実に身につけることができます。同じ年代の子どもの中では音楽の能力がとびぬけている11歳のギターのプレーヤーは、10代後半の自分と同じレベルのプレーヤーたちとジャム・セッションができます。小さいにもかかわらずチェスの天才は、自分のレベルに合ったはるかに年上のプレーヤーたちと、真剣で挑戦のレベルの高いゲームができます。子どもの最適の成長にとってもっとも重要なことは、子どもが誰と触れ合うことができるのかを自由に選べる環境です。そうすることで、子どもは自分がもっとも必要だと思ったレベルの年長者、年少者、あるいは同じ年齢の子と一緒に過ごせるのです。そして、それは時と共に刻々と変わるのです。[12]

1 習熟度別学級編成は、これを究極まで突き詰めた一形態と言えます。一方的に教えたい側にとっては都合がいいかもしれませんが、学ぶ側からすれば極めてありがた迷惑な環境です。

2 原語は、「発達の最近接領域zone of proximal development」です（というか、これのロシア語です!-)。日本語訳した最初の人が、直訳したので、極めて分かりにくい訳になっています。ここでは、分かりやすく「誰かの助けでできるようになる領域」ないし「誰かの助けで学べる領域」とします。

3 「WW便り、なかなか読めない／読まない子たち」http://wwletter.blogspot.jp/2015/09/blog-post_25.htmlで検索してください。

4 「足場ないし足場かけ（scaffolding）」は、英語圏では教育用語として広範に使われていますが、日本ではほとんど知られていません。認知心理学の生みの親の1人であるジェローム・ブルーナーによって普及されました。足場かけは、指導する側に決まったスケジュールがあり、その通りにやらせるというものではなく、指導者が、子ども（学習者）がいまどういう状態にあり、その「誰かの助けでできるようになる領域」がどこにあるのかを見極めて、最良の環境を与えることを指します。具体的には、子どもが自分でできるところについてはあまり介入せず、子どものできないことを補い、発達を手助けすることであり、それによって遂行できるレベルの課題が与えられたとき、子どもの発達は自ずと促されます。（出典：「日本語教師のページ、スキャフォールディング」http://www.nihongokyoshi.co.jp/manbow/manbow.php?id=331&TAB=1）

5 「Boffing youtube」で検索してください。たとえば、https://www.youtube.com/watch?v=5dQTfXerSAA
https://www.youtube.com/watch?v=SJqi_7Qx7Ug

6 トルティーヤは、小麦粉やコーンの生地を薄く焼いたものです。その中にいろいろな具を入れ、チーズをトッピングして食べます。

7 ポマリフトは、皿状の支持板を両脚に挟んで持つロープ塔スキーリフトのことです。「poma lift ski」で検索すると、写真や動画が見られます。https://www.youtube.com/watch?v=kGeybjHVK60

8 日本でもゴードンさんを招いて、すでにその活動内容が紹介されています。「Roots of Empathy: Introduction」
https://www.youtube.com/watch?v=gIgLGt4hZuY　で検索すると動画が見られます。これも、イベントとして

1回だけでは意味がなく、2年間ぐらいそのクラスの赤ちゃんになり、毎月1回訪れるようにします。

9 プログラムを実施するグループ・学校（実験群）と実施しないグループ・学校（統制群）に分けて、それぞれの共感性がどのように変化するかを調査し、比較検討する調査のことです。

10 『イン・ザ・ミドル』（特に、第1章、ナンシー・アトウェル著、小坂敦子他訳、三省堂）も、教師の生徒たちの捉え方、接し方、言葉遣いに関する本の『言葉を選ぶ、授業が変わる！』（ピーター・ジョンストン著、長田友紀他訳、ミネルヴァ書房）も、このことが強調されています。しかしながら、教科書をカバーすることが中心の授業では、これはほとんどないか、まったくありません。

11 教師がそうであるように、子どもたちの多くも、自己規制をかけてしまっています。従って、必要なのは適切なアドバイスをしてくれる人。いまの教師にも、子どもたちにも、もっとも必要性の高い存在なのではないでしょうか？

12 日本の教師は「発達段階」という言葉が好きですが、この章の議論は、それを見直すことを迫っています。

第10章 「最悪の母親」と信頼にあふれた子育て

2008年の晴、天気のいい日曜日、レノア・スクナージは彼女の9歳の息子をニューヨーク・シティーにあるデパートのブルーミングデールズの前で下ろしました。彼女は息子に、何枚かの25セントコイン、緊急のときのために20ドル紙幣、地図、地下鉄の乗車カード、そして（念のために）「自分だけで帰宅していい」という親の許可が書かれた紙を渡しました。クイーンズ地区にある自分の家に戻るには、最初は地下鉄に乗り、途中でバスに乗り換えます。それは、母親と何度も乗ったことのあるルートでした。自分で家に帰りついたとき、彼は大喜びでした。公共交通機関を使って自分だけで家にたどり着けるからやらせてほしいと前から母親に頼んでいたので、実際にそれが実現できてうれしいのです。彼は自分が成長したと思って、目を輝かせていました。

当時、日刊紙「ニューヨーク・サン」の記者だったスクナージは、息子の冒険について書きました。記事が出て数時間のうちに、メディアは彼女を「アメリカで最悪の母親」のレッテルを貼りました。一致を見ることは極めて稀なのですが、ABCテレビの「ザ・ビュー（The View）」の女性たちは、スクナージの判断を激しく非難しました。スクナージによれば、より礼儀正しい公園にいた4年生の母親は、「それはいいですね。私も息子にやらせたいと思います。彼が大学に行ったら」と言っていました。スクナージはこの出来事をきっかけにとてもおもしろい『自由に羽ばたける子どもを育てよう――のびのび育児のすすめ』（小栗千津子他訳、バベルプレス）という本を書きました。その中で、彼女は親の不安を、それらの多くがどれだけばかげたものであるかを示しながら、けなしています[2]。

「アメリカで最悪の親」コンテストで、スクナージに先んじるつもりはありませんが（彼女と個人的に知り合い、とても高く評価しているので）、私は息子が13歳のとき、彼は1人で2週間ロンドンに行ったことがあります。それは、いまよりもはるかに信頼にあふれた親であることが容易だった、1982年だったことを認めなければなりません。息子は12歳の春に彼の母親と私に提案しました。自分で旅行にかかる経費はすべて準備するというのです。従って、私たちはかかる経費を理由に行かせない訳には行きませんでした。また、旅行の計画はすべて自分で立てるというのです。実際、提案時には計画のほとんどはすでにできていました。彼は、大人の助けなしで、このぐらい複雑なことを自分で準備してやれることを証明したかったのです。彼はいくつかの城と博物館にある宝物も見たがっていました。それらについて、彼は読んだり、彼が当時していたダンジョンズ・アンド・ドラゴンズ[3]に登場していたのです。彼は海外に行ったことがありませんでした。ついでに言えば、彼の母親も私も行ったことがありませんでした。

私たちはためらいました。「君の年齢が理由ではなく、糖尿病が心配で」と説明しました。彼は（当時も、いまも）1型糖尿病を患っています。9歳で糖尿病になったときから、彼は自分の血糖値を測り、自分でインスリンの注射をし、そして何を食べたらいいかを注意しています。彼は、1型糖尿病を患っているどんな大人よりも規律を守っています。でも、インスリン依存性糖尿病を患っている者が1人で旅をするのは危険です。インスリン誘導性低血糖症を起こすリスクが高くなるからです。それが起こると、判断力を失い、意識さえ失いかねません。それが旅行中、どこか知らない場所で起こり、誰も助けてくれなかったらどうしたらいいのでしょうか?

このことについて、息子の反応は次のようなものでした。「僕は、ずっと糖尿病を患っている。糖尿病のせいで一人旅ができないというなら、僕は永久に1人では旅行ができないってこと? それは受け入れられない。糖尿病を自分がやりたいことの妨げには絶対に使いたくない。年をとったら、僕は1人で旅行するよ。そのときは親も僕を止められないから。もし、年齢が親父たちの不安材料じゃないなら、いま旅行に行くのと、18で行くのと、30で行くのと、50で行くことの違いは何?」彼の論理は、いつものことながら、完璧でした。

私たちは最終的には折れて、許可しました。息子にメディック・アラート・ブレスレット[4]を身につけているようにしつこく言うだけで、私たちは親としての義務を果たしました。それは、彼がインスリンの反応があったとき、周りの人たちがそれを見て、彼が糖尿病で助けが必要なことが分かる物で、私たちが言わなくとも、彼はそれを身につけていたことでしょう。彼は、その後の春と夏の間はバイトして、旅行に必要なお金を貯めました。そのほとんどを、自分で見つけてきた、近くにある小さなレストランの仕事で稼ぎました。最初は、皿洗いをしていましたが、彼がしっかり仕事がやれるので、調理場に彼を移してグリルと調理場の調整役にしました。それ自体が、とても素晴らしい成長の経験です。10月には、彼は冒険に出かける準備ができました。そのときは、13歳になっていました。彼はサドベリー・バレーの生徒だったので、学校を休むことは何の問題もありませんでした。この旅は、とても貴重な経験になることを誰もが認めてくれました。学校は、フィールドトリップに出かけているということで出席扱いにしてくれました。

息子は、予定どおり2週間イギリスに行き、たくさんの城を見、ウェストミンスター寺院を見学し、ナショナル・ギャラリーや他の美術館の貴重品の中に浸り、ロンドン各地を散策しました。サイドトリップとして、ムーディーブルーズのコンサートのためにオックスフォードに行き、カーディフ界隈の丘やカーディフ城を見るためにウェールズに行き、行きの飛行機の中で出会った15歳の女性と一緒にパリに行きました。全体として、素晴らしい体験をしました。それが、自分の人生を自分で切り開くという彼の自信を新しいレベルに押し上げたことは間違いありません。糖尿病は、彼の人生をまったく左右しなかったのです。

今度は、私の息子はただの13歳児ではなかったことを認めなければなりません。もし彼に責任感がなく、物事をしっかり考えられなかったなら、彼の母親と私は息子に対して「ノー」と言っていたことでしょう。信頼する親は無頓着な親ではありません。しっかり子どものことを知っていなければならないのです。しかしながら、責任感は他者との関わりなしでは育ちません。もし責任能力のある子どもを育てたいなら、あなたは責任感をもてる自由を提供しなければなりません。悲しむべきことは、１９８２年より現在の方が実現できにくいし、１９８２年に実行できたことは、それ以前の時代より困難だったことです。

今日、私の息子がしたような冒険を親が子どもにさせたいとしても、そしてその子がどれだけ責任感をもっていたとしても、それはほとんど不可能でしょう。まず、息子が旅行用の資金を稼いだレストランでコックとして働くことは、（私が住んでいるマサチューセッツ州では）16歳以下の者には禁じられています。社会的な圧力については、１９８２年当時でさえ、私たちの決定は眉をひそめられました。読者の皆さんが今日親として私たちのような決断をしたら、あなたの友人や親せきがどのように反応するかを考えてみてください。

一方で、異なる時間や場所では、人々は私たちの決定についてではなくて、私たちのためらいの方により興味をもったことでしょう。スクナージが彼女の本のまえがきに書いているように、「私たちの曽曽祖父母は、かわいい子どもたちに少しのルーブル（ロシアの通貨）と固いサラミだけを持たせて、ゆっくりしか動かない、錆びついた蒸気船に乗せてアメリカ大陸に旅立たせました」。もうひとつの例は、南太平洋のマルケサス諸島（フランス領ポリネシア）のウア・プー島で小さい子どもたちを対象に、広範に実施した観察調査をもとに、メアリー・マーティニは次のように書いています。

特定の13人のメンバーからなる遊びの集団が、毎日4か月間（その後、2か月間はあまり頻繁でなく）観察されました。（中略）子どもたちの年齢は2〜5歳でした。彼らの兄弟が近くの学校に通っている間、誰の指導もなしで数時間遊びました。彼らは、大人の介入なしに、活動を計画し、いざこざを解決し、危険を避け、けがに対処し、ものを分配し、通りすがりの人たちとのやり取りをしていました。彼らが大人を避けたのは、おそらく自分たちの遊びが邪魔されるからだと思います。遊び場所は、潜在的に危険でした。強い波がボートの進水路に打ち付けていました。海岸にある大きな岩のあたりは壊れたガラスの破片が散らばっていました。谷の壁面は、急で滑りやすいです。子どもたちは高い橋の上や、高い切り立った溶岩の壁で遊びました。ときにはその辺に放置されていたマチェーテ[5]、斧、マッチを使って遊びました。こうした危険にもかかわらず、ケガをすることはほとんどなく、したとしても大したものではありませんでした。たたいたり、からかったり、叱ったりは頻繁でしたが、殴り合いのケンカ、かんしゃくを起こしたり、ずっと泣き続けるようなことはほとんどありませんでした。いざこざは頻繁に起こりましたが、数分後にはなくなっていまし

た。子どもたちは、いざこざを解消したり、自分たちの遊びに大人や年長の子どもの助けを求めたりしませんでした。

マーティニが親たちに、子どもがマッチやマチェーテで遊んでいることについて尋ねたとき、もしそのことを知っていたら奪い去っていたことを知りました。しかしながら、親たちが考えた理由は、子どもたちがけがをしてしまうからではなくて、マッチを無駄にしたり、マチェーテをダメにしたりしてしまうことを心配したのです。マーティニによれば、この島の子どもたちは非常に心理的・社会的に適応しているとのことでした。彼らは西洋の子どもたちが求めるように訴えるように泣いたり、大人の注意を引いたりするようなことはしません。そして、自分たちの問題を解決することには並外れた才能を発揮していました。私は、2~5歳児の対処の仕方として、マルケサス諸島のやり方を真似ることを主張しているわけではありませんが、私たちが何か学べることは確かです。

現代の北米ほど子どもたちの能力を過小評価している社会は人類の歴史上どこにもなかったのではないかと思っています。私たちが子どもたちを過小評価することは、自己充足的予言になります。なぜなら、子どもたちから自由を奪うことで、子どもたちから自分の行動や感情をコントロールするのを学ぶのに必要な機会も奪い去っているのです。[6]

本章は、「信頼にあふれた子育て」についてです。この種のスタイルの子育てを可能にし、再び当たり前のものにするために、現代社会において私たちは何ができるか、についてです。子どもたちが生まれながらにしてもっている権利としての自由な遊びや探索を回復するために、個人的に、そして社会として私たちがやれることは何でしょうか？　勇気をもって行動することを練習したり、幸せで、健康で、充実した暮らしに必要な感情的な復元力を最大限に身につけたりするのを阻んでいるトレンドを逆向きにするために、私たちには何ができるのでしょうか？

3つのタイプの子育て

上記の問いに答える前段として、3つの一般的な子育ての方法を区別することにしました。それらは、人類の歴史の特定の時と場所で主流の考え方でした。私は、それぞれが個別の分類のように提示しますが、それらは互いに相いれないものではありません。実際のところ、今日の多くの親は、3つを組み合わせて実践しています。

・信頼にあふれた子育て

「信頼にあふれた子育て」は、自己教育の本能を開花させるのをもっとも可能にする方法です。信頼にあふれた親は、自分の子どもが自分で遊んだり探索したり、自分で判断したり、リスクを負ったり、自分の失敗から学んだりすることを信用しています。信頼にあふれた親は、子どもが自分自身でやれると思っているので、子どもの成長を評価したり、指示したりしようとは思いません。信頼にあふれた親は、無関心な親ではありません。彼らは自由だけでなく、栄養、愛、敬意、道徳的なモデル、健康に成長するのに必要な諸条件を提供します。彼らは、子どもの成長を指示するのではなく、子どもが自分の目標を達成するのを助ける形で（そのような助けが求められたときに）サポートします。この種の子育ては、人類の歴史上、主流的な位置を占めていました（第2章で書いたように、私たちが狩猟採集民であったときです）。

信頼にあふれた子育ては、狩猟採集民の集団の中の子どもたちのニーズと一致するメッセージを子どもたちに送り続けます。それは、今日の子どもたちの真のニーズとも一致しています。それは、次のようなメッセージです。

あなたには能力があります。あなたには物事が理解できる目と頭脳があります。あなたは自分の能力と限界を知っています。遊びと探索を通して、あなたは自分が知らなければならないことを学びます。あなたの要求は価値があります。あなたの考えは重要です。自分の間違いには責任がありますし、そこから学ぶことを信用しています。社会的な生活は、意志と意志のぶつかり合いではありません。助け合いです。助け合うことで、みんなが必要なものや望むものを手に入れられます。私たちは、あなたとぶつかるためではなく、常にあなたと共にあります。

このように育った狩猟採集民はたいてい、かなり能力のある、協力的で、支配的ではない、朗らかで、集団の中の価値あるメンバーになります。彼らは自分の集団に貢献します。それを強制されたからではなく、そうしたいからです。そして、それを遊び心をもってします。ある文化人類学者は以上のことを次のようにまとめています。「食べ物を探す人は、主体的で自立していなければなりません。そのように子どものときから訓練されています」。今日の信頼にあふれた親も、成功している大人は主体的で自立しており、子どものときからそのために訓練される必要があることを理解しています。ここでの「訓練」は監督することではなく、「自分自身で成長を導き、世界を自分で発見できるようになることを可能にすること」です。

残りの2つの子育てのスタイルは、私が「指示的」と呼ぶものです。その理由は、子どもに自分自身をリードさせるのではなくて、子どもの行動や成長に親が指示を与えるものだからです。これらは、子どもの意志と共にあるアプローチではなく、子どもの意志に反するアプローチです。

・指示的で支配的な子育て

「指示的で支配的な子育て」のスタイルは、農業が起こったのに合わせて次第に中心的になり、封建時代と産業化時代の前期にその頂点に達しました。第3章で述べたように、この時期の領主や雇い主への絶対的な服従は、生きるか死ぬかを意味しました。子育ての目標も、自由で自立した人を育てることから従順な人間を育てることへと転換したのです。子どもの意志を大事にするのではなく、指示的・支配的な親は、その意志を抑えつけようとし、他人の意志に従う態度と取り換えるのです。意志を抑えつけるのに、肉体的に痛めつけることは頻繁に、そして広範に認められていました。

近年、ある程度の家庭においては、指示的・支配的な子育ての主要な方法として、肉体的な暴行は精神的な暴行に変わりました。罪悪感や恥ずかしさを頻繁に誘発したり、見捨てることをほのめかしたり、愛情を隠したりすることは、子どもたちを従順にするには棒やむちで打つよりもはるかに効果的です。たとえどんな方法を取ろうと、指示的・支配的な親の目標は、子どもを召使いにすることです。しかしながら、歴史は指示的・支配的な子育てがまったく効果的ではなかったことを証明しています。自由はあまりにも強すぎる衝動なので、その対象が何歳であろうと、それを人から完全に奪い去ることはできないのです。もっとも謙虚な召使いや従順な子どもにも、自由意志は表面下で泡立っており、ふたが緩んで吹きこぼれる用意はできています。それが、大衆が少数によってコントロールされている社会は、決して安定していないことの証です。結局は、指示的・支配的なスタイルは、家でも国家でも機能しません。

今日、少なくとも私たちの社会では、ほとんどの人が、服従させるために、肉体的であろうと精神的であろうと、子どもに暴力をふるうことには嫌悪感をもちます。今日のグローバル化され、ネットワークされた世界で、主体性、創造性、自己主張は価値を認められています。何も疑うことなく従うことは役に立たないと思っています。単純労働者の数は減り、機械によって取って代わられ、人々は創造性をもって自ら進んで行動する人にならなければなりません。今日人々は、狩猟採集民が大切にしていた多くの価値を支持しています。過去1世紀ないし2世紀の間、児童労働のニーズは減少し、民主的な価値観も戻りつつある中で、指示的・支配的な子育ても減少傾向にあります。しばらくの間（1950年代に頂点に達したと思われます）、信頼にあふれた子育てがルネサンスを体験しましたが、それ以降、この子育てスタイルは新しいタイプの指示的な子育て、「指示的・保護的な子育て」によって取って代わられています。

・指示的・保護的な子育て

指示的・保護的な親は、指示的・支配的な親がしていたように、畑や工場で働かせたり、こびへつらわせたりするために子どもの自由を制限するようなことはありません。自由を制限するのは他に理由があります。それは、子どもの安全性と未来に対する恐れです。そして、この親たちは子どもよりも自分の方がいい判断ができると信じています。よかれと思って、指示的・保護的な親は、指示的・支配的な親がしていたのと同じように、子どもの自由を奪い去っているのです。指示的・保護的な親は子どもに暴力はふるいませんが、そのほかすべてのパワーを使って子どもの人生をコントロールします。信頼にあふれた親は子どもには回復力と能力があると見ますが、指示的・保護的な親はもろくて能力もないと見ます。信頼にあふれた親は、子どもが自由に遊んだり探索したりするときに一番よく成長すると信じていますが、指示的・保護的な親は、大人によって注意深く敷かれたレールの上を進んだ方がもっともよいと信じています。

信頼にあふれた親が減少する理由

信頼にあふれた親が20世紀の前半に増え始めたにもかかわらず、後半に入ると減り始めたのはなぜでしょうか？　言い換えると、過去数十年の間どのような社会的変化が、親たちと子どもとの関係において、信頼することを控え、より指示的・保護的にさせたのでしょうか？　これらへの完全な答えは、社会におけるたくさんの関連した変化に言及することになりますから無理ですが、以下に紹介するのは私がもっとも重要だと思うものです。

・近所の弱体化と、子どもたちの近所での遊び友だちの喪失

１９５０年代までは、大人も子どももほとんどの人は、近所の人を知っていました。その理由のかなりの部分は、女性は日中家におり、隣近所でネットワークを築いていたことによります。男もいまよりははるかに家にいることが多かったです。平均して、労働時間は少なかったですし、週末はみんな家で過ごしました。みんな隣近所の人を知っていたので、互いに信用もしていました。自分の子どもを自由に隣近所で遊ばせることに不安を感じませんでしたし、誰とでも仲良くさせました。近所の人たちは自

分の子どものことを知っており、問題にならないように見ていてくれているとも思っていました。今日、これと比較して、男性にとっても女性にとっても、仕事の関係が中心になっており、友人関係も近所ではなく職場になっています。その結果、親は近所の人々の特徴について定かでなくなってしまったのです。これは当然、不信につながってしまいます。

子どもにとって外で（あるいは、どこであろうと）遊ぶことの最大の魅力は、他の子どもたちです。従って、何人かの親が、子どもを自由に外で遊ばせるのを制限し始めると、近所は他の子どもたちにとって魅力の薄れたところになります。その上、より少ない人数しか外で遊んでいないと、近所は誰にとっても安全ではない場所になっていきます。一定の人数が確保されることが、安全性を保っているのです。子どもたちは互いに気を配り、誰かがケガでもしたときは助けを呼んできます（この点は、遊び場に異年齢の子たちがいるときは特に言えます）。もし子どもを狙う犯罪者がいたならば、子どもが１人でいるときよりも、たくさんの目撃者に囲まれていた方が当然やりにくくなります。悪循環が起こりつつあります。外で遊ぶ子が少ないということは、前よりも外遊びの魅力が減り、安全でもなくなります。それはさらに少ない子しか遊ばなくします。近所を子どもたちが再び遊べる魅力的で安全な場にするには、悪循環を断たなければなりません。

・子育てについての常識の低下と世界的な不安の上昇

１９５０年代の大人は、いまよりもはるかに、子どもを身近に感じており、かつ理解もしていました。家族は大きく、親せきが同じ町に住んでおり、一緒に過ごす時間もありました。年長の子どもは年少の子どもの世話をしました。人が自分の家族をもつころには、たくさんの経験を子どもともっていました。

自分の体験を通して、子どもを成長させるとはどういうことかを知っていたのです。子どもがもっている能力や子どもにとっての遊びや冒険の価値を知っていました。二世代ぐらい前までの大人たちは、子どもについての話を共有する他の親と、近所づきあいのネットワークの一部になっていました。それと比べて、今日、人は子どもとの直接的な経験をあまりもたずに自分の家族をスタートさせます。彼らの子ども期と子育てについての知識は、読んだり、「専門家」やメディアから聞いたりしたことが中心です。

「専門家」は、危険について警告をすることが自分の仕事だと思っています。権威のある人たちにとって、ほとんどすべてのことは、子どもにとって潜在的な危険性があります[8]。ナイフ、火、細菌、（飲み込んでしまいそうな）小さなおもちゃ、ダニや他のかむ虫、有毒植物、紫外線、遊びの道具、友だち、年長の子どもや10代の子ども、そしてもちろん子どもを狙う犯罪者や誘拐者（メディアを見れば、どこの陰にも潜んでいるような印象を受けます[9]）。これらのリストを見せられ、同時にこれらのもののリスクを真剣に考え始めると、あなたは世界を本当に危ない場所として見始めることでしょう。確かにこれらの危険は存在し、もし子どもがまだそれらについて知らないなら、知らせる必要があります。しかしながら、不安があまりに大きくなりすぎて、子どもたちを外で遊ばせたり探索させたりせず、自分でリスクも冒させないなら、私たちは自分で対処する方法を学ぶ機会を奪い去ってしまいます。これこそが、最大の危険です。

「専門家」の中には、子どもたちが自分のことをいつもよく思えるように、子どもたちの壊れやすい自尊感情を守ってあげなければならないと主張している人もいます。親はそれに次のような形で反応します。子どものどんな小さな達成したことでも褒める。子どもの試合には必ず行って応援する。そして、子どもの人生が失敗しないように計画を周到に立て、そして実行する。これも、指示的・保護的な子育ての特徴です。ほとんどの子どもは、そのように継続して褒められることやサポートはおかしいと気づいており、自分の親に対処しなければならないもうひとつの大きな頭痛の種であり、そこから自由にならなければならないと思っています。しかしながら、中にはそういう親から自由になる努力をしない子どももおり、そうした子どもたちこそ私たちは心配する必要があります。

「専門家」の中には、私たちは子ども自身の愚かさからも子どもを守らなければならないと警笛を鳴らす人もいます。子どもたち、特に若者たちは生物学的な理由でばかであると裏づけている新しいデータを、私たちは頻繁に読まされます。そんなことはあり得るはずがありません。もしそれが本当なら、私たちは種として何万年も生存し続けることなどできなかったでしょう。子どもたちが信用され、真の危険（人が食べられてしまうようなもの）がいまよりも深刻だったときに、そういうことは考えられないことでした。

マスコミも、不安を助長します。ほぼ毎日、どこかで子どもに起きた悲惨な出来事を報道しています。もし、何万人もの子どもたちが大人の指導なしに外で遊び、より健康に、より賢く、より勇敢になって無事帰宅したところで、ニュースにはなりません。しかしながら、1人の子どもがどこかで誘拐されたり、おぼれたり、あるいは自動車にひかれたりしたら、そのニュースは少なくとも地域で、場合によっては国や全世界で報道されます。それは、恐ろしさの度合いによって決まります。親が受け取る情報は、統計的な現実をまったく反映していません。情報は、すべての親の悪夢に送り込まれ続けるだけです。

・未来の雇用の不確実性の増大

現在の雇用の世界は、数十年前に比べてより不安定になっています。どのような仕事が将来あるか、どのようなスキルが必要かを予想することは不可能です。かつて仕事を守り、助けた労働組合は、ほとんど過去のものになりつつあります。会社や1つの産業が急激なスピードで成長し、そして消えてゆきます。こうしたことの結果は、親に自分の子どもが生活していけるのか心配をさせます。これらの事実は、子ども時代を遊ぶときではなく、経歴をつくるときとして捉える傾向を強くします。もし、子どもをいい大人の指導者がいる課外活動やボランティア活動に入れられたら、よりいいテストの点数を上げられたら、一流の学校に入学できたら、子どもの未来を守ってあげられるのではないかと、親たちは信じているようです。この誤った見解は続くのです。

不確実な時代に失業に対するもっともよい対策は、親や教師に駆り立てられるのではなくて、「自主的に行った体験を通して身につける資質」だというのが真実です。不確実な時代は、個人の責任、考えの自立性、主体性、自己主張、柔軟性、創造性、想像性、そして進んでリスクを引き受けようとする気持ちなどが必要です。これらの資質は信頼にあふれた子育てによって育まれますが、指示的・保護的な子育てでは妨げられてしまいます。

・学校の力と、学校が押しつける抑圧的な諸条件に従わせる必要性の高まり

子どもの自由度を低下させているもっとも大きな要因は、子どもの生活と家庭生活に干渉する学校の力の継続的な高まりです。１９５０年代に、学校はすでに子どもの自由の阻止要因でしたが、今日、それはさらに強くなっています。子どもが学校で過ごす時間は、長くなっています。学校を休むことに対

する制裁措置は、重くなっています。そして、学校で行われる活動は、昔よりも厳格に管理されるようになっています。加えて、今日、学校はその壁を越えて家庭生活に大きな影響を与えています（第1章を参照）。たとえば、夏休みの課題図書があり、親は子どもがそれらを入手して、読むように努力しなければなりません（「だめです、メアリー。自分が読みたい本は読めません。それは、感想文を書かなければならない本ではありませんから」）。宿題は、もっとも小さな子たちにまで出されています。親は宿題シートにサインをしなければならず、従って、子どもに宿題を強要する役割を担います。[10] 親は頻繁に面談に呼ばれて、子どもの問題行動やテストでいい点が取れなかったことを指摘され、後ろめたさを感じさせられます。親は、学校制度が決定した、子どもたちがやらなければならないことを強要したり、励ましたりして、教師が学校で担っている役割を、家で担うことを期待されています。こうしたことに対して不満を述べる親は、トラブルメーカーとして見られます。

　私は「Psychology Today」（オンラインの心理学雑誌）に「遊びと学び」をテーマにブログを書いているので、学校での子どもの経験について親からの悲しいコメントを読むことがあります。次に紹介するのはかなり典型的な例で、公立学校に通わせている幼稚園児の母親からのものです。彼女は、その学校は「とてもよい」という評価を受けていると言っています。彼女の娘さんの学校は8時から3時までで、それには往復のバスに乗っている時間は含まれていません。しかも、6時間の間にあるのは、わずか1回の30分の休み時間とお昼休み（なんと、10時40分にスタート！）だけだそうです。子どもたちが休み時間にうるさくすると、担当の女性が拡声器を使って静かにさせます。加えて、5歳児は親の指導の下、毎晩宿題をすることも期待されています。算数や書く課題など、たくさん出ます。これらの結果を、この母親が書いています。

私の娘は学校にとても興奮して行き始めたのですが、わずか2～3日で泣き始め、幼稚園に戻りたいと言い始めました〟それはなんとかなくなりましたが、家に帰った子どもは人が変わったようになったのです。彼女は怒りと不機嫌な状態の間を揺れ動きました。彼女は妹に対して怒鳴り、赤ちゃんと呼び、ドアをバタンと閉め、私に抱き着いて私にすべてをやってほしいというのです。こうした行動はすべて学校のせいです。（中略）私が話したほとんどの親は、自分の子どもについて同じようなことを言っていました（もっと悪い話もありました！）。こんなことはどの学校でも当り前に起こることなのでしょうか？　私は無力感とストレスを感じています。他の親と話すと、私たちはみんな学校に「あの母親」と言われるのを怖がっています。子どもにさらに悪影響をもたらすのではないかとも。教育システムの中には、私たちを黙らせる文化が濃厚にあります。私たちは学校からしょっちゅう、この年齢の子どもは「これぐらいはできて当たり前」と言われるので、私たちは「それをやらせる」必要があります。私たちの子どもたちは「なんとかやれます」というメモを受け取っています。おかしいです。私は娘が「なんとかやれます」以上のことを学校に求めていました。私は自分が、凍りついて何もすることができない犯罪シーンの目撃者のような気がしています。

このような状況の中で、信頼にあふれた親になることは難しいです。国は、義務教育とますます監獄に似てきている学校を通して、親たちに「信頼」ではなく「指示」することを強要しています。あなたは、学校に子どもを適応させるために、子どもと戦わなければなりません。同時に、あなたは学校がほんの少しでも子どもに適応してくれるように、学校とも戦わなければなりません。

・学校中心の子どもの成長と子育てモデルの増大

家庭生活への直接的な影響以外にも、学校システムに広くいきわたった間接的な影響があります。次第により多くの研究者、親、そして社会全体が、子ども時代のすべてを学校というレンズを通してみるようになっています。誰もが、子どもを学校の学年で分類するようになりました。子どもを対象にした研究のほとんどが学校で行われており、学校の課題や学校が興味をもっていることに焦点を合わせています。その結果が、人間性をゆがめる「学校中心の子どもの成長」という見方です。

学校において、学習は「子ども主導」ではなく、「大人主導」で行われます。学校では、学習はあらかじめ決められたルートの上を順序だてて行われるものと理解されています。あなたは、Bを学ぶ前に、Aを学ばなければなりません。学校では、子どもの友だちはみんな同じ年齢です。従って、年長の子と一緒に遊ぶことで「スキル」を学べませんし、年少の子と遊ぶことで「責任感」を学ぶこともできません。学校では、自主的な遊びや探究は、崩壊と捉えられます。以上はすべて、学校中心の子どもの成長モデルの主要な構成要素です。これらの結果、人々は学ぶことは根本的に大人主導で順序だてて行われるもの、適切な友だちは同年齢の子どもたち、4～5歳以上の子どもにとって主体的な遊びや探究は時間の無駄、ということを信じるようになります。たとえば、発達心理学の教科書でも「遊びの年齢」は幼稚園時代を指しています。あたかも、遊びはそこで終わりになるか、それ以降は後部座席（二の次）的な扱いしか受けないかのように。学校制度が私たちに子どもたちの自然な学び方を見えなくさせているのを、私たちは許してしまっています。

学校中心の子ども時代のモデルは、世の中の中心的なものになり、いまや子どもたちの生活のすべての側面に影響を及ぼしています。公園や運動場などは、もう子どもたちが行って自由に遊ぶ場ではなくなり、大人の指導の下で、コーチングや指導が行われるところになっています。子どもたちはそこで、学校と同じように、年齢で分けられたグループになります。家では、多くの親が学校中心のモデルを暗黙のうちに受け入れて、自分を家での子どもの教師として捉えています。親は「教えるタイミング」を探し続け、教育的なおもちゃを購入し、特定のレッスンを伝えるためにデザインされた「遊び」を子どもとし、そして語って聞かせます。どおりで、最近の親子のやり取りは、子どもたちのあきれた表情や「どうでもいいよ」という発言で満ちあふれているわけです。家庭生活が学校と同じようにつまらなくなってきています。

親たちがなぜ学校中心のモデルを受け入れてしまうのか、分からないではありません。もし子どもがいい成績をあげられず、いい大学に入れなかったら、人生で失敗してしまうという論法に納得してしまっているからです。そして、子どもにベストの経歴をつくらせるために、自分は他の親たちと競争していると思い始めるのです。学校システムがますます力を増すに従って、子どもの成長に関する人々の暗黙の理解は、学校のモデルに合わせたものに近づきます。その結果、子どもたちは、学校の中にいようが外だろうと、自由度を失い、よりコントロールされ、自ら始める冒険は奪われます。悲しいことに多くの場面で、子どもたちは無能で、信頼できず、常に指示と監督が必要だという思い込みは、自己充足的予言になります。子どもたち自身が、自分は無能で信頼できないと考えるようになり、そしてそのように行動し始めるのです。人の特性を育成しようとする際に、もっとも確実な方法はそれをすでにもっているかのように扱うことなのです。

より信頼にあふれた親にどうしたらなれるのか

多くの親はより信頼にあふれた親のスタイルを身につけたいと思っていますが、実現するには難しさがあります。不安の声は大きく、しかも絶え間なく聞こえます。そして、不安は完全に根拠がないとも言い切れないのです。恐ろしい事故は起こります。大人の不審者は存在します。不良の友だちは有害な影響があります。子どもや若者は（どんな年齢の人とも同じように）間違いを犯します。失敗で傷つきます。私たちは生まれつき体制に順応しやすくできています。流れに逆らって泳ぐのは大変ですし、友人の批判を受けるような危険もできるだけ冒したくありません。しかしながら、何人かはやり始めています。もし多くの人が流れに逆らって泳ぎ始めたら、川の流れ自体が変わるかもしれません。

あなたが生きていくには、リスクはつきものです。仮に、幸せになるために、責任をどのように取ったらいいかを学ぶために、生きていく際に必ず起こる危険や挫折に対処するのに必要なスキルを身につけるために、子どもは自由が必要だという考えを受け入れる親だとしましょう。あなたを流してしまおうとしている川の流れや、頭の中で鳴り響く不安の声の存在にもかかわらず、あなたがより信頼にあふれた親になり、自分の子どもにより多くの自由を提供するにはどうしたらいいのでしょうか？　以下に紹介するのは、そのための提案です。

・自分の価値を検討する

いい人生とは何か？　どんな経験が人生を意味のあるものにするのか？　信頼にあふれた子育てへの第一ステップは、自分自身の価値を検討し、それがどのようにあなたの子どもや、あなたと子どもとの関係に当てはまるのかを考えることです。[12] もし、自由、個人の責任、自主性、誠実さ、一貫性、そして他者への気づかいが、あなたの価値観で高い位置を占めているなら、そしてそれらがあなたの子どもにももってもらいたい特性であるなら、あなたは間違いなく信頼にあふれた親になりたがっています。これらはいずれも、講義、強制、おだてなどでは教えられません。これらは、日々の経験を通して(経験が、補強したり、抑制したりすることで)得られるものであり、失われるものです。あなたはこれらの価値観で育てるのを、それらを実際に使ったり、関連させたりすることでできます。信頼は、信頼性を促進します。自主性とそれに依存するすべての特性は、自由な条件の中で培われます。

自分の子ども時代を振り返ってみて、もっとも幸せな瞬間を思い出してみてください。どこにいましたか? 何をしていましたか? 誰かといたなら、それは誰でしたか? より具体的に、そのとき大人はいましたか? 何を投げかけていますか? 児童心理学者で作家のマイケル・トーマスは、このような質問を彼の講演ではよく参加者に投げかけています。もっとも幸せな瞬間に大人がいたかどうかを尋ねると、通常は1割ぐらいが手をあげるそうです。ということは、残りの9割にとって大人は存在していませんでした。トーマスによれば、その事実は私たちのもっとも幸せな瞬間が完全に自分のものであること、私たちがしていることの結果であり、他の誰か力をもっている者から私たちに与えられたものではないことを表しています。

このエクササイズを自分でもやってみたところ、思い出したのは私が10歳か11歳のころ、春の朝早いときでした。私は学校に行く前に、2〜3時間の釣りをするために早起きしました。暗い中で釣り竿をくくりつけた自転車をこいで、家から約2マイル(3キロ)のところにあった川を堰き止めたダムに行きました。友だちは誰もそんなに早く起きるのが嫌だったので、私は1人で行きました。そしてそこには私だけがいました。水面、自分、川、早朝にさえずる鳥たち、まだらに残った雪、餌をつつく魚(違ったかも?)、そして地平線に出てきた太陽。厳密に、あの瞬間の何がそんなに魅力的なものにしていたのかを明らかにすることは難しいです。あれが私にとっての最初の日の出でも、早朝の釣りでもありませんでした。でも、あの朝、私は突然、畏敬と驚きの念でいっぱいだったのです。自分が日常のありふれたレベルの存在から持ち上げられた気がしたのです。人間性心理学者たち[13]が「至高体験」と呼んでいるもの、ないし宗教的な人々が神の愛を感じる瞬間について語っているときに意味するものを、私自身体験したのです。そこに大人がいたら、私があの体験をしていなかったことは間違いないでしょう。そこにいることで、大人は、たとえその人がどんなに善意にあふれ、尊敬の念をもっていたとしても、じゃまになったことでしょう。もし大人が私の隣にいたなら、その瞬間を同じようには捉えられなかったでしょう。

・あなたが子どもの未来を左右するという考えを捨てる

もし私たちが自由と個人の責任を大事にするなら、私たちは「子どもが自分の人生を切り開く権利」を尊重しなければなりません。私たちの願いは彼らのではありませんし、またその逆もしかりです。自らの進路を決めるのは赤ちゃんのときからすでに始まります。責任を学ぶためには、子どもは毎時、毎日、毎年、自分で判断することを学ぶ必要があります。そして、それを学ぶのは、練習をするしかありません。子どもを愛し、大切に思っている親は子どもの未来を気にかけています。従って、子どもをコントロールしないようにするには困難が伴います。しかしながら、コントロールしようとすることが目標を無にしてしまうのです。私たちが子どもの運命を決めてしまおうとするとき、子どもから自分の人生のオーナーシップ（自分のものという意識）を奪ってしまうのです。毎日、毎週の迷路の中で、私たちが子どもを操縦しようとすると、子どもが自分で操縦するのを練習したり、自分の失敗から学んだりするのを阻んでしまいます。子どもが求めていなかったり必要としていなかったりするのにアドバイスを提供してしまうと、本当に欲しかったり必要なときにアドバイスを求めるチャンスを減らしてしまいます。

「あなたの子どもは、あなたではない」ということを、信頼にあふれた親としてよく覚えておくことは重要です。「複製」はものでは可能ですが、人間では不可能です。もう1人のあなたはつくってくれません。あなたが無作為の半分の遺伝子を提供し、あなたの配偶者が残り半分を提供します。それらが合わさってつくり出されるのは、遺伝的に完全に新しい人間です。その人は、あなたと共通する特性をいくつかはもっているかもしれませんが、ほとんどはあなたではありません。あなたの子どもは、あなたではないのです。あなたの子どもはまったく別の人格をもっており、ほかのすべての子どもと同じで、成長し、学び、人生を決めるためにこの世に生まれたのです。あなたは、あなたの子どもが自分をつくり出すために使う環境基質のごく一部に過ぎないのです。あなたの子どもが必要なものを提供することで、よい基質であろうとしてください。しかし、子どもの成長に対して指示する責任をあなたはもっていると思わないでください。

あなたの子どもが成功しようが失敗しようが、それは子ども次第であって、あなたのせいではありません。そして、成功と失敗の指標はあなたのではなく、子どものものでなければなりません。世の中には不幸な弁護士、医者、企業の経営者がたくさんいます。一方で、幸せで、充実していて、親切な事務員や守衛がたくさんいます。職業上の成功は人生の成功とイコールではありません。どんな職業でも幸せにも、不幸にもなります。しかし、もしあなたの人生が自分自身のものであるとは思えないなら、幸せになることはあり得ません。以上は、自明の理です。陳腐に聞こえるかもしれませんが、子育てのことになると、あまりにも多くの人は忘れているのです。

コロンビア大学のスィヌヤ・ルーサーと同僚たちは、何回かの大規模な調査の結果、アメリカ北東部の裕福な郊外に住む家族の高校生は、貧しい都心に住む者よりも、より多くの不安、落ち込み、違法な薬物使用の問題を抱えていると報告しています。さらに、課題の度合いが深刻なのは、いい成績を上げるように親からの強い圧力を感じている者たちでした。同じ調査は、親と過ごす時間は、その時間のもち方次第で、プラスとマイナスの影響をもちえると述べています。ひとつの活動から次の活動へと連れまわされると、高い不安と落ち込みを招く一方で、頻繁に夕食を共に食べることは不安や落ち込みを低下させることが分かっています。親との感情的な近さは10代の子どもたちにとって大切ですが、単に一緒のときを過ごすのではなく、親が子どもの勉強の出来にしか興味を示さないと、その近さも邪魔になります。信頼にあふれた親は、子どもたちと一緒のときを楽しみ、子どもを自分の「プロジェクト」とは捉えていません。

・子どもの活動をモニター（監視）したいという誘惑に耐える

信頼にあふれた親は、子どもと継続的にコンタクトを取り、活動を監視し、1日でしたことの詳しい内容を知ろうとする欲求に耐えます。現代のテクノロジーを使えば、子どものすべての動きを監視することは極めて容易です。隠しカメラで観察したり、子どもが訪問したウェブ・ページの跡をたどったり、どこにいて何をしているかの報告をスマホを使って頻繁にさせたりすることで可能です。GPS（全地球測位装置）を使って、囚人たちにそうするように、子どもの動きを刻々知ることさえできます。そうすることは、自分が子どもを大切に思っているからなのだと納得させることで、あなたは監視しているのを正当化することさえできます。しかし、あなたが継続的に監視されたらどうでしょうか？　もし誰か（あなたが愛する夫ないし妻）があなたの個人的な活動を観察、記録、評価しているとしたら、どう思いますか？　そのような監視行動が発信しているメッセージは、常に「私はあなたを信じません」です。

現代のテクノロジーは、そんな信頼性のなさを証明する必要はありません。継続的に詳しく問いかける方法も効果的ではありません。信頼にあふれた親は、親の視野から離れていた時間についての詳細な報告は、子どもからも他の誰からも要求しません。誰もが、プライバシーと、判断されずに試してみる機会をもつ権利があります。プライバシーを侵害する問いかけは、うそと恨みを招くだけです。

・子どもが遊べて探索できる安全な場所や機会を見つけるか、つくり出す

信頼にあふれた親として、あなたは子どもに対していくつかの大きな責任があります。あなたは子どもの船を操縦できません。操縦するスキルさえ教えることができません。しかし、あなたは池を提供することはできます。不動産業者は、多くの若い家族が自分たちの家を探す際の主要な関心は、テストの点数でその地域の学校がどうランクづけされているかと、何％が大学に行くかという数字であることを教えてくれます。しかしながら信頼あふれた親として、あなたの関心は子どもが遊べる場所としての「地域の質」です。大きな庭のある大きな家と高いテストの点数を有していながら、子どもたちが外で遊んでいる姿が見られない地域は、あなたの子どもにとってはよいところではありません。

たくさん年齢の子どもたちが交じり合い、遊び、探索し、一緒に話すのにたむろしている地域を探してください。あなたの子どもはそこで仲間入りをしたいと思いますし、彼らから学ぶことでしょう。一

般的に、そのような近所は風格のある家が立ち並ぶところではなく、きれいな芝生よりも、芝生の上で遊ぶ子どもたちを見たがる親たちが住み、垣根や生け垣で一つひとつの庭が分かれていないところです。また、そこは理想的には、自動車の交通量が少ないか、まったくないところです。それなら、通りを渡るのに危なくないだけでなく、通りで遊ぶことさえ可能です。そのような近所は、前ほどではありませんが、いまでも存在します。そして家の購入者が求めるなら、増えることでしょう。さらに、親たちが自分たちの余暇を外で過ごし、他の親や子どもたちを知っている近所を探してください。オランダの4つの都市で、「子どもの外での遊びに貢献している要因」についての大規模な調査が行われました。その結果、もっとも重要な要因は、「地域のまとまり」でした。近所の人たちがお互いを知っていて、信頼し合っていればいるほど、子どもたちはより多くの時間を外で遊んでいたのです。

すでに存在する遊びに優しい地域への引っ越しが難しい場合は、いま住んでいるところを改善することに挑戦してみてもいいかもしれません。第一ステップは、近くに住んでいる他の親を知ることです。そして、自分たちが抱えている課題や関心事について話し合うのです。ほとんどではなくても、多くの親はそのような機会に喜んで応じてくれることでしょう。誰かに率先してやってほしいだけです。そのような集まりから即座に得られる効果は、親同士の付き合いが始まることです。それが子ども同士の関係とより多くの外での遊びに波及するかもしれません。そのような集まりの中で、他の親たちと地域の中に（小さな子どもたちが歩いて行けるようなところに）子どもたちが遊べる場所を見つけたり、作ったりすることに挑戦できます。そしてもし、大人の目なしで遊ばせることに不安な親が多い場合は、交代で「見張り役」を務めるようにしてもいいかもしれません。もし、地域で遊びにふさわしい場所が見つけられないときは、あなたの庭を使ってしまうというのはどうでしょうか？

オンライン組織の「Playborhood（近所遊び）[14]」の創立者のマイク・ランザは、自分の家の前庭に近所の子どもたち用の遊び場を作りました。彼のウェブサイトと最近の本には、彼と同じようなことがしたい人のために具体的なアドバイスが満載です。ランザの前庭の遊び場には、砂場、バスケットボール用のリングのある車庫に通じるドライブウェイ、幼児がバシャバシャして遊べる魅力的な噴水、ピクニックのテーブルとベンチ（ベンチは保管場所も兼ねており、その中にはおもちゃ、絵などを描く道具、電子機器[15]、フェンスには美術創作用のホワイトボードをはじめ、他にも多数あります。マイクと彼の家族（小さな男の子たち3人を含む）は、頻繁にピクニック・テーブルで食事をします。それは、近所の人を招き、出会うための方法としてあえてやっています。そのほかにもいろいろな方法を考え出して、近所の子どもや親にいつでも庭に来て遊んだり、休憩してほしいときには使っていいというメッセージを発信しています。それは、ランザ家が在宅だろうとなかろうと、関係なくです。要するに、「いつでもお使いください」というサインをあげているのです。

マイクによれば、この取り組みは彼らの家族が犠牲を払っているかというと、そんなことはまったくないとのことです。近所の人を知ることができ、子どもたちが楽しく庭で遊んでいるのを見られることは、暮らしに豊かさを加えただけでなく、子どもたちにたくさんの遊び友だちも提供しました。マイクは、あらゆる年齢層の子どもにとって魅力があるように、意図的に遊び場をデザインしました。彼は、地中に埋め込んだトランポリンとツリーハウスなどを含めて、裏庭にも遊びの機会を提供しています。これらも、地域の人たちにオープンにしています。しかしながら、前庭とそこにランザ家の誰かがいることが、近所の人々を引き寄せ、そこで遊ぶことが居心地よく感じられたのです。

もちろん、もしあなたが21世紀のアメリカの大人なら、すぐにたくさんのマイナス面を思い浮かべることでしょう。もし誰かがケガをしたら、法的責任はどうなっているのか？　器物損壊や泥棒はどうか？　町の条例はどうか？　近所の人たちは騒音や不動産の価値が下がることを心配しないか？　マイクはこれらの質問にいい答えをもっています。と同時に、それらを地域で発表するように提案しています。大切なことは、プラス思考から始めるということです。あなたの子どもたちが育つ健康な近所をつくるために自分は何をしたいのかから考え始めてください。あるいは、マイクが言うところの「健康な近所遊び」から。その後で、それを実現するためにどうすればいいかを考えてください。あなたが住んでいるところで可能な方法を、です。考えるときには最初から、子どもをもたない人も含めて、あなたの隣近所の住人たちを巻き込んでください。そうすれば、あなたに反対するのではなく、あなたと共に歩んでくれるでしょう。彼らの関心事を具剣に考えてください。それらを壁として捉えるのではなく、あなたの計画の中で解決しなければならない問題として位置づけて。

　あなたの子どもを自由に、そして比較的安全に他の子たちと遊ばせることができるのは、あなたが子どものためにできるもっとも価値あることのひとつです。そして、もしあなたがその過程で他の子どもたちも助けられたら、言うことはありません！　米国の他の地域の人々が、ランザ家の後に続き始めています。前庭を遊び場とピクニックエリアとして利用する方法は、近所の関係づくりにいいとして、昔ながらのいまは消えつつあるフロントポーチ[16]に代わり得る可能性があります。でも、自分の家の庭に遊び場があるからといって、子どもが他に遊びに行くことをさせない理由にはならないでしょう。特に年齢が上がると、彼らはより広い地域に出かける必要があります。あなたの庭や近所の遊び場は、あなたの子どもが広がり続ける世界を冒険するための単なる始まりに過ぎません。

　少しの想像性と努力で、あなたの子どもがより自由に遊べるようになるために、あなたができることはたくさんあります。たとえば、毎日放課後の特定の時間、体育館を自由な遊びのために開放するように、地域の学校に働きかけることができます。[17]週末や放課後に公園の遊び場を監視する10代の若者を配置するように行政の公園課に働きかけることもできます。そうすることで、親たちがそこにいなくても子どもたちを遊ばせられると思えるでしょう。あるいは、家族旅行を他の家族と一緒にすることも考えられます。そうすることで、大人たちが親交を深めている間に、あなたの子どもたちも彼らの子どもたちと遊んでいられます。核家族は子育てのホームベースとして悪くありませんが、健康的に成長するためには、子どもたちは小さいときにも、その枠を超えて探索する必要があります。

・従来の学校に代わる別の可能性を考える

信頼にあふれた親になるには、あなたの子どもに従来の学校に代わる別の可能性を探し出す必要があるかもしれません。それは、子どもが自分の教育に責任をもちたいと思い、その能力を高めることを可能にする別の可能性です。私はすでにそのような可能性のひとつとしてサドベリー・バレー・スクールを紹介しました。この文章を書いている時点で、少なくとも米国に22のサドベリー・バレーをモデルにした学校があり、他の国々には14あります。これらはすべて私立の学校ですが、授業料は通常の私立の学校よりもかなり安めに設定されています。従来の公立や私立の学校と比較して、はるかに遊びと自主性を大事にしている（その程度は様々ですが）伝統的でない学校が他にもたくさんあります。

もうひとつの可能性はホーム・スクーリングです。それを実施している数からすれば、ホーム・スクーリングは米国でもっとも大きなオルターナティブ教育運動です。家で教育を受けている子ども（5～17歳）の数は、１９９９年に85万人だったのが、２０１１年には２００万人に増えています。割合に直すと、学齢期の人口の1・7％から4％へと増えています。ホーム・スクーリングを選択するすべての親が、子どもの自由のためにそうしているわけではありません。およそ3分の1は宗教上の理由でそうしています。中には殊の外、指示的であるがゆえにそうしている人たちもいます。自分の子どもの教育を、誰か他の人に委ねるよりも、自分でコントロールしたいのです。最初の理由のいかんにかかわらず、ホーム・スクーリングをする親は時間が経つにつれて、徐々にリラックスし、指示的ではなくなります。親と子どもの両方が、すでに決められたカリキュラムは退屈で、やる気をそそるとは思えないからです。そこで、ほとんどは子ども主導で、よりおもしろいことをやり始めます。経験を経ることで、ホーム・スクーリングの親は徐々に子どもの自分の教育を管理する能力を信頼するようになります。そして、家でも「学校をする」[18]ことから解放されていくのです。

アン・スクーリングは、ホーム・スクーリングの一形態で、もっとも「信頼にあふれた子育て」と相性がよいです。この言葉は、元教師で教育理論家のジョン・ホルト[19]によって1970年代に、当時彼が出していた雑誌「学校なしで育つ」の中で紹介された造語です。もっとも簡単な定義は、「自分の子どもたちを学校には通わせません」です。家でも、学校でするようなことはさせません。カリキュラムをもつことを放棄します。教育のためにという理由で特定の課題を出すこともしません。さらに、進捗状況を測るためにテストもしません（これら3つ～カリキュラム、課題、テスト～が、学校をすることの特徴的な側面です！）。その代わりに、子どもに自分の方法で興味関心を追求し学ぶことと、その興味関心を理解するために知る必要があることを追いかける自由を与えます。彼らは、学ぶことは日常生活の中にあり、特別な時間と場所で起こる特別な何かとは捉えていません。

公式の記録管理のために、アン・スクーリングで学ぶ子どもたちの数は、ホーム・スクーリングの中に含まれているので、誰も何人いるか分かっていません。しかしながら、ホーム・スクーリングの運動をしている人たちは、ホーム・スクーリングのおよそ10%がアン・スクーリングだというように予想しています。その数字は、私がホーム・スクーリングの大会などで会う人の割合からも、ほぼあっていると思います。そして、もし「のんびり」したホーム・スクーリングをしている人たちを含めたら、この数字はさらに高くなります。この中にはカリキュラムはそれなりにはあるのですが、それをカバーすることにはこだわらないし、子どもに押しつけることもしない人たちです。ジーナ・ラーリーと私は、自分たちはアン・スクーリングを行っているという232家族を対象に調査を行いました。私たちはいまもそのアンケート表を分析しているのですが、すでに何点か明らかなこともあります。3分の1以上の家族は子どもを学校に通わせ始めたのですが、学校が子どもに対して与えているダメージ（落ち込み、不安、怒り、学習への無関心など）を見かねて引き取らざるを得なかったのです。半分近くの家族は、より伝統的なホーム・スクーリングのやり方（つまり、学校で行っているような授業を家でするということ）に取り組みましたが、アン・スクーリングに換えざるを得ませんでした。家での授業は、子どもと親の両方にとって、つまらないか、ストレスが多いか、あるいはその両方で、それなしでも子どもは学べるので必要性を感じなくなったのです。

家族にとってのアン・スクーリングの主な利点は何ですか、という私たちの質問への反応は、ほとんどの回答者が

・子どもの幸せ、（自分の意見や要求を正当かつ誠実に）自己主張できること、自信へのプラスの効果
・子どもの好奇心と学びへのプラスの効果

・家族の親密さと家庭生活全般へのプラスの効果

をあげていました。学校に子どもを通わせた経験のある人は、学校のスケジュールに合わせて子どもの生活を考えてなくていいことがとてもいい、と口をそろえて言っています。アン・スクーリングの欠点についての私たちの質問に対して、もっとも共通した反応は、自分たちの決断に対して批判的な親せきや知り合いなどに、アン・スクーリングについて説明し、弁護しなければならないことによるストレスや煩わしさだと述べていました。多くは、一般的に正しいと思われていることからかなり外れたことをすることへの自信のなさを乗り越えることだとも書いていました。流れに逆らって泳ぐことは容易ではありません。それが、多くのアン・スクーリングをする親たちが強固なネットワークを築いている理由です。相互にサポートを提供し合うために、彼らは会える形でのミーティングも、より広い範囲をカバーするオンラインのグループの両方をもっています。

アン・スクーリングは、それが行われるようになってからだいぶ年月が経っているので、いまでは小学校と中学や高校に通わなかった大人がかなりたくさんいます。現時点で、それらの人たちがどのようにやっているかを明らかにする公式の調査は行われていませんが、個別の事例は、実際に学校には行かなかった人たちによって書かれた論文、本、ブログなどで見ることができます。全体的に見て、アン・スクーリングをした者が大学に行く選択をしたら、入れなかったり、そこでうまくやっていかれなかったりということも、一方で、大学に行かない選択をした場合には、いい仕事を得るのが特に難しかったということも聞きません。

1つの具体的な事例を紹介しましょう。私は最近、ケイト・フリドキスと話しました。彼女はニューヨークに住んでいる楽しい女性です。24歳で、大学に入るまで学校に行ったことはありませんでした。

彼女の両親は、ケイトと彼女の兄弟たちのためにアン・スクーリングを最初から選びました。彼らは、学ぶことは生活とは切り離されたものではないと信じていたのです。ケイトは、自分がアン・スクーリングをしていたことでどうだったのかということに関しては、たくさんの利点を話してくれました。彼女は自分の興味関心を追いかけることができ、たくさんかつ多様な情熱を育てることができました。彼女は、他の子たちは学校にいたのでできなかった、行きたいところに行って、したい活動をするということもやりました。彼女は、自分と同じ年齢の人たちに課されている制限をまったく感じずに、たくさんの異なる状況下で、どんな年齢の人とも友だちになりました。彼女は従順な学校文化にも適応する必要がありませんでした。それによって、自分は他の人と違うことを喜び、気まずい思いをする必要もなく、他の人の違いも受け入れることができました。彼女は15歳のとき、ユダヤ教の礼拝堂で在家の聖職者として、信徒全員に礼拝を行ったのです。そんなことは、彼女が学校に行っていたら、学校を出られないので、不可能でした。

彼女の礼拝堂での経験は、社会的な現象としての宗教に興味を抱かせ、大学で比較宗教学を勉強することにつながり、さらにはコロンビア大学から修士号を取得するところまで行きました。彼女は、高等教育での学業成績への要求に慣れることはまったく問題がありませんでした。実際は逆で、学部時代は同級生たちの知的関心のなさや幼稚さと、教授たちが行う退屈な講義にがっかりしていたぐらいです。いま彼女は幸せに結婚しており、有名な出版物に多数記事を書いているフリーランスのライターで、礼拝堂で主唱者も務めており、たくさんの興味関心を楽しみとして追いかけ続けています。

社会変化が起きて、アン・スクーリングへのサポートがあるようにならない限りは、それがすべてどころか、ほとんどの家族にとっての解決策だと私は思っていません。それは、時間とリソースのかなりのコミットメント（深い関与）が必要です。一般的には、子どもが小さいときは、いずれかの親が家にいなければなりません。ほとんどの場合は、それは母親です。そのために彼女は、自分のキャリアを諦めるか、先延ばしにするか、あるいは、家でできる仕事を選ばなければなりません。アン・スクーリングを選択する親は、子どもの学びに対して指示しませんが、子どもに豊かな学習環境を提供する努力はしますし、子どもが自分の興味関心を追求できる方法を見つけられるようにサポートします。アン・スクーリングは家族がたくさん一緒にいることも伴います。それは、ある家族にとっては素晴らしいことかもしれませんが、別の家族にとっては大変なことかもしれません。ある子どもは、典型的なアン・スクーリングのケースよりも多くの時間を親から離れていなければならないかもしれませんし、親の方が子どもから離れていたいと思うかもしれません。かなり核家族化した私たちの社会で、そしてほとんどの大人が家の外で働いている状況で、子どもと1日過ごしながらも大人の交友関係も得るというのは難しいことです。サドベリー・バレーや他の似たような自主的な学びを促進する学校の利点は、子どもに家の外で安定した環境を提供していることです。そこには、豊かな遊び、探究、学び、友だちづくりの機会があり、親はそれらにまったく関わる必要も提供する必要もないのです。しかしながら、（サドベリー・バレーのような学校に通わせられる家族と違って）多くの家族にとって、アン・スクーリングは素晴らしい選択肢なのです。

将来的なビジョン

教育の将来について、私は楽観的です。私たちの社会は気づくべきことに気づいて、子どもたちが自分で自分の学びをコントロールできる自由を取り戻し、学ぶことがつまらなく、憂鬱で、不安をかきたてるものではなく、再び楽しく、ワクワクし、生活の一部となると思っています。

私の楽観的な見方は、教育機関がもたらしてくれるものではありません。教員養成大学、教科書とテスト産業、教員と管理職の組合等も含んだ、それらの機関は現状維持と自分の利益にとらわれすぎていて、同じことしかやれなくなってしまっています。子どもたちが学校で教えられたことを学べていないことが明らかになると、子どもたちはより多くの時間を学校で過ごし、より多くの宿題を家でやるべきだと大騒ぎします。もし、ある教科で200時間の指導がいい結果を生めないなら、400時間にしましょう！　もし、子どもたちが1年生で教えられたことが学べていないなら、幼稚園から教え始めましょう！　そしてもし、幼稚園の年長組で学べていないなら、年少組から始めなければならないことを意味します。もし子どもたちが夏休みの間に学期中に教えられたことを忘れてしまうなら、夏休みを廃止しましょう！　学校の外での時間を可能な限り少なくするということです。

教育界に従事しているほとんどの人は、自分は「改革主義者」だと思っています。いまのシステムは機能していないことを、暗黙に認めています。しかし、それは義務教育が始まったときからの真実です。一部の人は、システムをある方向（もう少し選択を提供したり、テストを手加減したりすること）に少し押すことで改革したいと思っています。別の人たちは、システムを別の方向（より統一的なカリキュラムにしたり、より難しいテストをしたりすること）に少し押すことで改革したいと思っています。こうしたことが、教育関係の教授たちによって書かれた無数の本や論文に載っています。しかしながら、教育界の誰もが強制的な学校制度は、それがまさしく強制的であるがゆえに、機能しないことを、認めようとしません。そして、意味のある改革は、子ども自身に自らの学習の責任を負わせることによってしか果たされないことも認めようとしません。

私の楽観的な見方は、教育界の外で起きていることから来ています。強制的な学校を離れて増え続けている、リラックスしたホーム・スクーリングや、子ども自らに学習の責任を委ねるアン・スクーリング、サドベリー・バレー式の学校、そしてその他の形態の教育を始める人々によって、私は元気づけられています。学校がより支配的になればなるほど、より多くの人々を追い払い、それは結果的にいいことです。

学校の外の動きは、情報テクノロジーによっても促進されています。今日、インターネットにアクセスできるコンピューターを手にすることができる人は誰でも（インドのストリートキッズ[20]たちでさえ）、検索エンジンを通してすべてが見事に整理された世界中の知識と考えを得ることができます。あなたがしたいと思ったほとんどのことが、インターネットの動画で見ることができます。あなたが考えたいほとんどどんなアイディアでも、インターネットでそれを支持する意見と反対する意見を見ることができますし、さらにはその議論に参加することさえできます。この方が、学校の唯一の正解があるアプローチよりも、知性の発展にははるかに助けになります。学校に行かないと何かを学べない、あるいはクリティカルな思考[21]ができないという考えは、インターネットへのアクセスの仕方を知っている子どもにとっては明らかにばかげています。従って、上意下達の学校を正当化することはますます難しくなっています。さらに、文字ベースの電子通信が、口頭伝達と同じくらいか、それ以上に当たり前になると、より多くの子どもは学校に入る前に読み書きを学ぶことになります。その事実もまた、親に強制的な学校の必要性を問うことになります。もし、ジョニーが1年生を始める前に読めてしまうなら、なぜ彼を1年生として送り出す必要があるのでしょうか？

そう遠くない将来、私たちは「転換点」に到達すると予想します。誰もが少なくとも1人のケイト・フリドキスを知っているようになるでしょう。その人は、標準化された学校を体験していませんが、人生で何の不都合もなく生きています。人々は次のように言い始めることでしょう。「ケイト、ボブ、メアリー・ジェーンを見て。その誰もが学校には行っていないのに、みんな幸せで、生産的で、責任をもった市民です。子どもは学校で幸せではないのに、私はなぜ子どもを学校に行かせなければならないのですか？」人々は、学校を義務化している法律や、学校とは何かの定義の変更を要求し始めます[22]。そしてそれは、より多くの人が強制的なシステムを離れることを可能にすることでしょう。いま求められている、曲芸飛行の宙返りのようなことを法的にしなくても済むようにすることが大切です。いまはその煩わしさで試してみること自体を諦めさせています。

すべての主要な社会的な変化と同じように、「何が普通で、何は普通でないかという考えの転換」が鍵です。少し前までは、同性愛はほとんどすべての人によって異常（宗教的か、そうでない見方をするかの違いで、罪ないし病気）と見られていました。いまでもそのような見方をする人はいますが、極めて少なくなっています。何が普通か、ということが変わったのです。同性愛者であるということは、いまやもうひとつの人間の在り方と思われています。たとえば、左利きの人と同じように。勇気のある同性愛者が思い切って踏み出したことで、この変化はもたらされたのです。彼らはカミングアウトし、自らの性的志向に誇りをもっていると宣言したのです。より多くの人が自分の大切な友人や親戚の中に同性愛者がいたということを発見するにつれ、そして世の中のアイドルやヒーローの中にもいることを知るにつれ、それを非難したり、病気呼ばわりしたりすることができなくなってしまったのです。ここには、私が教育で起こるであろうと私が考えていることと類似性があります。より多くの人が強制的な学校に行かなかった大人に出会うにつれ、あるいは子どもを強制的な学校に通わせない人に会うにつれ、その決断を異常と思ったり、嫌悪したりすることは難しくなります。

さらにもうひとつの力がここで働いています。それは、「自由と自己決定への人間の自然な欲求」です。人が自由を実行可能な選択肢と捉えるとき、必ず選択すると歴史が証明してくれています。自分たちの社会で成功するのに強制的な学校教育が必要ないと大人たちが見るようになれば、自分の子どもの教育に対する自由を選択し始めるでしょうし、子ども自身もそれを求めるでしょう。学校は味の悪い飲み薬で、それは必要だから、あるいはいいからという理由を、もはや子どもたちも受け入れなくなるでしょう。より多くの人が強制的な学校システムを離れれば、ある一定の有権者は、公共教育のための資金（税金）を子どもが自主的に学ぶのをサポートするために（強制ではなく、教育の可能性を提供するために）使えるように要求し始めることでしょう。いま現在強制的な幼稚園から高校までの学校を維持するのに費やされている約6兆ドルの税金のごくわずかでも回せたらどうでしょうか！

家族の背景や収入に関係なく、「すべての子どもに豊かな教育的な機会を提供する社会的な義務」が私たちにはあります。それをするには、たくさんの方法があります。一つの可能性は、たとえばサドベリー・バレーをモデルにしたような自由意思で通え、非強制的な学校です。そこでは、子どもたちは知的、肉体的、精神的な発達にとって健康な環境の中で遊べ、探究し、学ぶことができます。一人当たりの生徒で計算すると、サドベリー・バレーでかかる経費は、強制的な公立学校で生徒にかけている経費の約半分です。従って、この計画は税金の大きな節約にもなります。もう一つの可能性は、誰でも無料で使えるコミュニティー・センターの仕組みです。

あなたの地域で子どもたちが集まってきて（もちろん、大人も可！）、遊び、探究し、新しい友だちをつくり、学べるようなコミュニティー・センターを想像してみてください。そこには、コンピューター、芸術をする道具、スポーツをする道具、科学をするための道具などが、遊ぶために用意されています。同じところには公共図書館も併設されています。地元の人がたくさんのクラスの教師をして講座を開いています。音楽、芸術、スポーツ、数学、外国語、料理、ビジネス、小切手帳の収支の合わせ方や、他に地域の人が勉強したり、練習したりするのがおもしろい、楽しい、大切だと思うものは何でもです。そこには、講座を取るための要件も、成績も、人のランクづけも比較もありません。地域の劇団や音楽グループがそこで発表もします。自分たちの興味関心に合わせて、すべての年齢の人が新しいグループを起こすことができます。そこには、室内で遊べるように体育館もあります。可能なら、外で遊んだり探索したりできるように野外の運動スペースや林まであれば言うことありません。子どもたちもセンターにやってきます。来なければならないからではなくて、友だちがそこにいて、たくさんやることがそこにあるからです。日中働かなければならないので、保育サービスが必要な親にとっては、センターがそれを提供しているかもしれません。そこに集っている年長の子どもたちの楽しみと実益を兼ねて、年少の子たちのケアを手伝える仕組みがあれば、誰にとってもいいこと尽くめです。

そのセンターは、そこに参加し、使う人たちすべてのタウン・ミーティングのスタイルで運営されているかもしれません。民主的な選挙で、参加者は主要な予算の決定や日々の運営を監督する理事を選出します。彼らは、日々の活動の運営を助けるために、何人かの大人と10代の若者を雇うかもしれません。メンバーがセンターでの行動規範やルールを守る制度については民主的に決定します。参加するための会費はルールに従って決められます。センターの活動がどう運営されたらいいかということについても合意されます。大人も子どもも1票ずつの投票をもっています。そして、誰もが会員規約に賛同しなければなりません。これらすべてが、いまある強制的な学校のごく一部の予算でできてしまいます。

私は、どんなものがいまある強制的な学校に取って代わるのか、その具体的な点について考えています。具体的な部分については、地域のニーズや要求に応じて、コミュニティーからコミュニティーで大きく違うと思いますし、そう望みます。強制的な学校の衰退と、自由意思による教育の機会の増加は緩やかですが、いずれは強制的なシステムは姿を消すことでしょう。そうなると、私たちは自分をコントロールしたり、学びたいという欲求などの子どもの能力の完璧な更新を目の当たりにしたりすることになります。そしてそこには、今日の若者をむしばんでいる不安、落ち込み、無力感などの伝染病はもはやありません。

1 いまは、紙媒体は出しておらず、2009年以降はオンラインのみとなっています。
2 この本に対しては、「ザ・ビュー」の著名な4人の女性たちも極めて好感をもったことが後日談として紹介されています。
3 ロールプレイング・ゲームの1つ。
4 持病をもつ人が緊急対応をしてくれる医療関係者などに情報を提供し、適切な対応を依頼するための物。
5 中南米でサトウキビの伐採などに用いられるなたに似た刃物。
6 多くのことに関してアメリカの後追いを10～20年の時間差でしている日本も、同じレベルかそれ以上に「子どもの能力の過小評価」をしています。大人が子どもたちは何もできないとみなすことで、子どもたちはまさにそうなってしまうというのが「自己充足的予言」です。詳しくは、4章の訳注4を参照。
7 これと似たメッセージを絵本作家で有名なドクター・スースも『きみの行く道』（いとうひろみ訳、河出書房新社）で書いていますので、ぜひご一読を！

8 危険であることを言っておいた方が、保身のために役立ちます。「指摘しておいたのに、やらなかったのは、あなたたちだろう」と言えますから。それによって権威がさらに増すというおかしな構造になっています。

9 私が住んでいる自治体も、それに拍車をかけています。学期中は毎日、「見守り放送」という名の官製騒音公害を流し続けることで。これにも、責任逃れの構造が見え隠れしています。「ギヴァーの会、子どもの見守り放送」で検索すると、実態がつかめます。

10 1章の訳注8を参照ください。

11 アメリカの小学校の多くは、幼稚園の最年長組を併設しているというか、幼稚園から始まる場合があります。それ以下は、pre-schoolといって日本の幼稚園と同じです。

12 自分の価値の明確に取り組んでみたい方は、『好奇心のパワー——コミュニケーションが変わる』（キャシー・タバナー他著、吉田新一郎訳、新評論）の第5章「自分の価値観を明らかにする」がお薦めです。この本の他の章も、家族やすべての組織でのコミュニケーションで悩んでいる方や改善したい方には、お薦めです。

13 主体性・創造性・自己実現といった人間の肯定的側面を強調した心理学。

14 Playborhoodは、遊び（Play）と近所（Neighborhood）を足した造語です。

15 映写機、音楽プレーヤー、プレイステーションなどと思われます。

16 戸建て住宅において、玄関の上に突き出ている庇《ひさし》の下の部分のことをポーチと言います。アメリカのポーチは、イスやテーブルなどが置いてある場合もあり、団らんする場としての位置づけもあります。また、裏庭に面したバックポーチもあります。

17 学校と地域が協力している例として、『学校開放でまち育て——サスティナブルタウンをめざして』（岸裕司著、学芸出版社）等は、日本にもすでにあります。

18 「学校ごっこ」をする、と言い換えた方がいいかもしれません。

19 「ギヴァーの会、ジョン・ホルト」で検索すると情報が得られます。

20 荒々しい街中で行き抜く知恵を身につけた子どものこと。

21 クリティカルな思考は、一般的には「批判的思考」と訳されてきましたが、クリティカル・シンキングの中で

22

「批判」の部分は2〜4割しか占めておらず、実際により多くを占めているのは「大切なことを見極める力」であり、「重要でないものを捨て去る力」なので、ここでは「クリティカル」のまま残します。

日本でも学校や教育の再定義をする動きがないわけではありません。鶴見俊輔さんの本がおもしろいと思います。「ギヴァーの会、教育再定義」で検索してください。鶴見俊輔と中学生たち（みんなで考えよう）シリーズの3部作『大切にしたいものは何？』『きまりって何？』『大人になるって何？』（晶文社）も参考になります。

訳者解説――自立した学び手をどう育てるか

私が本書を紹介したかった理由

私が、なぜこの本を訳して日本の読者に紹介したいと思ったのか？
理由はいくつかあります。

① 日本の学校、教育、学び、そして遊びについて見直すのにとてもいい本だから。
② 教育関係者とは異なる切り口のお役立ち情報をたくさん提供してくれているから。
（その筆頭は、何といっても狩猟採集民という人類の歴史の99％がしていたことの詳しい情報！
それが単に、情報に留まらず、具体的な方向性を示してくれている！）
③ 学者にありがちな、単なる知識の書ではなく、アクションの書にもなっているから。
（息子の、校長室でのショッキングな発言から始まる、極めて個人的な物語でもあるから）
④ 楽観主義に貫かれているから／信頼とユーモアをベースに据えているから。

以下に、詳しく解説していきます。

私の1995年以降の最大の関心事は、「自立した学び手をどう育てられるのか？」です。それは、

1980年代後半から90年代の半ばにかけて、数多くの教員研修をワークショップ形式でやらせてもらったことで、学校にまつわるいろいろな問題を知ることになりました。その筆頭が、「先生たちは教科書をカバーする授業はできても、子どもたちが主体的に学ぶ教え方は苦手」というものでした。要するに、「自立した学び手ではなく、依存した学び手」をつくり出しているのです。教師の顔色を見ての「学校ごっこ」というか「正解あてっこゲーム」が横行しています。

と同時に、教員研修も10年近くも関わっていると、大人を対象にした学びも、子どもを対象にした学びとまったく同じ構造で成り立っていることが見えてきました。指示的で、イベント的でフォローアップやサポートという考えはまったくないのです。要するには、効果的な研修とはどういうものかを考えている人がいない中で、事業として行われているのが研修なのです（大学の教員養成課程で行われていることも、まったく同じです）。日々の授業は、それを受けている人たちによって行われていますから、授業も、「指示的で、イベント的で（その場しのぎで）、フォローアップやサポートという考えはない」状態で行われるのは当然です。それ以外のやり方を、誰もどこでも体験したことがありませんから。

ちなみに、先生たちも多くの時間を取られている、会議やミーティングも同じです。これら、授業、研修、会議、そしてさらにはそれらをすべて包括している学校も、入れ子状態になっています。さらに言えば、これは学校のみが抱えている問題ではなくて、すべての組織と広く社会全体が抱えている課題ですから、極めて深刻なことなのです。

まず、子育て中の親に読んでほしい——「遊びと学びの味方、勉強の敵」という立場

1995年以降、私は「自立した学び手はどう育てられるのか？」を具体的に可能にする方法を探し続け、紹介してきましたが、本書は、その私の最大の関心事に見事にフィットしているのです。

本書の著者のグレイ氏は「強制された教育制度の7つの罪」というタイトルをつけた第4章で、彼が考える深刻な問題を7つに整理してくれています。

1自由の否定
2責任能力と自主性を奪い去っている
3内発的動機づけの軽視ないし無視（学びを苦役にしている！）
4評価はすべてマイナスに機能
5協力といじめの衝突
6クリティカル・シンキングの禁止
7スキルと知識の多様性の減少（要するに、画一化）

これでは確かに著者が書いている通り、「学校は犯罪者を入れておく監獄と同じか、それよりもひどい」ということになります。

そして、本書はこれらの問題の現状や症状を詳しく紹介してくれているだけでなく、それを克服する方法も具体的に提示してくれています。主には、狩猟採集民の暮らしと、それを意図したわけではないのに、結果的に現代においてその環境をつくり出したユニークな学校を紹介してくれる形で。

本書に出合う15～6年前に、中学生を対象にして次のようなエキササイズをしてもらったことがあります。

「遊び、学び、勉強の3つのサークル（輪）を描き、それらの大きさや相互関係を図で示してください」

もし、あなたが描くとしたら、どのような図になりますか？

・・・

この図は、固定化したものではないと思います。年や経験と共に変わりますし、本書を読むだけでも変わるかもしれません。実際、読む前に図を描き、そして読んだ後に再び描いてみると、違う形になるかもしれません。あるいは、数年後に描いてみたら…

・・・

15〜6年前の中学生たちが描いてくれた図を315ページに5つ例示します。

本書の著者は、（自分が長年、大学で教鞭をとっていたことや、そのための教科書まで執筆していることを棚に上げて？）遊びと学びの味方、勉強の敵という立場を鮮明に取っています。

本書の趣旨をひとことで言うと、「真の学びを得るために、勉強を葬り去り、自由な遊びを取り戻そう！」という気がします。単に、学びを獲得するだけでなく、より安全で民主的な社会にする（を取り戻す？）ために、自由な遊びと学びこそを大切にしたいと言ってもいいかもしれません。それを実現したいがために、さまざまな研究成果や、実際に自由な遊びと学びが起こっているところを紹介してくれながら、読者にアクションを呼び掛けています。下訳の段階で原稿を読んでくれた協力者の1人は、小学1年生の娘さんが1人で公園に遊びに行きたいとせがむのに、これまでは危ないという理由で行かせていなかったのに、この本を読んで行かせることにしたそうです。従って、単なる教養書ではありません（十分に、それだけとして位置づけてもおもしろいですが！）。

と同時に、極めて個人的な書でもあります。最愛の息子が、学校を拒否したところからこの本は始まっています（プロローグ）。そして、息子が自由にしたいことができる、ほとんど学校という枠のない学校を探し出して、そこに通わせる必要がありました（その「学校」については、第5章で詳しく紹介されています）。

その学校の紹介の仕方が、おもしろいです。第2章で紹介されている自由な遊びのし放題だった狩猟採集民の子どもたちとほとんど同じ条件を備えているというのです（もちろん、学校の設立者たちはそんなことは意図していませんでした！）。著者の分析の結果、そう言えるというだけです。具体的には、①遊びと探究のための自由、②それに必要な設備や備品や場へのアクセス、③異年齢混合（4～18歳）、④気にかけてくれる大人たちの存在、⑤考えは自由に言ったり聞いたりできること、⑥いじめからの解放（安心安全な場）、⑦民主的なコミュニティーとしての存在（生徒も大人もみんな1人1票での意思決定）などです（前述の「強制された教育制度の7つの罪」とはほぼ対になっていることに気づかれましたか？）。

我が国においても学校の設備はかなりよくなっていますが、上記のような特徴をもった学校はいまの日本にどれだけあるでしょうか？　教育行政も、この7つの中で気にしているのは、⑥と②の一部ぐら

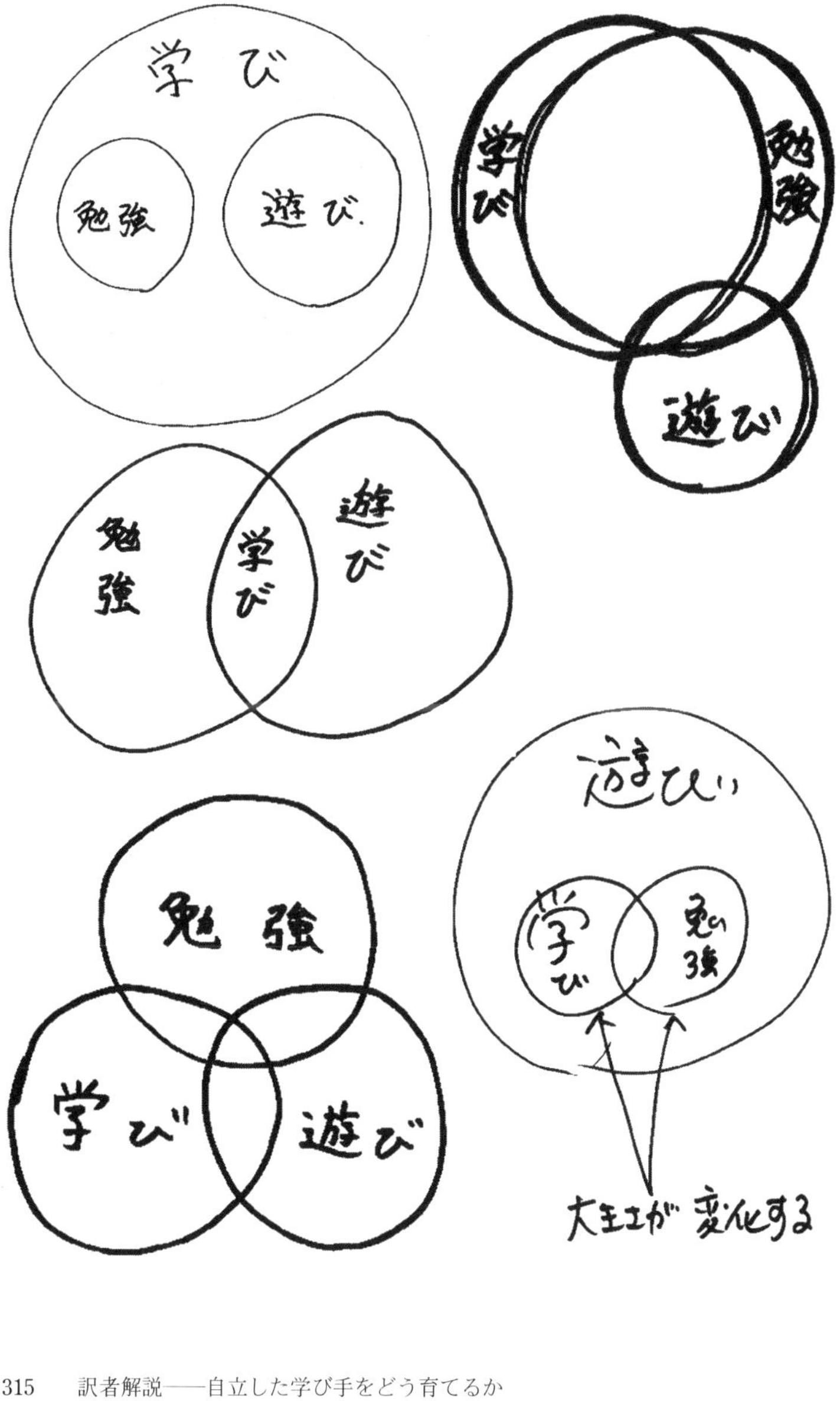
学び
勉強
遊び
学び
勉強
遊び
勉強
学び
遊び
勉強
学び
遊び
遊び
学び
勉強
大きさが変化する

いではないでしょうか？　それも、うまくやれているとは決して言えません。②に関しては、学校と学校の外との分断は、いかんともし難いほど大きいです。まさに著者が書いているように、学校は「監獄化」していると言えるかもしれません（その、農業社会、封建社会、工業社会等の遺産としての学校の特徴については、第4章で詳しく紹介されています）。ちなみに、しばしば政治課題にあがる教育の無償化は、優先順位がはるかに低いことなのです。それは、本書の著者に言わせれば、単に親に、子どもたちを安心して「監獄」に送り出せるようにしているだけですから。

第1章の冒頭の「人生に必要な知恵はすべてルービー・ルーから学んだ」や第8章で詳しく分析されている草野球の事例は、50代以上の読者には懐かしささえ伴って読めるところではないでしょうか。果たして、どれだけの若い年齢の人たちが、このような体験をもてているでしょうか？　こういう体験は、単なる年配者のノスタルジアで片づけてしまっていいものでしょうか？　小学校の運動場で少年野球や少年サッカー等が行われるようになったことはいいことである反面、本書に書かれているような弊害もあることを提供する側の大人は踏まえておく必要があります。つまり、勝敗や肉体的な発達のみを考えていてはダメで、それよりも大切な社会的・感情的な発達に果たしている遊びの役割を認識すべきだと、著者は警鐘をならしています（第8章および第1章）。

実際、自由に遊べないことによって、①自らの行動や感情をコントロールできない（感情的・社会的な疾患の増加）、②不安・落ち込み・無力感をもつ、③自己中心主義の増大や共感能力の低下を起こすなどの傾向はすでに顕著に見られる社会現象で、これらはすでに動物を遊ばせない実験によって裏づけられているからです。

さらに、「科学のためとはいえ、幼いサルやネズミを、仲間と自由に遊べない状態で育てるのは残酷と思われるかもしれません。しかしながら、それを残酷というなら、人間の子どもを守ったり、教育したりするためとはいえ、他の子どもたちと自由に遊ぶことを奪い去っている状態が普通になってしまっているのを、なんと言ったらいいのでしょうか？　これはとても残酷で、危険ですらあります」（230ページ）と著者は言い、人間の子どもに対しては、実験どころか、制度としてすでにやってしまっている事実を指摘しています。

この最後の点については、「キレる子どもたち」の問題と同じように、「キレる年配たち」も日本では話題になっています。すべての原因を自由な遊びの減少のせいにするわけにはいきませんが、一因であることは確かです。我を忘れて遊べることや、そういう仲間がいることは、一世代前の有名なマスターカードの広告ではありませんが「プライスレス（かけがえのない大きな価値がある）」です。

第6章では、インドでのスガタ・ミトラの極めて影響力が大きい実験の結果を紹介してくれています。それは、人間が生まれながらにもっている教育の本能というか「自己教育力」についてです。ミトラ（および著者）は、子どもは誰しもが「好奇心」「遊び心」「社会性（意味のある会話をすること）」をもっていると結論づけます。大切なことは、それを信じるか、それとも現行の学校制度のように信じないかの選択があるということです。そして、子どもたちは、大人の介入なしで十分すぎるぐらいに学べることも証明してくれています。学校やリトルリーグのように、大人の介入があったら、これほど子どもたちは学べない可能性の方が高い気がします。前述の3つをあえて使わない、ないし萎えさせる方法しか多くの大人はもち合わせていないので。

遊びのパワーを心理学の観点から解き明かしている第7章では、遊びが「学び、問題解決、創造性」と密接に関係していることと、自分の発見や分析および既存の文献を基に、著者なりの遊びの特徴（定義？）を提示してくれています。

ここでは、いろいろな実験結果も紹介してくれているのですが、たとえば①ある程度のスキルや知識をもっている人は、評価を意識するとパフォーマンスのレベルは上がり、逆にスキルや知識に自信のない人は、評価を意識するとパフォーマンスは低下する――これは、学校でのテストや入試、さらには職場での評価等で、すでに認識している方は多いかもしれません（それをわきまえた上でやらないと、極めて誤差の大きな結果を得ることを意味します）。②単純作業は報酬によってパフォーマンスを向上させるが、創造性を台無しにする――①とも関連しますが、報酬（評価されること）を意識すると、すでに卓越したレベルに到達している人以外は、質の高い作品をつくれなくなってしまうというのです。過程に集中できなくなるからです。③していることを遊びと捉えられると、問題解決や創造性が活性化される――逆に、真面目に捉えてしまうと、突破口を見いだせないままになる可能性が大です。

これらの情報は、私たちがテストや職場でしていることを再考させてくれるに十分です。さらに、創造性に関しては、子どもたちがままごと遊びをしているのと、建築家が家の設計をしていることには大差はないのではないか、そして自分がこの本を書いていること自体、子どもが砂の城づくりやスーパーマンごっこをしているのと大差はないと、著者は言い切っています。

第9章では、特に、異年齢の子どもたちが触れ合うことによって、子どもの自己教育力が飛躍的に伸びることが詳しく説明されています。

著者はこれを、「子どもたちが主体的に自分を教育するのに欠かせない大切な鍵」と位置づけ、「歴史的な観点、および進化論的な観点から見ると、子どもたちを年齢によって分けるのは、異常なことです。私は、悲劇的な異常とさえ言います」（２３８ページ）としているのです。それは、そうです。少なくとも、人類の歴史の９９・９％はそうだったのですから。わずか、０・１％の方でしかない学校が学年という名称でしている同年齢の子どもたちのみの触れ合いで、いい学びがつくり出せると思う方がおかしいと納得できます。それは、あくまでも教えるサイドの都合であって、学ぶ側のことは一切考えていないことが見えてきます。

同年齢同士では、見本として真似できるものがほとんどありません。私たちの見本（モデルないしメンター）として最適なのは、自分よりも数歩先を行く人です。同年齢では、競争相手になりやすく、あまり年齢がかけ離れた親や教師などでは、見本たり得ません。普通は、数年上の年齢の人が最適です。それは、部活動などを見ても明らかです。

この異年齢のやり取りによって、恩恵を受けるのは年少者だけではありません。狩猟採集民がそうだったように、年長者たちにとっても大きな価値があります。それは、基本的には年少者が受ける恩恵とコインの裏表の関係にあるのですが、①年少者を育てたり、リードしたりすることを学ぶこと、②教えるのが一番いい学びになること、そして③年少者の存在がより創造性／想像性を高めることが含まれます。ここから言えることは、同世代（共通点を多く持つ者）ばかりと触れ合っていることは、誰にとってもよくないと解釈できます。多様な存在と触れ合う方が、優先順位ははるかに上です。

最終章の第10章では、信頼にあふれた親になるための具体的な方法を提示してくれています（なお、ここの「親」の部分は、「教師」「上司」「大人」などに、そのまま置き換えられると思います）。それを紹介する前に、著者は、私たちがなぜ信頼あふれた親になれないのかも論じてくれています。挙げられている理由にはすべて賛成ですが、もっとも重要な理由が欠けている気がします。それは、「忙しすぎる」ということです。忙しいとは、「心を亡くす」と書きます。その状態で親（教師や上司）たちは、よかれと思っていろいろ努力しますが、どうも歯車が噛み合っているとは言えません。その結果、親（教師や上司）たちは指示的で支配的になったり、指示的で保護的になったりします。その方が、早いし、楽なので！　そして、著者は「現代の北米ほど子どもたちの能力を過小評価している社会は人類の歴史上どこにもなかったのではないかと思っています」（273ページ）とも書いていますが、この文章はそのまま日本にも当てはまります。すべてが手取り足取りの状態をつくり出していますから、「不確実な時代に失業に対するもっともよい対策は、親や教師に駆り立てられるのではなくて、『自主的に行った体験を通して身につける資質』だというのが真実です。不確実な時代は、個人の責任、考えの自立性、主体性、自己主張、柔軟性、創造性、想像性、そして進んでリスクを引き受けようとする気持ちなどが必要です」（282ページ）と書いており、この点には多くの読者も共感するのではないでしょうか？　しかし、現実にしていることの多くは、その逆のことばかりです。まったくと言っていいほど、子どもを信頼していないし、学校は親を、教育制度は教師を信頼しない仕組みで動いています。

なお、学習指導要領にしても、それを基につくられている教科書にしても、第6章で紹介された学校に通わないインドの子どもたちができることを見ると、子どもたちの学ぶ力を考えられないぐらいに過小評価していることが分かります。必要のない枠組みさえ取り去り、自由に遊びかつ学べる環境とサポート体制さえあれば、容易に飛躍できます。それを抑え込む制度としての学校が存在しているのです。

それでは、信頼にあふれた親になるにはどうしたらいいのでしょうか？　①自分の価値を明確にする②子どもの未来への介入を減らす③監視をしない（自分もされたくはないのだから！）④自由に遊べる安全な場所と機会の提供する⑤従来の学校に代わる別の可能性を模索する——具体的には、脱学校とみんなが集えるコミュニティー・センターの設立、です。

今現在、子育てをしている方や教師は、①から④を中心に（ここに⑤を含めることは、日本においてはまだ現実的ではないと思いますが、あと数年のうちには、それを含めておかしくない状況になるかもしれません）、手が離れた方々は、①④⑤を中心に、ぜひアクションを起こしてください。忙しい状態で、流されるだけでは、何もよくなりませんから。

そして、訳者としては、⑤に「現在の学校を改善する可能性を模索する」もぜひ付け加えたいです。教師も、親も忙しい中で、可能なのか？　可能です。①で自分たちの価値を明確にできれば。私たちは大切だと思うものを「忙しい」を理由にやらないことはないからです。なんとか時間をつくり出してやります。また、これを含める理由は、教師を中心に教育関係者だけで学校をよくすることは不可能であることが過去何十年の実績からすでに明らかになっているからです。学校や教育以外の人が知恵と時間を出さない限りは、学校はよくなりません。誰かに任せたままでいる限りは、よくて現状維持でしかありません。悪ければ、悪化の一途をたどります。よりよい学校づくり（あるいは、上記の④と⑤にも）に関われるのは、教師と親だけではありません。もちろん、子どもたち当人が主役として参加することは大事ですが、地域に住む関心のある人たちも関われます。それこそ、自分がもっている大切な特技を活かす形で。その意味では、みんなが（親も、バリバリのビジネスマンも、そしてシニア世代も）主役なのです。

最後に、粗訳の段階で目を通し、貴重なフィードバックをしてくれた岩瀬直樹さん、大関健道さん、冨田明広さん、藤尾智子さん、山下美花さん、山本幹彦さん、横須賀聡子さん、本書の企画を快く受け入れてくれ、最善の形で日本の読者に読んでもらえるようにしてくれた土井二郎さんはじめとして築地書館の関係者のみなさん、そして読んでくださるあなたに、心からの感謝を。なお、原註と原著参考文献は、ページ数の都合上カットしたので、質問や問い合わせのある方は、pro.workshop@gmail.comへ連絡ください。

吉田新一郎

２０１８年２月

ジョンストン、ピーター・H著、長田友紀他編訳『言葉を選ぶ、授業が変わる！』ミネルヴァ書房、2018年
ソベル、デーヴァ著、田中勝彦訳『ガリレオの娘——科学と信仰と愛についての父への手紙』DHC、2002年
タバナー、キャシー他著、吉田新一郎訳『好奇心のパワー——コミュニケーションが変わる』新評論、2017年
陳桂棣他著、納村公子他訳『中国農民調査』文藝春秋、2005年
鶴見俊輔著（鶴見俊輔と中学生たちみんなで考えようシリーズ）『大切にしたいものは何？』『きまりって何？』『大人になるって何？』晶文社、2002年
ドクター・スース作・絵、いとうひろみ訳『きみの行く道』河出書房新社、1999年
トープ、リンダ他著、伊藤通子他訳『PBL 学びの可能性をひらく授業づくり——日常生活の問題から確かな学力を育成する』北大路書房、2017年
トムリンソン、キャロル・A著、山崎敬人他訳『ようこそ、一人ひとりをいかす教室へ——「違い」を力に変える学び方・教え方』北大路書房、2017年
トムリンソン、キャロル他著、山元隆春他訳『一人ひとりをいかす評価』北大路書房、2018年
パターソン、キャサリン著、岡本浜江訳『ワーキング・ガール——リディの旅立ち』偕成社、1994年
原ひろ子著『子どもの文化人類学』晶文社、1979年
パールマター、デイビッド他著、白澤卓二訳『「腸の力」であなたは変わる』三笠書房、2016年
ピアス、チャールズ著、門倉正美他訳『だれもが〈科学者〉になれる！——探究力を育む理科の授業』新評論、2020年
フィッシャー、ダグラス他著、吉田新一郎訳『「学びの責任」は誰にあるのか——「責任の移行モデル」で授業が変わる』新評論、2017年
ブレイザー、マーティン・J著、山本太郎訳『失われてゆく、我々の内なる細菌』みすず書房、2015年
フレドリクソン、バーバラ著、高橋由紀子訳『ポジティブな人だけがうまくいく3:1の法則』日本実業出版社、2010年
ペイン、トマス著、西川正身訳『人間の権利』岩波書店、1971年
ヘッセ、ヘルマン著『シッダールタ』（翻訳多数）
モントゴメリー、デイビッド他著、片岡夏実訳『土と内臓——微生物がつくる世界』築地書館、2016年
柳治男著、『〈学級〉の歴史学——自明視された空間を疑う』講談社、2005年
ロス、エドワード著、大日本文明協会編、高橋正熊訳『社會統制論』大日本文明協会事務所、1913年
ロックハート、ポール著、吉田新一郎訳『算数・数学はアートだ！——ワクワクする問題を子どもたちに』新評論、2016年

訳注で紹介した参考文献

アイゼン、ジョージ著、下野博訳『ホロコーストの子どもたち——死の影で遊んだ』立風書房、1996年
アインシュタイン、A著、中村誠太郎他訳『自伝ノート』東京図書、1978年
アトウェル、ナンシー著、小坂敦子他訳、『イン・ザ・ミドル——ナンシー・アトウェルの教室』三省堂、2018年
ウィギンズ、アレキシス著、吉田新一郎訳『最高の授業——スパイダー討論が教室を変える』新評論、2018年
ウィルソン、ジェニ他著、吉田新一郎訳『増補版「考える力」はこうしてつける』新評論、2018年
NHKスペシャル取材班著『ヒューマン＝Human—— なぜヒトは人間になれたのか』角川書店、2012年
岸裕司著『学校開放でまち育て——サステイナブルタウンをめざして』学芸出版社、2008年
グリーンバーグ、ダニエル著、大沼安史訳『「超」教育——21世紀教育改革の指針』一光社、1998年
グリーンバーグ、ダニエル著、大沼安史訳『「超」育児——潜在能力を壊さない子育て』一光社、1999年
グリーンバーグ、ダニエル著、大沼安史訳『世界一素敵な学校——サドベリー・バレー物語』緑風出版、2006年
グリーンバーグ、ダニエル著、大沼安史訳『自由な学びが見えてきた——サドベリー・レクチャーズ』緑風出版、2008年
グリーンバーグ、ダニエル著、大沼安史訳『自由な学びとは——サドベリーの教育哲学』緑風出版、2010年
グリーンバーグ、ダニエル他著、呉春美他訳『逆転の教育——理想の学びをデザインする』緑風出版、2016年
（サドベリー・バレー・スクールについては、他にhttp://www.sudval.org/ で、動画を含めて、たくさんの情報が入手できます。日本の8つのサドベリー・バレー・スクールもサイトをもっています。）
ゴドウィン、ウィリアム著、白井厚訳『政治的正義（財産論）』陽樹社、1973年
コリン、アランナ著、矢野真千子訳『あなたの体は9割が細菌——微生物の生態系が崩れはじめた』河出書房新社、2016年
サックシュタイン、スター著、高瀬裕人他訳『成績をハックする——評価を学びにいかす10の方法』新評論、2018年
シス、ピーター作・絵、原田勝訳『星の使者』徳間書店、1997年

ユダヤ人とゲシュタポ　221
陽気さ　49
喜び　22

【ら行】
ライフスキルを身につけるための自発的な練習　204
楽観的　301

リーダーシップ　256
ルールをつくったり、修正したりする必要　209
冷静さ　49
労働時間は少なかった　278

【わ行】
私にとって最高の先生　1

ノディングス，ネル　254

【は行】
測れて、比較できる学力　11
判断されずに試してみる機会をもつ権利　292
反復性　203
反面教師　252
ビデオゲーム　230
1人よりも一緒の方がよく学べる　165
皮肉　96
評価は、すでにできる生徒とできない生徒の間に楔を打ち込む　174
標準化されたカリキュラム　106
平等　31, 58
——な関係　22
表面的な知識　11
不安　105
——と落ち込み　18
——は遊び心を抑制　95
——は学びを妨げる　95
深い知識　11
服従　67
不正行為　96
普通教育　73
プライバシー　292
プラス思考　295
振り返り　262
フロー　200
プロテスタントの労働倫理を強化　74
冒険　3
封建主義　67
褒美と結果に注意を向けすぎることによって、遊びを台無しに　191
ホーム・スクーリング　7, 102, 296
ポジティブな心理状態　201
保守的　64
骨折り仕事　60
骨を折って働く　58
ホルト，ジョン　297
本当の学び　11

【ま行】
前向きな気分　179
マスコミも、不安を助長　281
学び
——の責任　7
——、問題解決、創造性は、遊び心を妨げることによって悪化　175
——を勉強に転換　94
学ぶ
——ための並外れた能力　iii
小さな「——マシーン」　93
学ぶこと
——に依存している動物ほど、遊びが好き　157
——は根本的に大人主導で順序だてて行われるもの　285
——は自動的に苦役　84
丸暗記　74
満足度　23
自らを教育　7
見せかけの行為　197
見張り役　293
見本　248
民主的
——な学校　116
——なコミュニティー　118
——なプロセス（過程）に浸る　136
——に決定　306
むち打ちの遊び　223
無力感　21
燃え尽きていた　17
物まね　28

【や行】
役割ごっこ　192
ユーモア　52
豊かな学習環境を提供する努力　301

洗脳　74
専門家　280
創造性　282
想像性　282
　——が爆発する最適な化学反応　237
創造的　257
　——に適応　64
組織されない子どもの遊び　8

【た行】

退屈で、不満で、不安　23
体系的な探索に関する研究　151
体罰　71
対立は、話し合い、交渉、妥協で解決する　210
タウン・ミーティング　306
互いに情報を提供し合う　146
たくさんの自由時間　59
巧みな社会的なプレーヤー　217
他者への気づかい　288
助け　255
楽しい　58
楽しみ　52
誰かの助けでできるようになる領域　242
ダンカンのろうそく　178
探究するための空間　132
探検　28
探索的な遊び　161
「探索」と「遊び」の間の行動の違い　155
地域
　——の学校に働きかける　296
　——の質　292
　——のまとまり　293
知識
　——の多様性　106
　——はパワー　71
　——は流動的である　114
注意を怠らない状態　200
賃金労働　67
常に自分で判断することが求められた　125
つまらない　63
定住　59
低侵襲教育　147
適切な友だちは同年齢の子どもたち　285
転換点　304
トウェイン，マーク　93, 189
投獄　ii
通りで遊ぶことさえ可能　293
隣近所の人を知っていた　278
奴隷制　67

【な行】

人間
　——が生存するスキル　163
　——の「教育への本能」　148
　——の好奇心に関するほとんどの研究　151
　——の好奇心の本質　115
年季奉公　67
年齢
　——だけを理由に子どもを監禁　91
　——で分離　239
　——によってクラス分け　82
　——による隔離　170
　——による分離　101
　どんな——の人とも友だちになる　300
年齢層
　異なる——の子どもたちの遊び　45
　多様な——の子どもたちと遊ぶことを選択　133
農業　29, 58
能力の異なる多様な者を一緒にする　265
能力の似た者を一緒にする　265

ける　203
——の人生のオーナーシップを奪う　289
——の人生をコントロールすることを学ぶ　206
——の身の回りの人たちから学ぶ　165
——を主張する　48
——を大切にしてくれる人たち　254
資本主義　68
社会性　147
社会的
——な遊び　44, 162
——な知性　219
——な動物　100
社会の生活手段　63
自由　5, 58, 88, 287
——意思による教育の機会の増加　306
——と自己決定への人間の自然な欲求　305
——な遊び　6, 9, 12, 22
——な遊びの衰退　15
——な遊びの低下　228
——に考えを共有し合える環境　134
——な中で我を忘れる感覚　184
——を制限する　277
「——」を楽しむ　122
やめられる——　195
やめることの——　184
やめる——　207
宗教　69
宗教改革　72
私有財産　60
従順であること　63
柔軟性　282
柔軟な本能　157
週末や放課後に公園の遊び場　296
主体性　92, 282
出世第一主義　15
狩猟採集社会　7
狩猟採集民　29
——の獲物を追跡できる能力　40
——の女の食料収集と加工能力　42
——の子育てと教育　31
——の文化　30
承認　255
情熱を育てる　300
情報テクノロジー　303
自立　5
自律（個人的自由）　31
自律性　125
進化論　6
信頼
——関係　254
——にあふれた　34
——にあふれた親　269
——にあふれた子育て　273
「正解」を提供する能力　105
誠実さ　287
脆弱なポジション　225
精神的な暴行　276
精神的な問題や障害　18
生徒
——たちは1日中自由　120
——は自分の教育に責任がある　120
生物学的な観点から研究　iii
世界の現実を遊びの中に持ち込む　222
責任　125
責任感　271
責任者　258
責任を学ぶ　289
「責任」を練習し続ける　122
絶対君主制　68
世話をする本能　259
戦争　67
戦争ごっこ　221

せる　302
――にベストの経歴をつくらせる　286
――の安全性と未来に対する恐れ　277
――の意志　35
――の幸せ　298
――の自己教育　38
――の主体性　63
――の人生をコントロール　278
――の労働　60
――は大人より最先端な遊びを好む　163
――は学校で幸せではない　304
――は自分自身を教育する　117
――は自由が必要　287
――は能力がない　92
――は無能で、信頼に値せず、強制されることが必要な存在　90
――を学校の学年で識別　84
――を召使いにすること　276
――たち
――たちから自由を奪う　273
――たちの心とからだの健康も低下　8
――たちの自己教育力　145
――たちの能力を過小評価　273
――たちを信頼　132
――たちを育てる自然な方法　24
コミュニティー・センター　305

【さ行】

搾取　69
させられることのほとんどは意味がない　96
サドベリー・バレー・スクール　116
参加　250, 253
産業　69
至高体験　289
自己教育　8
――の本能　274
――への人間の強い欲求　148
自己決定　88
自己主張　63, 282, 298
自己責任　92
自己選択　185
自己中心主義の増大　228
仕事と遊びを分けることはない　58
詩作　160
指示的で支配的な子育て　276, 277
自主性　185, 287
自主的に行った体験を通して身につける資質　282
自信　298
自制心　52, 193
自然が設計した子ども時代　29
自然な学び方　7
しつける　66
実験的な異年齢混合の試み　246
自転車の乗り方　2
指導　66
児童労働　9, 277
死の経験　4
自分
――が選択した仕事への高いモチベーション　126
――が望むことができる時間　132
――自身の価値を検討　287
――自身を教育することも本能的に行い始める　149
――たちですべてをやらなければならない　206
――の環境の意味をつくり出す　220
――の教育は単に自分のためだけでなく、コミュニティーのため　136
――の興味関心を追求　108
――の興味関心を追求する自由がない　169
――の子ども時代を振り返ってみる　288
――の思考と体力の最先端で遊び続

考えの自立　282
環境に適応するための手段　220
観察　250
寛大　34
がんばこ　243
規則に従う　64
木登り　3
義務教育　81, 90
　増え続ける――の普及　9
教育
　――機関　302
　――することによる阻害効果　154
　――制度はもっともアメリカらしからぬ制度　115
　――の真の責任は常に子ども自身にあった　149
　――は学校のはるか前からあった　149
共感　220
　――能力の低下　228
　――の根　259
強制的
　――な学校　iv, 7
　――な学校システムを離れる　305
　――な学校制度　302
　――な教育　90, 92
　――な教育制度の7つの罪　91
　――な時間つぶし　92
　――に学校に通わせる国家　80
競争　60, 101
興味関心　22
　――を追いかける　300
共有　31, 58
協力することや合意を得ること　163
緊急時にどう対応したらいいのかを学ぶ助け　223
近所
　――遊び　294
　――の関係づくり　295
勤勉　72
空想的な遊び　162
苦役　iii
組み合わせの遊び　203
グリーンバーグ，ダニエル　113
クリティカル・シンキング　104
クリティカルに考える人はアイディアで遊ぶ　106
ケア（気づかい）　254
継続して評価される　169
継続的な学び　126
経歴づくり　12
権威を恐れない　127
言葉遊び　160
健康な近所遊び　295
言語文化　167
言語を使って互いの考えを探索する　169
向学心　iii, 93
好奇心　147, 298
　――旺盛　93
　――が新しい知識や理解を求める動機づけ　155
　――が衰えるということはない　152
　――、想像力、遊び心が欠落　63
「――」と「やる気」を抑えつけるところ　171
公式なゲーム　193
工場に似せて作られた学校　84
好戦的　61
強欲　60
ゴードン，メアリー　259
心の病　18
個人の責任　72, 282, 287
個性の多様性　106
ごっこ遊び　28, 162
子ども
　――が自分の人生を切り開く権利　289
　――が育つ大切な環境　24
　――が外で遊ぶ障害　13
　――自身に自らの学習の責任を負わ

行きたいところに行って、したい活動をする　300
育児　65
池を提供することはできる　292
いじめ　101
意志をくじき、改心させること　76
一貫性　287
意図的に遊び場をデザイン　294
異年齢
　――混合　238, 240
　――での遊び　101
嫌がらせやいじめからの自由　135
依頼　255
ヴィゴツキー，レフ　192, 242
受身的な姿勢　113
エジソン，トーマス　92
追いかけっこ　5, 224
教えられる教科に対する興味が薄れる　171
教えることが探究の妨げるになる　154
教えることと学ぶことの双方向性　262
落ちこぼれ　17
大人
　――の介入は子どもたちの努力を台無しに　219
　――の世界と子どもの世界が分かれていない　133
　――も子どもも1票ずつの投票　306
鬼ごっこ　226
思いやり　260
親
　――同士の付き合いが始まる　293
　――は、教師の補助的な役割　10
　アメリカで最悪の母――　268
　近くに住んでいる他の――を知る　293
オルターナティブ・スクール　7

【か行】

階級的格差　60
ガイド　248
科学　161
画一化　82
学習センター　iv
「学習能力」がある動物　148
学力テスト　11
家族
　――がたくさん一緒にいる　301
　――の親密さ　299
学校
　――が子どもに対して与えているダメージ　298
　――教育は国家の役割　80
　――中心の子どもの成長　285
　――での学びは苦役　94
　――という強制的な制度　iii
　――とは何かの定義の変更　304
　――なしで育つ　297
　――の学年モデル　240
　――のカリキュラム　106
　――の矯正力　90
　――の外に出る自由　120
　――の力　282
　――はカリキュラムを設定しない　120
　――は監獄　88, 90
　――は矯正施設　90
　――は自由がない　88
　――は洗脳する場ではなく、「探究」と「発見」の場　116
　――は楽しくない　87
　――を義務化している法律　304
　「――をする」ことから解放される　297
　非強制的な――　305
　ほとんどの教育は――の外で起こっている　149
家庭生活への干渉　109
カリキュラムの自由度　171

索　引

【1～0、A～Z】
5つの特徴　183
ＡＤＨＤ（注意欠陥多動性障害）　16, 107

【あ行】
愛情　256
アインシュタイン，アルベルト　94
あげたり、もらったりするゲーム　48
足場　242
遊び　58
——心　59, 69, 147
——心は新しいスキルを練習し、それらを創造的に使う動機づけ　155
——好き　93
——と自主性　296
——と探索　161, 275
——仲間を満足させることがはるかに重要　208
——に費やす時間の減少　13
——のウェート　182
——の気分　179
——の空想的な要素　196
——のケンカ　225
——の減少が感情的・社会的な疾患を増加させている　228
——の衝動　8
——のスポーツの「敵」や「相手」の概念は、実際には存在しない　211
——のスポーツをする目的は、楽しむことと自分のスキルを伸ばすこと　213
——の楽しみの多くは、「挑戦すること」　202
——は子どもっぽくあり、大人の最高の業績に基礎を置いている　181
——は些細なものであり、奥深いものである　181
——始める　146
——は想像的で自発的なものであり、規則や実際にある世界に制約されている　181
——は想像力を促進する心理状態　199
——はそれ自体のために行われる活動　201
——はまさに他の本能を練習するための本能　156
——は真面目であり、真面目でない　181
——は学びの敵　75
——や探究を通した自己教育　131
建設的な——　161
追跡と狩りの——　41
肉体的な——　159
本物の——　207
遊ぶ
——ために青年期がある　157
——目的はスキルを学ぶことを促進すること　158
アドバイス　255
あなたの子どもは、あなたではない　290
安心安全　254
アン・スクーリング　iv, 297
いい成績をとることに関心があるだけ　113

著者紹介

ピーター・グレイ（Peter Gray）

ボストン・カレッジ心理学部で1972年〜2002年の間教鞭をとる。現在は研究教授。テキスト用の本『Psychology（心理学）第7版』の執筆者。『Psychology Today（一般読者にも分かり易い心理学専門誌）のネット版に、「Freedom to Learn（学ぶ自由）」というタイトルのブログも執筆中。現在の主な研究分野は、子どもの遊び、自立的な学習、人間の生物学的・文化的進化に果たしている遊びの役割等。米国マサチューセッツ州ノーフォーク在住。

訳者紹介

吉田新一郎（よしだ　しんいちろう）

元々の専門は都市計画。国際協力にかかわったことから教育に関心をもち、1989年に国際理解教育センターを設立。参加型のワークショップで教員研修をすることで、教え方を含めて学校が多くの問題を抱えていることを知る。それらの問題を改善するために、仕事／遊びとして、「PLC便り」「WW/RW便り」「ギヴァーの会」の３つのブログを通して本や情報を提供している。趣味／遊びは、嫌がられない程度のおせっかいと日曜日の農作業。

本書に関する質問・問い合わせは、pro.workshop@gmail.com へお願いします。

遊びが学びに欠かせないわけ
自立した学び手を育てる

2018年 4月18日 初版発行
2024年 6月24日 8刷発行

著者 ピーター・グレイ
訳者 吉田新一郎
発行者 土井二郎
発行所 築地書館株式会社
東京都中央区築地 7-4-4-201 〒104-0045
TEL 03-3542-3731 FAX 03-3541-5799
http://www.tsukiji-shokan.co.jp/
振替 00110-5-19057
印刷・製本 シナノ印刷株式会社
装丁 今東淳雄 (maro design)

ISBN 978-4-8067-1555-9